控股股东股权质押的

经济后果研究

王新红 ◎ 等著

知识产权出版社
全国百佳图书出版单位
—北京—

图书在版编目（CIP）数据

控股股东股权质押的经济后果研究／王新红等著. —北京：知识产权出版社，2021. 10
ISBN 978 - 7 - 5130 - 7730 - 9

Ⅰ. ①控… Ⅱ. ①王… Ⅲ. ①上市公司—股权管理—研究—中国
Ⅳ. ①F279. 246

中国版本图书馆 CIP 数据核字（2021）第 190229 号

责任编辑：荆成恭　　　　　　　　　责任校对：谷　洋
封面设计：臧　磊　　　　　　　　　责任印制：孙婷婷

控股股东股权质押的经济后果研究

王新红　等著

出版发行	知识产权出版社 有限责任公司	网　址	http://www. ipph. cn
社　址	北京市海淀区气象路 50 号院	邮　编	100081
责编电话	010 - 82000860 转 8341	责编邮箱	jcggxj219@163. com
发行电话	010 - 82000860 转 8101/8102	发行传真	010 - 82000893/82005070/82000270
印　刷	北京九州迅驰传媒文化有限公司	经　销	各大网上书店、新华书店及相关专业书店
开　本	720mm×1000mm　1/16	印　张	17. 75
版　次	2021 年 10 月第 1 版	印　次	2021 年 10 月第 1 次印刷
字　数	282 千字	定　价	89. 00 元

ISBN 978 - 7 - 5130 - 7730 - 9

参与本书撰写的人员

王新红　杨　锦　白　倩

王晓晗　李拴拴　曹　帆

张　行　袁　蓉　严　悦

前　言

股权质押是指公司的大股东通过将自身持有的股份出质给银行、券商等金融机构或其他第三方来获得资金以满足自身融资需求，缓解其融资约束的一种融资方式。与其他融资方式相比，股权质押既能满足大股东的资金需求，又能保证其在公司的控制权不受影响，该特征使股权质押逐渐发展成为公司大股东融入资金的一种常用方式，尤其是自2013年6月沪深交易所推出股票质押式协议回购业务后，股权质押业务实现了跨越式发展，呈现上市公司"无股不押"的态势，但股权质押过程中也产生了代理成本、控制权转移风险等一系列问题。

控股股东进行股权质押后，不仅能保证自身资金需求得到满足，且其在公司享有的控制权和表决权并未受到影响，仍有能力影响公司的经营管理和财务决策，且实现了将其所持有的股权由"静态"到"动态"的转化。在质押期间，若控股股东没有出现违约行为，可在质押到期后或提前解除质押收回股权。然而，控股股东进行股权质押并不是一项无条件、无代价的零风险行为，当上市公司的股价下跌触及警戒线，控股股东需及时补充资金或补充质押股份，若股价跌至平仓线，质权人将有权处置被质押的股票；当控股股东无法按照质押合同的要求及时偿还债务时，如质押到期不能偿还债务或质押期间股价下跌但控股股东无力追加担保，质权人有权通过拍卖、变卖等方式强制处置质押股权进行抵债。对控股股东而言，最直接的一个风险就是可能失去其对公司的控制权。另外，当控股股东将质押股权融入的资金用于自身或其他第三方，可能会背离了股权质押服务于实体经济的初衷，使股权质押成为控股股东利用股权变现获利、实现"掏空"动机的工具，则会极大地损害了公司和中小股东的利益。为了追求私利或维持控制权稳定，控股股东会干预公司的财务行为，也就是股权质押会影响控股股东的决策行为，控股股东可能调整其行为及财务决策，从而影响公司的融资决策、投资行为、创新投入及运营管理，甚至可能影响高管的行为决策，产生财务风险，最终影响到企业绩效。

本书以我国沪深 A 股发生控股股东股权质押的上市公司为研究样本，考察控股股东股权质押的经济后果，探讨控股股东股权质押对企业财务行为的影响。第一，梳理关于我国股权质押的相关法律规范，从股权质押的规模、行业分布、质押公司性质、上市板块、质权人类别、大股东质押情况等方面分析了近 10 年我国股权质押的现状，并对股权质押的相关文献进行了回顾与梳理。第二，从投资水平与投资效率两方面探讨控股股东股权质押对企业投资的影响；从股权融资规模的视角，探究控股股东股权质押对企业再融资决策的影响；从超额现金持有水平的视角，研究控股股东股权质押对上市公司现金持有决策合理性的影响，并讨论不同的公司治理特征下，股权质押后控股股东会出于何种动机干预公司的现金持有决策。第三，以控股股东与高管之间的合谋动机为出发点，研究控股股东股权质押对高管显隐性薪酬水平及显性薪酬对隐性薪酬替代性的影响。第四，采用结构方程模型探究控股股东股权质押影响企业财务风险的直接作用路径与间接作用路径，研究发现控股股东股权质押行为会增大企业的财务风险，实证研究发现控股股东累计质押比率越高，对公司绩效的负面作用越大。本书通过对股权质押产生的经济后果的深入研究，探究股权质押对公司财务行为的作用机制，以期为利益相关者提供行之有效的建议，进而为规范股权质押行为提供明确的思路。

本书由西安科技大学王新红教授负责书稿框架的设计和统稿。全书由王新红、杨锦、白倩、王晓晗、李拴拴、曹帆、张行、袁蓉、严悦撰写，西安科技大学饶书源、胡世伟、冯若雯、孙美娟、刘幸在书稿的校对方面做了大量的工作。

在本书的撰写过程中，参阅了大量书籍、文献资料，在此向这些作者表示衷心的感谢。

衷心地感谢知识产权出版社荆成恭编辑对本书的出版给予的大力支持，作为责任编辑，荆老师细致的工作，以及对文字的校对和语言的润色，保证了书稿的质量。

由于学术水平有限，加之我国相关法律制度也在不断完善中，书中不当之处在所难免，恳请各位专家、读者批评指正。

王新红

2021 年 8 月于西安

目　　录

第1章 我国股权质押的现状及文献回顾

1.1 研究背景

股权质押是指出质人以其所拥有的股权作为质押标的物，从证券公司、银行和信托公司等金融机构取得贷款资金的一种债务融资行为。股权质押由于具有方便快捷、融资成本低、流动性强等优点，因而深受上市公司控股股东的青睐。

2018年3月12日正式实施的《股票质押式回购交易及登记结算业务办法（2018年修订）》（以下简称《质押新规》）中写道：股票质押回购是指符合条件的资金融入方以所持有的股票或其他证券质押，向符合条件的资金融出方融入资金，并约定在未来返还资金、解除质押的交易。其中，融入方是指具有股票质押融资需求且符合证券公司所制定资质审查标准的客户；融出方包括证券公司、证券公司管理的集合资产管理计划或定向资产管理客户、证券公司资产管理子公司管理的集合资产管理计划或定向资产管理客户。

《质押新规》中第58条规定："待购回期间，标的证券产生的无须支付对价的股东权益，如送股、转增股份、现金红利等，一并予以质押。但在待购回期间，出质方基于股东身份享有出席股东大会、提案、表决等权利"，这表明控股股东进行股权质押后，其对上市公司的控制权、经营权、表决权并不发生变化，但由于股权质押期间产生的股息、红利等现金流权收益由控股股东转移至质权方，导致其所拥有的实际现金流权下降。

与其他融资方式相比，股权质押具有融资程序简单、融资限制少和融资效率高等特征。股权质押既能满足大股东的资金需求，又能保证其在上市公司的控制权不受影响，该特征使股权质押逐渐发展成为上市公司大股东融入资金的一种常用方式。尤其是2013年6月上交所、深交所推出股票质押式协议回购业务后，股权质押业务实现了跨越式发展。据 Wind 数据库的统计，2012—2020 年发生股权质押的公司数量及质押次数如图 1 - 1 所示。

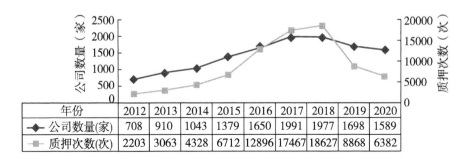

年份	2012	2013	2014	2015	2016	2017	2018	2019	2020
◆ 公司数量(家)	708	910	1043	1379	1650	1991	1977	1698	1589
▇ 质押次数(次)	2203	3063	4328	6712	12896	17467	18627	8868	6382

图 1 - 1   2012—2020 年当期发生股权质押的公司数量及质押次数

从图 1 - 1 可知，2012—2018 年，无论是当年发生股权质押的公司数量还是股权质押次数，总体均呈上升趋势，尤其是 2016 年股权质押次数上升幅度达到 92.13%，随后市场整体质押次数增长幅度逐渐减缓，但上市公司存在高频次质押的现象逐渐增多。可见，资本市场中上市公司股东利用股权质押来获取融资的行为越来越广泛和频繁。然而，股权质押业务一片繁荣的背后也隐藏着较大的风险。当股价大幅下跌导致质押股票的市场价值低于质押合同条款中规定的价格"底线"时，质权人或银行等金融机构为了维持保证金比例，会采取抛售可行权部分的股份来实现及时止损的目的，且如果高频次的股权质押后伴随出现股价下跌，容易引发市场恐慌继而出现大规模抛售股票的情况，破坏资本市场的稳定性。为了降低股权质押可能诱发的股价崩盘风险，会维护股票市场的稳定，《质押新规》要求个股的整体质押比例不得超过 50%。2019 年当年进行股权质押的公司数较 2018 年下降了 14.11%，平均股权质押次数由 2018 年的 9 次降为 2019 年的 5 次，这表明质押新规一定程度上抑制了股权质押的规模和频次。在质押新规的持续作用和新冠肺炎疫情暴发影响下，2020 年平均质押次数下降为 4 次。

据 Wind 数据库统计，截至 2019 年年底，A 股市场中 44.73% 的上市公司控股股东仍有部分或全部的股权处于质押状态，高股权质押比例的情况仍较为突出，有 1004 家公司控股股东累计股权质押比例超过 50%，有

91 家公司的累计质押比例高达 100%，由此看来股权质押仍是上市公司控股股东融资的普遍行为选择。在股权质押快速发展的过程中，存在控股股东一年内发生多次股权质押行为，如 2019 年进行了股权质押的控股股东平均进行了 4 次质押交易，交易次数最多为 42 次（跨境通，000264），2020 年控股股东的平均质押交易次数为 2 次，交易次数最多为 15 次（千方科技，002373），这反映了控股股东存在强烈的资金需求。控股股东股权质押表面上是大股东的个人行为，但由于出质人处于特殊的控股地位、股价下跌风险的波及面广且扩散快等因素的存在，该行为将会给上市公司带来一定的风险。股权被质押后，质权人会设定警戒线与平仓线，若股价下跌至警戒线，按质押合同的规定，控股股东需要追加质押物或保证金，当股价下跌至平仓线，若控股股东无力补仓或解除质押，质权人有权通过强制平仓的方式来降低自身利益受损程度，而控股股东可能因此丧失公司的控制权。为了巩固其在公司的控股地位，控股股东会努力保持公司股价的稳定或上涨，也会为应对未来可能存在的追加担保和保证金的要求提前谋划准备，这些因素均可能导致股权质押后控股股东干预公司的财务行为或会计政策。

控股股东进行股权质押后，不仅能保证自身资金需求得到满足，且其在上市公司享有的控制权和表决权并未受到影响，仍有能力影响公司的经营管理和财务决策，实现了将其所持有的股权由"静态"到"动态"的转化。在质押期间，若控股股东没有出现违约行为，可在质押到期后或通过提前解除质押收回股权。然而，控股股东进行股权质押并不是一项无条件、无代价的零风险行为。对控股股东而言，最直接的一个风险就是可能失去其对上市公司的控制权。当控股股东无法按照质押合同的要求及时偿还债务时，如质押到期不能偿还债务或质押期间股价下跌但控股股东无力追加担保，质权人有权通过拍卖、变卖等方式强制处置质押股权进行抵债。一旦发生上述情况，控股股东将失去这部分股权，如果这部分股权占控股股东所持股份的比例较大，那么控股股东极有可能因此失去其控制地位。对上市公司和中小股东而言，则可能存在被控股股东"掏空"的风险。控股股东对上市公司的经营行为和财务决策具有控制权且存在谋求控制权私利的动机，当控股股东自身存在资金需求但无法从其他渠道获得融资时，其通过占用公司资金谋取私利的可能性则大。当控股股东将质押股权融入的资金用于自身或其他第三方时，便背离了股权质押服务于实体经济的初衷，使股权质押成为大股东利用股权变现获利、实现"掏空"动机的工具，极大地损害了上市公司和中小股东的利益，也对被质押企业财务产生相应的影响。因此相比其他股东，控股股东股权质押行为在理论和实践上都更具研究意义。

《中华人民共和国公司法》中对控股股东的界定主要分为两个方面：一方面是指出资额占有限责任公司资本总额50%以上或者所持股份占股份有限公司股本总额50%以上的股东；另一方面是指虽然出资额或者所持股份的比例低于50%，但能够对股东会、股东大会的决议产生重大影响的股东。由于在实际情况中很难对股东的实际控制权做出准确判断，相关研究通常认为持股数量最多的股东拥有公司实际控制权。因此，本书将控股股东定义为公司的第一大股东。

本书探讨控股股东股权质押对公司财务行为的影响，研究控股股东的股权质押行为对公司投资、融资、现金持有水平、高管薪酬、企业财务风险及业绩的影响。

1.2　我国股权质押的相关法律规范

1995年6月30日我国颁布了《中华人民共和国担保法》，并于1995年10月1日正式实施，该法第75条、第78条对股权质押业务的标的物、生效日等方面做了相关规定，标志着股权质押制度在我国正式确立。1997年5月28日，《外商投资企业投资者股份变更的若干规定》出台，该规定对外商投资企业投资者"经其他各方投资者同意将其股权质押给债权人"予以特别确认。为规范股票质押贷款业务，2000年2月2日，中国人民银行和中国证监会联合颁布《证券公司股票质押贷款管理办法》，该办法对股权质押贷款业务的当事人、质押期限、质押率、贷款程序、贷款风险控制等方面进行了严格规定。在贷款风险控制方面，特设立警戒线和平仓线等相关规定，以控制因股票价格波动带来的相关风险。2004 年 11 月，证监会等部门对 2000 年公布的《证券公司股票质押贷款管理办法》进行了修订，其中第 8 条、第 9 条、第 10 条、第 27 条分别对股权质押贷款业务的贷款人、借款人、质押期限、贷款警戒线和平仓线重新修订，进一步规范和完善了上市公司的股权质押业务。2005 年 4 月 29 日，随着《关于上市公司股权分置改革试点有关问题的通知》的出台，股权分置改革正式启动，股票实现了全面流通，开展股权质押业务的金融机构也更愿接受以上市公司股权作为抵押物，进一步促进了股权质押融资业务的爆发式增长。随着股权质押业务的增长，2007 年 1 月 30 日，中国证监会发布了《上市公司信息披露管理办法》，其中第 30 条确立了上市公司超过 5% 以上股权质押行为的临时报告制度，进一步规范了股权质押行为的信息披露制度。

2013 年 5 月 24 日，《股票质押式回购交易及登记结算业务办法（试行）》的出台，标志着券商开展的场内质押业务正式开始，股票质押式回购作为股权质押的一个创新业务，加速了股权质押业务的发展，由此我国上市公司股权质押自 2013 年开始爆发式增长。2013 年 11 月，中国银监会发布的《中国银监会关于加强商业银行股权质押管理》的通知，将银行股权质押的管理规范纳入风险防控及公司治理范畴，填补了有关权利质押监管上的空缺。2015 年 12 月 29 日，《上市公司股东股份被质押（含冻结、拍卖或设定信托）的公告格式》的发布，对我国上市公司股权质押信息披露行为做了进一步规范，提高了上市公司股权质押业务信息披露的有效性和针对性。2018 年 1 月 12 日，上交所与中国证券登记结算有限责任公司对 2013 年颁布的《股票质押式回购交易及登记结算业务办法（试行）》进行了修订，对限售条件、融资折价率、股权质押比例、股权平仓出售等方面进行了规范约束。2019 年，由上交所和深交所分别出具的《关于股票质押式回购交易相关事项的通知》，一定程度上放宽了对股权质押业务的限制。相关法律政策制度的陆续出台，影响着上市公司股权质押业务的规模与规范。我国股权质押的主要法律规范，见表 1 - 1。

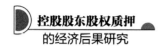
表1−1　我国股权质押的主要法律规范

时间	法律规范	主要内容	意义（说明）
1995.6.30	《中华人民共和国担保法》	第75条、第78条对股权质押业务的标的物、生效日等方面做了相关规定	标志着股权质押制度在我国正式确立
1997.5.28	《外商投资企业投资者股份变更的若干规定》	对外商投资企业投资者"经其他各方投资者同意将其股权质押给债权人"予以特别确认	—
2000.2.2	《证券公司股票质押贷款管理办法》	对股权质押贷款业务的当事人、质押期限、质押率、贷款程序、贷款风险控制等方面进行了严格规定；在贷款风险控制方面，特设立警戒线和平仓线相关规定，以控制因股票价格波动带来的相关风险	进一步规范和完善了我国企业的股权质押业务
2004.11.2	《证券公司股票质押贷款管理办法》	对2000年公布的《证券公司股票质押贷款管理办法》进行了修订。其中第8条、第9条、第10条、第27条分别对股权质押贷款业务的贷款人、借款人、质押期限、贷款警戒线和平仓线重新修订	
2005.4.29	《关于上市公司股权分置改革试点有关问题的通知》	股权分置改革正式启动，股票实现了全面流通，开展股权质押业务的金融机构也更愿接受以上市公司股权作为抵押物	加速了我国上市公司股权质押业务的发展
2007.1.30	《上市公司信息披露管理办法》	其中第30条确立了上市公司超过5%以上股权质押行为的临时报告制度	进一步规范了上市公司股权质押行为的信息披露制度
2013.5.24	《股票质押式回购交易及登记结算业务办法（试行）》	对股票质押式回购交易进行了规范，股票质押式回购作为股权质押的一个创新业务，标志着券商开展的场内质押业务正式开始	进一步促进了股权质押融资业务的爆发式增长
2013.11.14	《加强商业银行股权质押管理》	将银行股权质押的管理规范纳入风险防控及公司治理范畴	填补了有关权利质押监管上的空缺

时间	法律规范	主要内容	意义（说明）
2015.12.29	《上市公司股东股份被质押（含冻结、拍卖或设定信托）的公告格式》	对我国上市公司股权质押信息披露行为做了进一步规范	提高了上市公司股权质押业务信息披露的有效性和针对性
2018.1.1	《修订〈股票质押式回购交易及登记结算业务办法〉的通知》	对2005年颁布的《股票质押式回购交易及登记结算业务办法》进行了修订，其中对限售条件、融资折价率、股权质押比例、股权平仓出售等方面进行了规范约束	—
2019.1.18	《关于股票质押式回购交易相关事项的通知》	新增股票质押回购融入资金全部用于偿还违约合约债务的，不适用此办法	一定程度上放宽了对股权质押业务的限制

1.3　我国股权质押的现状分析

本章选取2011—2019年披露股权质押行为的上市公司（包括沪深两市全部上市公司）为研究样本，样本公司的基本数据和股权质押数据均来自Wind数据库以及上海证券交易所和深圳证券交易所披露的股权质押公告。其中，与控股股东股权质押相关的数据来自于笔者对股权质押公告的整理。

1.3.1　股权质押的年度统计情况

近年来，随着我国经济的高速发展和企业融资需求的不断增加，我国上市公司的股权质押公告的数量和质押规模都在稳定上升。

由表1-2数据可知：

①越来越多的上市公司的股东选择进行股权质押融资，但2019年与2018年的各项数据相比均有所下降，可能是因为2018年国家出台相关政策对各种质押条件进行了规范约束。

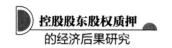

②股权质押的交易越来越频繁，增长速度较快，2011—2019年分别共发生股权质押1715、2203、3063、4328、6712、12896、17467、18627、8868次，其平均增长率高达30.71%；

③质押总股票市值巨大，2016年质押股票总市值高达50412.02亿元，随后几年虽有下降，但是依旧很高。

在股权质押快速发展的同时，也伴随着风险，一旦股市大跌，跌到预警线甚至是平仓线，将导致公司发生财务危机和控制权的改变，停牌原因有很多，但股权质押面临平仓风险，急需补仓是重要原因；而如果股权质押平仓风险大规模地爆发，有可能引发我国股市系统性风险。

表1-2　股权质押的年度统计情况

项目	2011年	2012年	2013年	2014年	2015年	2016年	2017年	2018年	2019年
股权质押公司数量（家）	585	708	910	1043	1379	1650	1991	1977	1698
总质押次数	1715	2203	3063	4328	6712	12896	17467	18627	8868
质押股票总市值（亿元）	7396.91	6959.40	9669.97	14198.88	33261.74	50412.02	42460.31	25528.10	18875.45

1.3.2　股权质押公司的行业分布

以证监会《上市公司行业分类指引》（2012年修订）为标准，我国上市公司可分成19个行业门类，样本公司按行业分类的统计见表1-3，股权质押公司的行业分布主要呈现以下特点：

①行业覆盖面广。2011—2019年已进行股权质押的上市公司涉及18个行业门类，只有一个上市公司数量极少的行业门类未涉及，说明股权质押融资方式已经受到了各行各业上市公司的关注和青睐。

②行业分布不均匀，差异显著，股权质押公司主要集中在制造业、房地产业以及信息传输、软件和信息技术服务业这三个行业。2011—2019年股权质押公司样本总数为11941家，其中，制造业样本8007家，占比67.05%；信息传输、软件和信息技术服务业样本894家，占比7.49%；房地产业样本578家，占比4.84%；其余行业合计占比20.62%。

表 1－3　股权质押公司的行业分布

（家）

行　业	2011 年	2012 年	2013 年	2014 年	2015 年	2016 年	2017 年	2018 年	2019 年	合计	占比（%）
制造业	356	449	603	706	966	1106	1332	1325	1164	8007	67.05
房地产业	71	65	64	63	69	66	70	63	47	578	4.84
信息传输、软件和信息技术服务业	27	37	49	60	88	129	175	179	150	894	7.49
批发和零售业	36	44	44	47	51	70	83	74	65	514	4.30
采矿业	18	19	29	31	26	38	36	35	29	261	2.19
建筑业	12	19	26	26	33	45	57	50	36	304	2.55
农、林、牧、渔业	9	12	13	19	22	30	31	24	17	177	1.48
电力、热力、燃气及水生产和供应业	9	12	17	14	17	20	26	25	21	161	1.35
文化、体育和娱乐业	7	7	11	14	19	22	28	26	20	154	1.29
交通运输、仓储和邮政业	7	10	9	11	12	20	21	26	20	136	1.14

续表

行　业	2011 年	2012 年	2013 年	2014 年	2015 年	2016 年	2017 年	2018 年	2019 年	合计	占比（%）
租赁和商务服务业	6	8	7	9	19	28	30	34	28	169	1.42
水利、环境和公共设施管理业	7	4	8	10	18	16	29	31	29	152	1.27
金融业	7	10	10	10	8	17	26	31	31	150	1.26
综合	7	3	6	8	11	13	12	7	5	72	0.60
科学研究和技术服务业	0	4	6	6	12	19	23	31	21	122	1.02
住宿和餐饮业	4	5	4	4	3	4	2	4	2	32	0.27
教育	—	—	—	—	—	1	2	2	3	8	0.07
卫生和社会工作	2	0	4	5	5	6	8	10	10	50	0.42
总计	585	708	910	1043	1379	1650	1991	1977	1698	11941	100.00

结合上市公司自身行业的特点以及股权质押融资的特点，本书认为出现行业分布不均匀的原因有：一方面，行业本身公司数量多，如制造业，其公司数量在上市公司中所占基数最大且数量增长快，因此在样本公司中所占比重最大的也是制造业；另一方面，随着我国经济的高速发展，制造业、信息传输、软件和信息技术服务业和房地产业得到迅猛发展，其行业规模不断扩大，资金需求量也相对较大，加上产品生产周期长等行业特点，使得股权质押融资受到了这些行业的青睐。

1.3.3　股权质押公司的公司性质

本章参照 Wind 数据库的上市公司性质资料，将样本公司分为民营企业、地方国有企业、中央国有企业、公众企业、外资企业、集体企业和其他企业共七类，结果见表 1－4，股权质押公司的公司性质主要呈现以下特点：

第一，股权质押公司的公司性质分布不均匀，进行股权质押的民营企业总数明显多于其余六类企业。2011—2019 年股权质押公司样本总数为11941 家，民营企业共有 9461 家，占比 79.23%；地方国有企业共有 1128家，占比 9.45%；而中央国有企业只有 269 家，占比 2.25%。进行股权质押融资的民营企业数量是国有企业（包括中央国有企业和地方国有企业）的近七倍。公众企业、外资企业、集体企业和其他企业进行股权质押的企业极少，占比较小。

第二，纵向来看，进行股权质押的民营企业数量巨大，增幅显著，其余类别企业数量变化趋于平稳。2019 年我国进行股权质押的民营上市公司有 1384 家，占 2019 年上市公司中有股权质押的公司总数的 81.51%，其年平均增长率达到 17.84%，说明我国越来越多的民营企业的股东选择了股权质押这种融资方式。而公众企业进行股权质押的数量，2019 年与 2011年相比仅增加了 51 家，其余类别企业就更少了。

之所以会呈现上述特点，本章认为：一方面，财政部 2001 年发布的《关于上市公司国有股质押有关问题的通知》对上市公司国有股质押总量和上报程序做出了严格而具体的规定。由于股权质押存在"易主"

表 1－4　股权质押公司的公司性质

（家）

公司性质	2011 年	2012 年	2013 年	2014 年	2015 年	2016 年	2017 年	2018 年	2019 年	合计	占比（%）
民营企业	403	521	703	835	1108	1300	1606	1601	1384	9461	79.23
地方国有企业	95	97	97	95	128	157	172	155	132	1128	9.45
公众企业	28	28	42	42	57	82	89	90	79	537	4.50
外资企业	19	24	30	30	38	44	51	62	49	347	2.91
中央国有企业	23	22	24	28	29	38	42	35	28	269	2.25
其他企业	15	13	12	10	12	19	20	21	14	136	1.14
集体企业	2	3	2	3	7	10	11	13	12	63	0.53
合计	585	708	910	1043	1379	1650	1991	1977	1698	11941	100.00

风险，导致国有股权可能被迫转让，因此，相比于民营企业，我国监管部门在股权质押行为上对国有企业有着更强的约束力；另一方面，由于我国国有企业规模大且有政府背景，银行业对其存在"软约束"现象，使得国有企业具有较强的融资能力，从银行获得信贷资金更加便捷；而民营企业所面临的融资约束程度较大，融资成本较高，银行业对民营企业有严格的担保要求，因此股权质押融资受到越来越多的民营企业的青睐。

1.3.4　股权质押公司的上市板块

鉴于2019年科创板创立，2021年4月6日深交所主板与中小板合并，所以本章将上市公司板块划分为主板与创业板进行分析。我国上市公司股权质押在各板块的样本分布见表1-5，主要呈现以下特点：

第一，各板块的发展不均衡。创业板发展较快，截至2019年年底有61.79%的上市公司进行了股权质押，规模大；主板虽然上市公司数量多，但截至2019年年底只有39.04%的上市公司进行了股权质押。

第二，纵向来看，各板块进行股权质押的上市公司数量呈递增趋势。创业板进行股权质押的公司数量从2011年59家增长到2019年的490家，增长幅度高达730.51%，而主板进行股权质押的公司数量从2011年的526家增长到2019年的1208家，增长幅度达129.66%，相比创业板而言，增幅较小。

之所以会呈现上述特点，本章认为：首先，由于我国创业板成立时间晚，其上市公司规模较小，业绩不突出，股权价值往往被低估，风险大。在期初，银行和信托金融机构为了规避风险，针对创业板上市公司股权质押业务，约束程度较大，导致企业融资成本较高，有的银行甚至不接受创业板上市公司的股权作为质押担保品。但是随着创业板上市公司的快速发展，资金需求量大，加上股权质押业务的多样化，证券公司的大规模加入，放宽了股权质押约束条件，因此越来越多的创业板上市公司选择股权质押融资方式，来获取企业发展资金；其次，我国创业板上市公司大多为中小企业和高科技企业，处于快速发展期，需要大量资金，而本身的融资

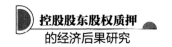

表 1-5　股权质押公司的上市板块

（家）

板块	2011 年			2012 年			2013 年			2014 年			2015 年			2016 年			2017 年			2018 年			2019 年		
	观测值	公司数	占比（%）	观测值	公司数	占比（%）	观测值	公司数	占比（%）	观测值	公司数	占比（%）	观测值	公司数	占比（%）	观测值	公司数	占比（%）	观测值	公司数	占比（%）	观测值	公司数	占比（%）	观测值	公司数	占比（%）
创业板	59	280	21.07	102	355	28.73	178	355	50.14	232	406	57.14	350	496	70.56	434	572	75.87	556	713	77.98	564	564	100	490	793	61.79
主板	526	2124	24.76	606	2208	27.45	732	2211	33.11	811	2286	35.48	1029	2421	42.50	1216	2593	46.90	1435	2883	49.77	1413	2953	47.85	1208	3094	39.04

注：观测值为进行股权质押的公司样本数。

条件和融资渠道受到限制，所以更加愿意进行股权质押融资；而主板国有企业居多，公司规模大、资产质地较好，融资能力强，有更多的融资渠道获取企业发展资金；最后，股权质押融资属于债务性融资，其本身具有融资成本低、调整公司资本结构、保障股东的控制权以及发挥财务杠杆的作用等特点。

1.3.5　股权质押的质权人类别

随着股权质押业务多样化的发展，质权人类别也出现了多样化，包括证券公司、银行、信托公司、一般公司和个人五种类别。根据 Wind 数据库，对 2011—2019 年期间发生的股权质押事件的数量进行分类统计，见表 1-6，股权质押质权人类别的样本分布主要呈现以下特点：

①绝大多数的上市公司会选择把股权质押给证券公司、银行和信托公司进行融资，占全部股权质押事件的 89.65%，而只有少数上市公司选择把股权质押给一般公司和个人。

②纵向来看，各质权人类别占比的变化趋势明显不同。在 2011—2019 年，证券公司的占比呈明显的递增趋势；信托公司和银行的占比呈明显的下降趋势；而一般公司和个人的占比则比较平稳。

③证券公司在股权质押交易中的地位越来越重要。由 2011 年的 2 笔股权质押业务增加到 2018 年的 13218 笔，其增长速度惊人，2019 年质押业务略有下降。从 2014 年开始，均有一半以上的股权质押业务发生在证券公司。

上市公司倾向于把股权质押给证券公司的原因主要在于：一方面，2013 年 5 月《股票质押式回购交易及登记结算业务办法（试行）》的推出，为证券公司的发展提供了平台，同时此创新业务的便捷、成本低以及限制条件少等特点，让证券公司迅速占据股权质押业务市场的主导地位；另一方面，证券公司本身拥有丰富的客户资源和便捷高效的融资通道，并且其股权质押业务具有融资成本低、机制灵活等特点，因此证券公司的股权质押业务受到上市公司的热烈追捧。

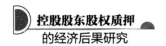

表1-6 股权质押的质权人类别

（笔）

质权人类别	2011年		2012年		2013年		2014年		2015年		2016年		2017年		2018年		2019年		合计	
	观测值	占比（%）	观测值	占比（%）	观测值	占比（%）	观测值	占比（%）	观测值	占比（%）	观测值	占比（%）	观测值	占比（%）	观测值	占比（%）	观测值	占比（%）	观测值	占比（%）
证券公司	2	0.12	28	1.27	1044	34.08	2605	60.19	4284	63.83	8765	67.97	13546	77.55	13218	70.96	4569	51.52	48061	63.34
银行	772	45.01	923	41.90	993	32.42	986	22.78	1401	20.87	1626	12.61	1431	8.19	1476	7.92	1526	17.21	11134	14.67
信托公司	779	45.42	1013	45.98	746	24.36	419	9.68	429	6.39	1317	10.21	1375	7.87	1711	9.19	1041	11.74	8830	11.64
一般公司	131	7.64	194	8.81	243	7.93	295	6.82	507	7.55	1167	9.05	1088	6.23	2208	11.85	1700	19.17	7533	9.93
个人	31	1.81	45	2.04	37	1.21	23	0.53	91	1.36	21	0.16	27	0.16	14	0.08	32	0.36	321	0.42
合计	1715	100	2203	100	3063	100	4328	100	6712	100	12896	100.00	17467	100.00	18627	100.00	8868	100.00	75879	100.00

注：观测值为股权质押事件的数量。

1.3.6　大股东❶的股权质押分布

近年来，我国上市公司发布的公告中有关大股东股权质押的公告不在少数，而大股东大多为独立法人，又拥有公司的控制权，其自身的经营与财务行为将有可能对上市公司的发展产生深远影响。因为 2013 年股票质押式回购作为股权质押的一个创新业务正式推出，致使股权质押业务大量上升，所以本章主要统计 2014—2019 年大股东股权质押情况。经统计，大股东股权质押概况见表 1-7，主要特点为：

①大股东股权质押行为较为普遍且交易频繁。2014—2019 年大股东每年分别共发生股权质押 3011、4635、5913、8423、9891、4841 次，占上市公司总质押次数的比例均值为 56.73% 。

②部分上市公司大股东累计质押率过高，存在"易主"风险。上市公司大股东累计质押率分布见表 1-8，累计质押率大于 50% 的公司有 4166家，占样本公司总数的 51.97% ，并且累计质押率达到 100% 的公司有 348家，也就是有 348 家公司的大股东将其所有股权进行了质押担保，一旦发生平仓风险，大股东将会被迫转让股权，从而失去对上市公司的控制权。

表 1-7　大股东股权质押概况

指标	2014 年	2015 年	2016 年	2017 年	2018 年	2019 年
公司数量	685	974	1310	1665	1928	1454
大股东质押次数	3011	4635	5913	8423	9891	4841
占比（%）	69.57	69.06	45.85	48.22	53.10	54.59

注：占比即大股东质押次数占总质押次数（表 1-2 中所列）的比例。

表 1-8　大股东累计质押率的分布　　　　　（家）

区间	2014 年	2015 年	2016 年	2017 年	2018 年	2019 年	合计
0	90	149	187	191	233	66	916
(0，10%]	25	47	53	75	86	59	345

---

❶　所称大股东，均指第一大股东。

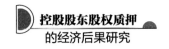
续表

区间	2014 年	2015 年	2016 年	2017 年	2018 年	2019 年	合计
（10%，20%］	40	72	92	123	119	97	543
（20%，30%］	48	82	108	122	108	106	574
（30%，40%］	62	77	105	128	144	132	648
（40%，50%］	67	97	141	155	188	176	824
（50%，60%］	49	72	102	123	157	152	655
（60%，70%］	54	87	100	160	169	202	772
（70%，80%］	70	71	88	157	181	187	754
（80%，90%］	55	76	86	112	133	47	509
（90%，100%）	97	117	188	244	313	169	1128
100%	28	27	60	75	97	61	348
合计	685	974	1310	1665	1928	1454	8016

1.4 股权质押的文献回顾

股权质押的研究在不同的股权结构模式下有所不同。在西方国家（美国、英国等），由于企业股权相对分散，因此大股东股权质押融资的现象较少，学术界对此关注不多。国外学者多从公司治理角度研究股权质押引发的代理问题，以 Shleifer 和 Vishny（1997）以及 La Porta（1999）为代表的研究主要关注股权质押导致的控制权和现金流权分离问题。在我国，由于企业股权较为集中，且随着股权质押规模的扩大，股权质押逐渐成为人们关注的热点。1997 年亚洲金融危机的爆发，对开展股权质押业务的上市公司和金融机构产生了重大影响，故台湾地区学者的研究多以金融危机或其他系统风险为背景，以代理理论为框架，研究股权质押对公司价值、财务困境等几个方面的影响（高兰芳，2002；Yeh et al.，2003）；内陆学者在研究股权质押时，部分借鉴及吸收了两权分离的思路。2013 年以前，股权质押作为一种融资手段在我国并不常见。一方面，缺乏制度基础，《中华人民共和国担保法》和《中华人民共和国物权法》对权利质押做出的相关规定过于简单，对质权人利益的保障制度不够完善；另一方面，学者们对股权质押这一新兴事物的认识还不够透彻。自 2013 年起，股权质押开始进入增长的黄金时期。

随着我国股权质押制度的不断完善，股权质押业务数量不断增长，学者们对此也做出了很多有贡献的研究，早期关于股权质押的研究主要集中于法律层面以及股权质押的影响因素，随后的研究集中于股权质押"动机"，而近几年与股权质押"经济后果"的相关研究颇多，且研究的主体主要针对上市公司和利益相关者。本章对股权质押的文献进行梳理，归纳、总结股权质押的影响因素、动机，股权质押对上市公司以及利益相关者的影响，进而提出该领域未来的研究发展方向。

1.4.1 关于股权质押影响因素的相关研究

（1）法律制度因素

在我国，法律政策是影响市场融资的重要因素。1995 年《中华人民共和国担保法》的颁布，标志股权质押制度在我国正式确立；2002 年颁布并实施，并于 2004 年修订的《证券公司股票质押贷款管理办法》对股权质押贷款的当事人、质押期限、质押率、警戒线和平仓线等都设置了严格的规定；2013 年颁布的《股票质押式回购交易及登记结算业务办法（试行）》，标志着券商开展的场内质押业务正式开始，此后股权质押规模快速增加；2013 年 11 月银监会发布《加强商业银行股权质押管理》的通知，将规范银行股权质押管理纳入公司治理和风险防控范畴，填补了其对权利质押监管上的空缺；2015 年上交所和深交所发布《上市公司股东股份被质押（含冻结、拍卖或设定信托）的公告格式》，进一步规范了我国上市公司股权质押信息披露行为；2018 年上交所与中国证券登记结算有限责任公司对《股票质押式回购交易及登记结算业务办法（试行）》进行了修订，对限售条件、融资折价率、股权质押比例、股权平仓出售等方面进行了规范约束；2019 年由上交所和深交所分别出具的《关于股票质押式回购交易相关事项的通知》，一定程度上放宽了对股权质押业务的限制。相关法律政策制度的陆续出台，影响着股权质押的规模与规范。

股权质押制度作为担保制度的一部分，对出质人和质权人都有一定的保障作用。对出质人来说，股权质押制度中质押率、警戒线和平仓线的约束，必然会提高出质人履约的自觉性，保证债权的实现；对质权人来说，当股票价值出现大幅度下降时，将会影响担保的效果，对质权人的利益产生威胁，故股权质押制度赋予质权人质权保全权以保障债权的实现（阎天怀，1999）。然而，近年来股票市场"崩盘"事件的频繁发生，股权质押融资也面临着重大风险，现有的股权质押制度虽然建立了风险防范机制，例如，《证券公司股票质押贷款管理办法》中设置的警戒线和平仓线机制，对股权质押风险有了一定控制，但并不完善。在已有文献研究中，股权质押制度约束也并未引起足够的关注。股权质押制度的不断完善是推动股权质押业务科学发展的重要因素。

（2）市场环境因素

股票市场对股权质押的影响研究。股权质押属于权利质押，质物为股权，股权又与股票市场密切相关，股权质押的担保价值取决于股票价值。股票价值又决定了控股股东能从银行获取的质押贷款的金额。首先，从出质人角度看，股票被错误定价，会影响控股股东的资产质量和信贷条件（罗琦和贺娟，2015）。也有学者进一步研究认为股票错误定价与控股股东的股权质押意愿和质押规模正相关，股价被高估会推动控股股东进行股权质押（徐福寿等，2016）。其次，从质权人角度看，担保物价值的变化会影响质权人提供资金的意愿和规模。2004 年《证券公司股票质押贷款管理办法》规定在进行股权质押时，银行要对出质物的担保价值进行分析，并按规定的质押率（最高不能超过 60%）向出质人提供贷款。因此，股票价值越高，出质人利用股权质押获取的资金规模越大。综上，股票的市场价值的变动会对出质人股权质押的规模和意愿产生影响。

信贷市场对股权质押的影响研究。股权质押融资是借入资金的方式之一，《中华人民共和国担保法》规定股权质押融资需按照协议到期还本付息，故信贷成本是质押股东采用股权质押获取信贷资金的首要考虑因素。如徐寿富等（2016）所言，一方面，股权质押产生的现金流权收益从大股东转移至质权人，丧失的现金流权收益成为大股东股权质押的机会成本；另一方面，当货币政策较紧或信贷利率较高时，融资成本上升，大股东的融资需求会得到一定的遏制。此外，较高的利率也意味着较高的资金收益率，使得大股东放弃的现金流权收益的机会成本会更高。综上，紧缩的货币政策和较高的信贷利率会降低大股东股权质押的意愿和规模。

（3）股权质押公司的特征因素

除了以上从法律制度因素、市场环境因素研究股权质押的影响外，还有学者从质押股权的公司特征进行探究。王新红（2016）以中小板上市公司为研究对象，研究的结果是：大股东股权性质、持股比例以及股权制衡度对中小板上市公司股权质押产生影响。

黄宏斌等（2018）认为控股股东会根据市场时机展开融资行为，当市场中投资者情绪高涨时，控股股东采用股权质押的形式进行融资的意愿更强烈。徐寿福等（2016）认为控股股东在股票市场和债权市场的双重择时动机均会影响股权质押的意愿和规模，上市公司股票被高估会推动大股东进行股权质押，信贷市场较为宽松时，大股东更愿意进行股权质押，并且质押规模更大。李旎和郑国坚（2015）认为控股股东通过对上市公司进行市值管理来使其股权质押能够获得更多的资金。另外也有学者分析了其他因素对控股股东股权质押的影响。林艳等（2018）从产权性质和控股股东持股比例的角度研究表明，民营企业更倾向于股权质押，控股股东持股比例越高，越不倾向于进行股权质押。

1.4.2　关于股权质押动机的相关研究

目前，关于股权质押动机的研究大体可以分为两类，一是为了缓解资金压力，满足大股东自身或上市公司融资需求；二是为了满足大股东个人利益，通过股权质押这一途径掏空上市公司，侵占中小股东利益。

一些学者认为股权质押是为了满足大股东自身或上市公司融资需求。Kao、Chiou 和 Chen（2004）认为大多数大股东股权质押是出于自身资金需求而非公司资金需求。张陶勇和陈焰华（2014）从股权质押资金投向的角度，通过实证分析发现约有 81.51% 股权质押资金投向大股东自身；然而，也有部分学者认为当上市公司本身无法满足资金需求时，大股东会采取积极行动，将股权质押融入的资金用于上市公司。艾大力和王斌（2012）认为大股东股权质押反映出企业存在资金短缺的状况，将股权进

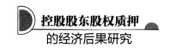

行质押是由于企业发展需要更多的资金支持。

也有学者认为股权质押是出于大股东"掏空"、侵占中小股东利益的动机。部分学者从案例研究入手,如黎来芳等(2005)在分析鸿仪系案例时发现股权质押是出质人"掏空"上市公司的一种手段;李永伟等(2007)对明星电力案例研究,指出控股股东以3.8亿元所收购的股份作为质押物向银行取得了3亿元的贷款,再将借入的资金投资于其他方面,如此循环,从而不断扩大控股地位和投资规模。

一方面控股股东相较于其他投资者拥有信息优势,由于信息不对称现象的存在,其股权质押后可能存在以下两种行为,一是通过盈余管理活动进一步提高质押股权的市场价值,二是利用关联交易等"隧道挖掘"行为侵害上市公司价值(祝兵等,2019);另一方面控股股东在控制权和现金流权分离的情况下,为了保证自身获取的控制权收益达到最大化,其侵害中小股东利益的动机会增强(Yeh et al., 2003;黎来芳,2005;郝项超和梁琪,2009)。

现有文献关于股权质押动机方面的研究还有待深入。一方面,股权质押动机的相关研究大多以理论论述及案例研究为主,实证研究较少;另一方面,质押融资后资金的去向与大股东股权质押动机密切相关,但遗憾的是,由于现有制度未明确要求上市公司对股权质押融资后资金的具体用途进行披露,因此限制了学者们对大股东股权质押背后真正动机的讨论。

1.4.3　关于股权质押经济后果的相关研究

1.4.3.1　股权质押对上市公司的影响

目前,学者们关于股权质押对上市公司的影响研究,主要集中于股权质押与公司业绩(或价值)、市值管理及创新投入等方面。关于股权质押对公司业绩的影响,主要从两权分离及控制权转移视角进行研究;关于股权质押与市值管理的研究,主要关注控股股东股权质押后会通过盈余管理、股利政策、信息披露等措施来进行市值管理;关于股权质押与创新投入的研究,大多数学者认为股权质押会抑制企业的研发投入水平。

（1）股权质押与公司业绩（或价值）

关于股权质押对公司业绩的影响，大多数文献在公司治理框架下，围绕股权质押所带来的两权分离和控制权转移风险两个角度展开研究，得出两种相反的观点：一种是股权质押后两权分离促使控股股东对中小股东的利益侵占而损害公司价值；另一种是股权质押后控股股东在控制权转移风险约束下，努力经营，对公司绩效及价值产生正向影响。

①两权分离视角下，股权质押对公司价值的影响。现有文献关于两权分离视角下股权质押对公司价值的影响，大体遵循以下思路："控股股东股权质押—现金流权和控制权分离—降低掏空成本—增强掏空动机—引发更严重的代理问题—降低上市公司价值"。股权质押后控股股东的实际现金流权降低（郝项超等，2009），而控股股东对公司的控制权保持不变，即以较低的现金流权掌握较大的控制权，加大了两权分离度。此时控股股东可能会通过资金占用、过度投资、虚假信息等手段掠夺上市公司的资源，损害上市公司价值（郑国坚，2014；姜国华，2005）。

相关研究中，两权分离视角下股权质押对公司价值的负面影响颇多。如 Claessens 等（2000）研究发现两权分离程度越大，公司价值越小；郑国坚等（2014）认为当大股东处于财务约束（大股东股权质押）时，会恶化大股东的占款问题；谢露（2017）研究发现大股东股权质押后，加剧了大股东与中小股东间的利益冲突，且产品市场竞争越激烈，大股东对上市公司的过度投资越显著，进而可能危害公司价值；张晨宇（2018）认为股权质押公司的信息披露质量更差，控制权转移威胁下的大股东存在着降低公司信息透明度的掏空动机。

也有学者对"股权质押—加大两权分离—引发控股股东掏空行为"这一逻辑提出质疑。王斌等（2013）认为在只有一级控股链条情形下，控股权与现金流权是一致的，并不存在加大两权分离度问题。且若未区分大股东性质（国有和民营）而笼统讨论，无助于厘清大股东是否真的通过代理理论引发对上市公司的掏空行为。故相关研究中利用两权分离度来解释控股股东掏空行为这一结论还有待商榷。

②控制权转移风险视角下，股权质押对公司价值的影响。现有文献关于控制权转移风险视角下股权质押对公司价值的影响，大体遵循以下思

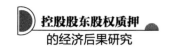
路："控股股东股权质押—面临股价下跌风险—触发平仓风险或控制权转移风险—上市公司市值管理活动—对上市公司价值产生影响"。股权质押后，如果股价大幅度下跌，控股股东将面临控制权转移风险甚至平仓风险，这将损害控股股东的利益。因此，控股股东会通过市值管理以维持股价稳定。

大多数学者研究发现，股权质押对公司价值有负面的影响。谢德仁等（2018）研究发现为避免控制权转移风险，控股股东股权质押后会提高公司的市值管理需求，短期操纵会计盈余质量，进而影响会计政策；李秉祥（2017）研究认为股权质押是定向增发前公司维稳股价、提高市值的手段，长时期内对股价不利；另一些学者从改善业绩的角度研究发现，股权质押对公司价值有积极的影响。如王斌（2013）认为相比于国有大股东，民营大股东在质押股权后因担心控制权转移风险，从而有更强的激励来改善公司业绩，提升企业价值。

综上，目前围绕股权质押对公司绩效（或价值）的影响，其研究结论均未达成共识。关于股权质押对上市公司价值影响的相关机理研究并不丰富，股权质押对公司价值影响的路径研究也有待深入。此外，现有文献基本都基于公司内部治理视角研究股权质押产生的经济后果，尚未出现将内外部治理环境相结合以检验股权质押经济后果的文献。

（2）股权质押与市值管理

我国上市公司控股股东的控制权会为其带来"控制权收益"，这使控股股东很重视控制权（韩德宗等，2004；马磊等，2007）。控股股东减少股价崩盘风险的方式并不是改善公司经营业绩，而是通过盈余管理、股利政策和信息披露操控等权宜之计（谢德仁等，2016）；因此，上市公司控股股东股权质押后，无论是为了规避公司控制权转移风险还是为了股权再质押融资需求，都有很强的动机去关注公司股价并进行市值管理（宋岩和宋爽，2019）。即主观上控股股东存在进行市值管理的动机，客观上控股股东也有能力进行市值管理，如廖珂和崔宸瑜（2018）所言，控股股东对上市公司经营和财务决策具有较强的掌控力，能够通过盈余管理、股利政策、信息披露等措施来进行市值管理。

第一，盈余管理是进行市值管理的重要手段。股权质押的一个直接后果，便是引入了质权人（金融机构）这一外部治理角色。

在股权质押前，对质权人而言，如何降低债务代理成本以及不良资产问题的发生概率，是其关注的重点问题，故金融机构会根据企业的财务状况来鉴别和审核其贷款条件，并对上市公司质押品质量与上市公司盈余质量高度关注；对出质人来说，为了满足金融机构的评估要求，取得质押融资款，出质人会尽可能地采取相应策略提高企业的盈余。如谢德仁（2018）的研究结论中提到相对于未进行股权质押的公司而言，存在控股股东股权质押的公司操纵真实盈余管理的程度更高。

在股权质押后，对质权人而言，为保证贷款的安全会持续关注上市公司的经营状况。对出质人来说，为了在金融机构的跟踪评价中维持再融资能力，以及为避免股价下跌触及控制权转移风险或平仓风险，控股股东会继续进行盈余管理。如王斌和宋春霞（2015）基于质权人外部治理角度研究发现，股权质押会抑制上市公司的"应计性盈余管理"行为，使其盈余管理方式向更加隐蔽的真实盈余管理转变；也有学者基于股权结构的调节作用，认为股权集中度会促进股权质押与真实盈余管理的正向关系，而股权制衡度会抑制股权质押与真实盈余管理的正向关系（曹志鹏等，2018）。

综上，在质权人和出质人双方的诉求下，控股股东股权质押会诱发控股股东对上市公司的盈余管理操控行为。

然而，目前的研究也有待进一步深入，如一些文献在研究股权质押与盈余管理时，选择的样本数据具有局限性。谢德仁等（2018）认为，进行股权质押的非控股股东是没有能力决定上市公司盈余管理程度的，而控股股东不仅有着盈余管理的动机，也有着盈余管理的能力；另外，在实证研究设计中，大多数文献未对控股股东盈余管理活动的期间归属（质押前和质押后）进行区分，也未对质押前控股股东的盈余管理活动进行验证。

第二，股利政策成为市值管理的重要策略。股权质押后，控股股东会通过控制公司股利政策向资本市场传递相关信息以稳定或提升股价。如李旎和郑国坚（2015）所言，股权质押后控股股东会面临由于股价下跌导致的追加保证金风险、平仓风险甚至控制权转移风险，故存在强烈的动机去控制公司股利政策以稳定或提升股价。目前关于股权质押与股利政策的研

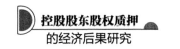

究中，一些学者认为控股股东股权质押后，公司会派发更多的现金股利。从两权分离角度看，股权质押加剧了控制权和现金流权分离程度，导致控股股东实际现金收入减少。为了获取现金收益，控股股东股权质押后更倾向于提高公司现金股利的发放以维护自身利益（宋迪等，2018）；然而也有一些学者有不同的看法，他们认为股权质押数量越多，控股股东股权质押的上市公司进行"高送转"的概率更高，降低现金股利发放的倾向更高（黄登仕等，2018；廖珂等，2018）。

第三，会计信息披露成为股权质押后稳定股价的重要渠道。信息披露是缓解信息不对称、降低道德风险和机会主义行为、保护投资者利益、提升企业价值的关键要素（徐寿福、徐龙炳，2015；郑军，2012）；相关学者研究认为，控股股东股权质押期间存在着规避控制权转移风险的机会主义行为，会通过信息披露向市场传递消息以稳定股价。如李常青、幸伟（2017）认为控股股东股权质押后更倾向于向市场披露积极消息，而将坏消息在非交易日披露以降低其对股价的负面影响；张晨宇、武剑锋（2019）认为信息披露是影响股价波动和股权质押安全的重要市值管理手段，相比于经营违规，信息披露违规更有助于实现控股股东在股权质押期间对公司股价的需求。

（3）股权质押与企业财务行为

控股股东股权质押后所产生的不同行为动机会影响上市公司的财务行为。从投资行为来看，王新红和李拴拴（2020）认为控股股东股权质押与上市公司的投资水平呈显著负相关关系，且其负向影响在非国有企业中更显著。谢露和王超恩（2018）认为控股股东与中小股东之间的利益冲突会因控股股东的股权质押行为进一步激化，控股股东会出于"掏空"动机促使上市公司做出过度投资的行为。柯艳蓉等（2019）认为控股股东股权质押比例会影响控股股东投资动机，低质押比例的控股股东更可能进行实业投资来支持公司发展，高质押比例的控股股东则会进行金融投资来损害公司长期发展。从融资行为来看，王化成等（2019）认为相较于不存在控股股东股权质押的上市公司，存在控股股东股权质押的上市公司的权益资本成本更高。王新红和杨锦（2020）认为控股股东股权质押会影响企业的融资行为，且与企业股权融资规模呈倒 U 形关系。从股利政策来看，黄仕登（2018）认为控股股东股权质押后为了迎合投资者情绪，更容易推出"高送转"的利润分配方案来实现市值管理，廖珂等（2018）提出为了保持公司的现金持有水平，控股股东会降低现金股利水平。

近年来，也有不少学者将控股股东股权质押所造成的经济后果集中到企业创新投入，且研究结论基本一致，即控股股东进行股权质押后会抑制企业的研发投入水平。罗婷（2009）认为股东进行股权质押的实质是解决现金流不足的问题，而企业创新又需要企业投入大量的资金，因此在此种情况下，企业会减少研发支出来缓解现金流不足的问题；张瑞君、徐鑫等（2017）以 2006—2014 年的制造业上市公司为研究对象，认为控股股东股权质押后，其财务决策也将变得相对保守，这会导致控股股东研发投入意愿降低，且金字塔层级越长，这种抑制作用会更加的显著。李常青、李宇坤等（2018）对上述结论进行了进一步研究，认为控股股东股权质押对企业创新投入的负面影响，在两职合一的上市公司中会更加显著，且这种抑制作用只有在股权质押率较高和距离平仓线越近时才会产生。杨鸣京等（2019）、Pang 和 Wang（2019）研究发现控股股东股权质押后为了降低控制权转移风险会抑制企业的创新行为，上市公司会减少创新投资。

1.4.3.2　股权质押对利益相关者的影响

股权质押产生的经济后果，不仅作用于上市公司，对利益相关者也会产生影响。投资者、审计师都是公司股权质押信息的重要使用者，大股东股权质押面临的潜在风险会诱使大股东产生盈余管理和信息操纵行为，这无疑增加了投资者的投资风险和审计师的审计总风险。相关学者对此也做了很多有贡献的研究。

股权质押对相关投资者的影响研究。对相关投资者而言，如债券投资者，其享有定期收取本息的权利，但却要承担企业经营失败的风险，风险与收益的不对称性会使他们特别关注公司风险。而股权质押带来的两类潜在风险（市场风险和道德风险），会导致公司经营状况、经营管理的不稳定，即会提高债券投资风险，故债券投资者会要求更高的信用利差补偿（欧阳才越，2017）；对股票投资者而言，股权质押后大股东会通过盈余管理以维持股价稳定，故而吸引更多的投资者，调动投资者情绪（李秉祥等，2017），然而这种高股价的维持却很短暂，研究发现当股权质押解除之后，应计盈余的转回以及质押期间累积的未被披露的坏消息的释放，会导致股价崩盘风险（谢德仁等，2016）。

股权质押对审计师的影响研究。对审计师而言，其面临的审计总体风险可分为业务风险和审计风险（曹志鹏等，2019）。在业务风险方面，由于股权质押行为会诱发控股股东掏空上市公司的动机，导致公司业绩变差，公司业绩变差意味着审计师的业务风险的增大；在审计风险方面，由于股权质押会诱发控股股东盈余管理操纵行为，降低会计盈余质量及财务信息质量，增加了审计师的审计风险。张龙平等（2016）、翟胜宝等（2017）的研究，从审计风险角度出发，发现股权质押后控股股东的机会主义行为增加了审计风险，这无疑会让审计师投入更多的时间、收取更多的审计费用、发表更多的无保留审计意见；也有相关学者基于放松卖空管制的外部治理效应角度、股权制衡角度，得出了不同结论，如王靖懿等（2019）所言，放松卖空管制的外部治理作用，在一定程度上约束了控股股东股权质押后的"掏空"行为，抑制其基于寻租动机的高额审计费用支付；徐会超（2019）的研究，从大股东逆向选择的角度出发，发现大股东股权质押后更可能选择低质量的审计师，从而规避高质量的外部监督，缓解控制权转移风险。

1.4.3.3 股权质押的治理效应

现有关于股权质押的治理效应，主要从两个角度考虑。一方面，股权质押引入了质权人（金融机构）这一外部治理角色，由于存在信息不对称，质权人为了保证贷款安全，降低债务代理成本，故对质押品的质量非常关注，强化了上市公司的外部监管，抑制了控股股东对上市公司的操控行为。如王斌（2015）的研究认为金融机构对股权质押出质人的审慎筛选抑制了上市公司实施应计盈余管理的动机。另一方面，谭燕和吴静（2013）基于质押品质量在银行信贷决策中的治理效用角度，通过实证研究发现，质押品质量在约束出质人行为的同时起到了降低债务代理成本的作用，且金融发展水平越高，债权银行质押品质量控制的效用越显著；吕晓亮（2017）基于外部治理角度的研究，发现质押行为对股权质量有监督作用，监督效应随着金融发展水平的提高而提高，且股权质押的监督效应提高了公司违规后被稽查的概率，降低了公司的违规动机。

1.4.4　文献评述

目前，有关股权质押的研究中，学者们主要关注以下几个方面：第一，关注股权质押的影响因素（法律制度和市场环境）；第二，关注股权质押的动机、经济后果及股权质押的治理效应。综合现有的文献研究成果，可以构建出股权质押相关研究的思路框架，如图 1 - 2 所示。

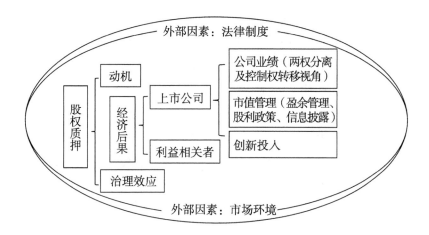

图 1 - 2　股权质押研究的思路框架

基于以上文献综述，可以看出大股东股权质押行为对上市公司以及利益相关者都具有重要的影响。当然，随着中国资本市场的逐渐发展、股权质押制度的不断完善，关于股权质押相关问题的研究也必将不断深化。根据已有研究，对未来研究提出以下三点展望。

①关于股权质押的动机研究有待深入。大股东的质押行为、质押融资后资金的去向及质押后产生的经济后果，都与质押动机密切相关。但遗憾的是，现有制度未明确要求上市公司对股权质押融资后资金的具体用途进行披露，因此限制了学者们对大股东股权质押背后真正动机的讨论。故在未来随着信息披露制度的不断完善，关于股权质押融资动机的研究也必将会逐渐深入。

②关于股权质押的经济后果的研究有待深入。首先，目前关于股权质押的研究中，基于股权性质角度（国有性质大股东与民营性质大股东）研

究股权质押问题的文献颇多。然而，基于高管特征及股权结构特征角度研究股权质押产生的经济后果的文献较少。其次，目前关于股权质押经济后果的研究中，主要集中于市场风险引发的控制权转移风险的视角或由道德风险引发的代理问题视角，研究股权质押对上市公司产生的影响。然而，现有研究中却很少关注控股股东股权质押后的一系列行为对企业财务状况的影响。在未来的研究中应多关注股权质押下企业财务行为研究，这对建立股权质押监控体系，帮助企业更好地防范财务风险，避免陷入财务危机以及帮助企业、投资者、监管者做出合理的决策都具有重要的现实意义。

③关于股权质押的研究主要集中于微观层面，即股权质押对上市公司及利益相关者的影响，而对金融市场层面的考察相对薄弱。股权质押作为一种融资手段，当股权质押规模可观时，其释放出的流动性会对股票市场波动性产生影响，也会对金融市场环境产生一定的冲击。2019 年发布的《关于股票质押式回购交易相关事项的通知》，一定程度上放宽了对股权质押业务的限制。随着股权质押政策的逐步放宽，股权质押对金融市场尤其是股票市场的影响有待进一步研究。

第2章 控股股东股权质押与企业投资：理论分析与实证检验

2.1 控股股东股权质押与企业投资水平

2.1.1 引言

股权质押已成为上市公司股东进行融资的重要方式，大多数上市公司的股权质押资金流向控股股东自身或第三方，流向被质押上市公司的较少（张陶勇和陈焰华，2014）。股权质押虽然可以满足资金投向方的融资需求，但这一融资方式本身也具有潜在的巨大风险。股权质押后，当公司股价下跌触及警戒线，控股股东需及时补充资金或补充质押股份，若股价跌至平仓线，质权人将有权处置被质押股票。虽然股权质押后控股股东仍然拥有表决权，但面临控制权转移的风险，因此，股权质押会影响控股股东的决策行为，控股股东可能调整其行为及财务决策，进而对企业投资水平产生影响。在不完美的资本市场中，企业的投资行为会受到控股股东及管理层决策的影响。那么，控股股东股权质押行为对上市公司的投资决策产生何种影响？

基于此，本章以 2013—2017 年我国沪深 A 股发生控股股东股权质押的上市公司的数据为初始样本，考察了控股股东股权质押对企业投资水平的影响，研究发现，控股股东股权质押比例负向影响企业投资规模。进一步研究发现，企业产权性质、控股股东持股比例、股权制衡对二者具有调节效应。本章可能的贡献主要有以下两点：第一，丰富控股股东股权质押经济后果研究。现有少量学者研究了控股股东股权质押对企业投资效率的影响，但鲜有学者从投资规模的视角对控股股东股权质押经济后果进行研究。第二，扩大融资与投资关系的研究视角。融资和投资作为企业的两大活动，

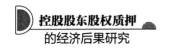

有着密不可分的关系，但关于股权质押与企业投资行为的研究并不多。

2.1.2 文献综述

随着股权质押在资本市场上频繁发生，国内外学者逐渐开始关注股权质押。现有研究主要集中在股权质押引发的经济后果。部分学者认为股权质押产生了积极的作用，Deren 和 Ke（2018）发现发生控股股东质押股权的公司更有可能为了稳定股价进行真实盈余管理。Meng 等（2018）考察了股权质押与企业风险承担之间的关系，发现股权质押可以抑制企业冒险，且与提高创新效率有关。国内学者林艳等（2018）发现控股股东股权质押与公司绩效呈正向关系。此外，股权质押后，控股股东更有动机进行税收规避（王雄元等，2018）、降低违规倾向（吕晓亮，2017）。但多数学者重点关注股权质押产生的消极作用，郝项超和梁琪（2009）的研究表明最终控制人进行股权质押会弱化激励效应、强化侵占效应。荆涛等（2019）研究发现单纯的股权质押行为并不会导致股价崩盘风险，利率水平可通过股权质押对股价崩盘风险起反向调节效应，利率上升会加剧股价崩盘风险。郑国坚等（2014）认为股权质押表明大股东财务约束，存在掏空倾向，对上市企业绩效产生负面影响。张瑞君等（2017）、陈泽艺等（2018）、富钰媛等（2019）的研究结果分别表明：大股东股权质押行为不利于企业进行创新活动；显著提高了大股东占用上市公司资金的可能性；会对企业内部控制产生负向影响，尤其是对于投资者保护程度低的企业。

综上，可以看出现有学者主要从税收规避、盈余管理、公司绩效等方面探讨了股权质押的经济后果，鲜有学者探讨股权质押对企业投资水平的影响。那么控股股东的股权质押行为会对企业的投资规模有何影响？企业产权性质、控股股东持股比例以及股权制衡又会如何影响二者的关系？是值得进一步研究的问题。

2.1.3 研究假设

（1）控股股东股权质押与企业投资水平

从表面上看，股权质押是控股股东自身的行为，与被质押股权的上市公司没有直接关系。然而，根据《中华人民共和国担保法》规定，股权质押并不以转移占有为必须，而是以质押登记为生效要件和对抗要件，股权质押后控股股东仍享有相应的权利，如出质股权的表决权、新股优先认购权等（谢德仁等，2016），所以股权质押不会影响控股股东对上市公司的控制权，控股股东仍可以对上市公司的投资决策产生重大影响，但控股股东的行为因进行了股权质押会发生一定程度的变化。

首先，股权质押后，控股股东会面临控制权转移的风险，有动机利用控制权获取私利。为了避免丧失对上市公司的控制权，控股股东不愿意涉足高风险项目，因为一旦投资失败，上市公司的股价可能会崩盘，控股股东就会面临控制权转移的风险。因此，控股股东质押的股份越多越倾向减少高风险项目的投资，从而会导致企业的投资规模缩小。其次，如前文所述，部分企业的控股股东会将质押资金提供给股权被质押的上市公司，企业运用质押资金进行投资，但产生的收益却要在全部股东之间按持股比例分摊（张陶勇和陈焰华，2014），因此，股权质押的控股股东在进行投资时较为谨慎，需要多方权衡。此外，控股股东进行股权质押会加大控制权和现金流权的分离程度，加剧第二类代理问题，产生"掏空"上市公司的行为，这会使上市公司用于投资的资源减少，企业的投资规模因此减少。基于以上的分析，提出本节研究**假设（2 - 1 - 1）**。

假设（2 - 1 - 1）：控股股东股权质押与企业投资规模呈负相关关系。

（2）产权性质的调节效应

按照产权性质，我国上市公司大致可以分为国有企业和非国有企业，这两类企业在股权结构、融资约束、企业的决策行为等方面有很大的差异。一方面，与非国有上司公司相比，国有上市公司具有政治优势（祝继高和陆正飞，2011），能获得更多的银行贷款和更长的贷款期限（余明桂和潘红波，2008），即国有上市公司更容易以较低的成本获得资金支持，面临的融资约束较低。因此，国有上市公司的控股股东进行股权质押后追加担保、还款的资金约束较小，也就是说其控制权转移的风险较小。另一方面，我国对国有上市公司和非国有上市公司股权质押的制度安排有所差异。股权质押后，当达到质押合同规定的强制"平仓"点时，国有上市公司的被质押股份不能被强制平仓，非国有上市公司则不同，控股股东只能接受强制平仓（谢德仁等，2016），这进一步说明相对于非国有上市公司，国有上市公司控股股东面临控制权转移风险更小。因此，控股股东股权质押对上市公司投资水平的影响在国有企业和非国有企业可能会有所差异。基于以上的分析，提出本节研究**假设（2-1-2）**。

假设（2-1-2）：对于不同产权性质的企业，控股股东股权质押对企业投资水平的影响会有所差异。

（3）控股股东持股比例的调节效应

控股股东的持股比例不同，他们的利益偏好、治理机制以及对待风险的态度会有所不同（朱磊等，2019），所以控股股东的持股比例可能会对控股股东股权质押与企业投资规模的关系产生影响。如前文所述，股权质押后，控股股东为了维持自己的控制权会降低企业的投资水平。而大股东持股比例越高，股权质押后其面临控制权转移的风险相对较低（王斌等，2013），可见与持股比例高的控股股东相比，低持股比例的控股股东更有动机降低控制权发生转移。因此，与持股比例高的控股股东相比，低持股比例的控股股东更会选择缩减企业投资规模。此外，股权质押后，控股股东为了降低控制权转移风险而采取的措施需要衡量成本和收益，缩减企业投资规模虽然可以降低股权质押导致的风险，却不利于企业长远发展，控股股东需要承担上市企业潜在发展能力下降的成本。控股股东持股比例越高，其为了降低股权质押风险而承担的企业价值损失带给自身的成本会越大，所以持股比例高的控股股东进行股权质押后对企业投资规模的负向影响会较小。基于以上分析，提出本节研究**假设（2-1-3）**。

假设（2-1-3）：控股股东持股比例对控股股东股权质押与企业投资规模的负向关系具有调节作用。

（4）股权制衡的调节效应

控股股东股权质押行为会加剧控股股东与中小股东的代理问题，而有效的股权制衡机制可以缓解第二类代理问题（Shleifer和Vishny，1986），即多个大股东共同控制公司时，控股股东利用控制权攫取私有权收益的行为会得到约束。因此，控股股东进行股权质押后，其他大股东的持股比例越高，控股股东的行为受到的约束力会越大。然而，当其他大股东的持股比例较高时，他们愿意花费时间和精力去监督控股股东的行为，在严格的监督下，控股股东的行为会更加趋向保守，即其他大股东的存在会导致控股股东的行为倾向于保守（朱冰等，2018）。此外，在多个大股东股权结构下，控股股东会面临投资收益与成本不对称性，因为投资收益是与其他股东共享，但是一旦投资失败，不仅企业的经营业绩会受损，还会受到其他大股东的质疑，所以其他大股东对控股股东的监督可能削弱控股股东投资意愿。基于以上分析，提出本节研究**假设（2－1－4）**。

假设（2－1－4）：股权制衡对控股股东股权质押与企业投资规模的负向关系具有调节作用。

2.1.4　研究设计

2.1.4.1　样本与数据来源

本节的研究对象为我国发生控股股东股权质押的沪深 A 股上市公司，样本区间为 2013—2017 年。按以下顺序对初始样本进行筛选：①剔除金融行业的公司；②剔除 ST 公司、＊ST 公司的样本；③剔除相关变量有缺失的样本。最终得到 4184 组观测值。控股股东股权质押数据来自 CSMAR 数据库，其他财务数据来自 Wind 专题统计数据库。为了避免极端值的影响，对所有连续变量进行上下 1% 的 Winsorize 处理。最后运用了 SPSS 19.0 及 Stata 14.0 进行实证分析。

2.1.4.2　变量定义

（1）被解释变量

投资规模（Inv）：参考现有衡量投资规模的文献，本节用当年购建固定资产、无形资产和其他长期资产所支付现金之和的自然对数衡量企业投资水平。

（2）解释变量

股权质押：参考夏婷等（2018）的文献，用质押程度和质押规模衡量股权质押。用控股股东质押股份占其持有上市公司股份的比例衡量质押程度，以 $Pratio$ 表示；质押规模则用控股股东质押股份占上市公司总股份的比例衡量，以 $Prate$ 表示。

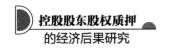

（3）调节变量

调节变量，即如果解释变量 X 和被解释变量 Y 之间存在关系，但 X 和 Y 之间的关系受第三个变量 M 的影响，那么变量 M 就被称为调节变量。M 可以是类别变量，也可以是连续变量，它既可以是对关系方向的影响，又可以是对关系强度的影响。调节变量的示意图与函数关系表达式如下所示。

$$Y = f(X,M) + e$$

根据温忠麟等（2005）提出的调节效应模型，调节变量的回归方法根据调节变量的类型来判断。当其为类别变量时，对原模型做分组回归，通过检验解释变量的回归系数及其方向，来判断调节效应的显著性和方向性，若随着调节变量 M 的增加，X 和 Y 的正向或者负向的关系被强化，则 M 为加强型调节变量；若随着调节变量 M 的增加，X 和 Y 的正向或者负向的关系被弱化，则 M 为削弱型调节变量；若随着调节变量 M 的增加，X 和 Y 的关系从正向转为负向，或者从负向转为正向，则 M 为颠覆型调节变量；当其为连续变量时，不做分组回归，而是将解释变量和被解释变量进行中心化或者标准化并进行相乘，用带有交乘项的回归模型，做层次回归分析，以此来检验变量是否为调节变量。首先，构建如下所示三个回归模型。

$$Z = x_1 + x_2M + \delta \tag{1}$$
$$Z = x_1 + x_2M + x_3N + \delta \tag{2}$$
$$Z = x_1 + x_2M + x_3N + x_4MN + \delta \tag{3}$$

如图 2-1 所示为调节变量的识别过程图，对调节变量是否具有调节效应的识别主要通过模型（3）中的交乘项来判断，分交乘项是否为 0 两种情况讨论。

当交乘项系数不为 0 时，即 $x_4 \neq 0$ 时，则通过模型（2）中 N 与 Z 是否相关来判断，若模型（2）中 N 与 Z 相关，即 $x_3 \neq 0$，那么模型（1）、模型（2）、模型（3）均不同，这说明 N 是半调节变量。若 N 与 Z 不相关，即 $x_4 = 0$，那么模型（1）与模型（2）没有显著区别，但模型（1）与模型（3）显著不同，这就说明 N 是纯调节变量。

当模型（3）中的交乘项系数为 0 时，即 $x_4 = 0$ 时，则通过模型（2）中 N 与 Z 是否相关来判断，若 N 与 Z 相关，即 $x_3 \neq 0$，则模型（2）与模型（3）没有显著不同，可以得出 N 不是调节变量。如果模型（2）中 N 与 Z 不相关，即 $x_3=0$，则通过 R^2 来判断，如果三个模型的 R^2 相同，则 N 不是调节变量，如果 R^2 不同，那么 N 是同质调节变量。

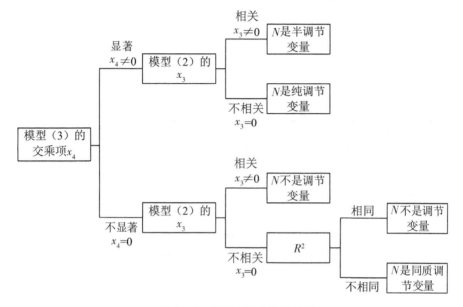

图 2 - 1　调节变量的识别过程

产权性质：按照控股股东的股权性质对上市公司进行划分，控股股东的股权性质为国有取 1，否则取 0。产权性质以 SOE 表示。

控股股东持股比例：用控股股东持股数占上市公司总股本的比例衡量，以 $Hold$ 表示。

股权制衡度：用第二大股东和第三大股东持股比例之和与第一大股东持股比例的比衡量，以 S 表示。

（4）控制变量

影响企业投资规模的因素很多，如企业现金流、企业价值、销售额、上市年限、财务杠杆等。在现有研究的基础上，选取以下控制变量：每股企业自由现金流量（$Cfcf$）、净资产增长率（Gro）、每股股东自由现金流量（$Sfcf$）、企业规模（$Size$）、员工数（$Staff$）、流动比率（Cur）、盈利能力（Roe）。同时，考虑到不同年份、行业控股股东股权质押引发的经济后果可能有所不同，设置了年份（$Year$）和行业（$Industry$）虚拟变量。所有变量的具体定义及计算方法，见表 2 - 1。

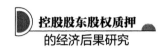

表 2 - 1　变量定义

变量类型	变量名称	变量符号	变量含义
被解释变量	投资规模	*Inv*	当年购建固定资产、无形资产和其他长期资产所支付现金之和的自然对数
解释变量	股权质押程度	*Pratio*	控股股东质押股份占其持上市公司总股份的比例
	股权质押规模	*Prate*	控股股东质押股份占上市公司总股份的比例
调节变量	产权性质	*SOE*	虚拟变量，如果企业为国有控股，取值为1，否则为0
	股权集中度	*Hold*	第一大股东持股数占上市公司总股数的比例
	股权制衡度	*S*	第二大股东和第三大股东持股比例之和/第一大股东持股比例
控制变量	每股企业自由现金流量	*Cfcf*	企业自由现金流量/期末总股本
	净资产增长率	*Gro*	（本年末净资产－上年末净资产）/上年末净资产
	每股股东自由现金流量	*Sfcf*	股东自由现金流量/期末总股本
	企业规模	*Size*	年末总资产的自然对数
	员工数	*Staff*	员工总数的自然对数
	流动比率	*Cur*	流动资产/流动负债
	盈利能力	*Roe*	归属母公司股东净利润/［（期初归属母公司股东的权益＋期末归属母公司股东的权益）/2］×100%
	年份	*Year*	设置4个年度虚拟变量
	行业	*Industry*	设置16个行业虚拟变量

2.1.4.3　模型设计

构建**模型（2－1）**检验控股股东股权质押与上市公司投资规模的关系：

$$Inv = \alpha + \beta_1 Pledge + \beta_2 Controls + \varepsilon \qquad 模型（2-1）$$

在**模型（2-1）**的基础上增加控股股东股权质押与控股股东持股比例的交乘项，构建**模型（2-2）**，检验控股股东持股比例的调节作用。

$$Inv = \alpha + \beta_1 Pledge + \beta_2 Hold + \beta_3 Pledge \times Hold + \beta_4 Controls + \varepsilon$$

$$模型（2-2）$$

同理在**模型（2-2）**的基础上增加控股股东股权质押与股权制衡的交乘项，构建**模型（2-3）**，检验股权制衡度的调节效应。

$$Inv = \alpha + \beta_1 Pledge + \beta_2 S + \beta_3 Pledge \times S + \beta_4 Controls + \varepsilon$$

$$模型（2-3）$$

模型中的 $Pledge$ 是控股股东股权质押的替代变量，用股权质押程度（$Pratio$）或股权质押规模（$Prate$）来衡量；α 表示截距项；$Control$ 表示控制变量。β 表示主要变量的解释系数，**模型（2-1）**中，若 β_1 为负，且通过显著性检验，说明控股股东股权质押与上市公司投资水平显著负相关；若**模型（2-2）**和**模型（2-3）**中的 β_3 通过显著性检验，表明控股股东持股比例和股权制衡对控股股东股权质押与企业投资规模的关系具有调节作用。

2.1.5 实证结果及分析

（1）描述性统计结果分析

主要变量的描述性统计，见表2-2。控股股东股权质押的股份占其持有上市公司股份的比的均值为 0.5418，极大值为 1，说明有部分企业的控股股东将其所持有的股份全部进行了质押，需要重点关注；控股股东质押股份占上市公司总股份比例的均值为 0.1676，最大值为 0.5135，即有部分企业一半以上的股份都被控股股东进行了质押，进一步说明控股股东股权质押在我国资本市场上具有普遍性。控股股东持股数占上市公司总股本的比例的均值为 0.3335，表明我国上市企业的股权集中度较高。第二大股东和第三大股东持股比例之和与第一大股东持股比例之比的均值为 0.5438，说明总体上我国上市企业的其他股东对控股股东的制衡度较低。

表 2-2　变量描述性统计

变量	样本数	均值	中值	标准差	极小值	极大值
Inv	4184	18.3916	18.4477	1.5231	13.9956	21.9837
Pratio	4184	0.5418	0.5195	0.2903	0.0340	1.0000
Prate	4184	0.1676	0.1464	0.1127	0.0079	0.5135
Staff	4184	7.4656	7.4046	1.1041	4.7185	10.3515
Cfcf	4184	-0.2316	-0.1035	1.0074	-4.5375	2.5137
Cur	4184	2.5110	1.7700	2.2873	0.4298	14.7915
Gro	4184	0.3338	0.0908	0.6480	-0.2882	4.3693
Roe	4184	0.0800	0.0751	0.0920	-0.2929	0.3853
Sfcf	4184	0.0670	0.0443	1.1130	-3.4948	4.3528
Size	4184	21.9322	21.8057	1.0840	19.9142	25.2484
Hold	4184	0.3335	0.3171	0.1303	0.1001	0.6888
S	4184	0.5438	0.4255	0.4113	0.0255	1.7642

（2）回归结果分析

表 2-3 是控股股东股权质押与上市公司投资规模的回归结果。**模型
（2-1a）和模型（2-1b）**中的解释变量分别为控股股东股权质押程度和
股权质押规模。**模型（2-1a）和模型（2-1b）**的调整 R^2 均为 0.557，说
明模型具有较好的解释性。**模型（2-1a）**中股权质押程度的系数为
-0.177，在 1% 的水平上通过显著性检验，**模型（2-1b）**中股权质押规
模的系数为 -0.405，同样在 1% 的水平上显著。这表明控股股东进行股权
质押的股份占其持有公司股份的比例每上升 1 单位，企业的投资水平会下
降 0.177 个单位；占公司总股份的比例每上升 1 个单位，企业的投资水平
则会下降 0.405 个单位。可见，控股股东股权质押会抑制企业投资规模，
随着控股股东质押股份的增加，企业的投资规模会降低。**假设（2-1-1）**
得到验证。

表 2 – 3　控股股东股权质押与企业投资水平的回归结果

变量	模型（2 – 1a）	模型（2 – 1b）
Constant	0.358 (0.777)	0.335 (0.725)
Pratio	− 0.177*** （− 3.13）	—
Prate	—	− 0.405*** （− 2.815）
Staff	0.347*** (15.506)	0.354*** (15.923)
Cfcf	− 0.273*** （− 13.007）	− 0.273*** （− 13.013）
Cur	− 0.03*** （− 3.844）	− 0.028*** （− 3.679）
Gro	− 0.142*** （− 5.381）	− 0.143*** （− 5.44）
Roe	1.608*** (8.808)	1.657*** (9.143)
Sfcf	0.025 (1.271)	0.025 (1.256)
Size	0.686*** (27.997)	0.684*** (27.958)
Year	控制	控制
Industry	控制	控制
N	4184	4184
R – squared	0.560	0.560
Adj – R^2	0.557	0.557
F 值	188.639***	188.488***
D – W 值	1.969	1.965

注：①括号中的数字为双尾检验的 t 值，***、**和*分别表示 1%、5% 和 10% 的水平下显著。

②N 表示实证分析中的样本数。

根据温忠麟等（2005）提出的调节变量模型，当调节变量为分类变量，自变量为连续变量时，对原模型进行分组回归，若回归系数的差异显著，则调节效应显著。由于企业产权性质是虚拟变量，所以为检验不同产权性质对控股股东股权质押与企业投资水平的影响，本节采用分组回归进行检验。回归结果如表2-4所示。非国有企业样本中，**模型（2-1a）** 中股权质押程度的系数为-0.253，**模型（2-1b）** 中股权质押规模的系数为-0.423，均在1%的水平上通过显著性检验，说明在非国有企业中，无论用质押程度还是质押规模衡量控股股东股权质押，其均显著负向影响企业的投资规模。国有企业样本组中，**模型（2-1a）** 中股权质押程度的系数为-0.086，在统计上不显著，**模型（2-1b）** 显示股权质押规模的系数为-1.307，在5%水平上显著，说明在国有企业中，控股股东股权质押程度对企业投资水平没有影响，质押规模则会抑制企业投资规模。总的来说，控股股东股权质押与企业投资水平的负相关关系在非国有企业中更显著。**假设（2-1-2）** 得到验证。

表2-4　国有企业与非国有企业分组回归结果

变量	非国有企业		国有企业	
	模型（2-1a）	模型（2-1b）	模型（2-1a）	模型（2-1b）
Constant	-0.079 （-0.162）	-0.042 （-0.086）	0.726 （0.449）	0.847 （0.528）
Pratio	-0.253*** （-4.327）	—	-0.086 （-0.345）	—
Prate	—	-0.423*** （-2.864）	—	-1.307** （-2.239）
Staff	0.36*** （15.387）	0.369*** （15.843）	0.307*** （3.593）	0.296*** （3.529）
Cfcf	-0.294*** （-13.055）	-0.296*** （-13.101）	-0.158*** （-2.72）	-0.151*** （-2.615）
Cur	-0.025*** （-3.189）	-0.022*** （-2.869）	-0.132*** （-3.474）	-0.137*** （-3.637）
Gro	-0.154*** （-5.727）	-0.157*** （-5.821）	0.003 （0.028）	0.016*** （0.153）

变量	非国有企业		国有企业	
	模型（2－1a）	模型（2－1b）	模型（2－1a）	模型（2－1b）
Roe	1.404***	1.522***	1.988***	1.948***
	(7.16)	(7.871)	(3.527)	(3.48)
Sfcf	0.044**	0.043**	-0.068	-0.075
	(2.049)	(1.999)	(-1.285)	(-1.432)
Size	0.697***	0.688***	0.718***	0.724***
	(26.745)	(26.507)	(8.364)	(8.493)
Year	控制	控制	控制	控制
Industry	控制	控制	控制	控制
N	3732	3732	452	452
R－squared	0.557	0.555	0.609	0.614
$Adj-R^2$	0.553	0.552	0.585	0.590
*F*值	172.214***	171.340***	25.480***	25.961***
*D－W*值	1.962	1.956	2.167	2.144

注：括号中的数字为双尾检验的 *t* 值，***、**和*分别表示1%、5%和10%的水平下显著。

为进一步检验股权集中度的调节作用，本节在**模型（2－1a）**的基础上加入股权质押程度和股权集中度的交乘项（*Pratio × Hold*），在**模型（2－1b）**的基础上引入股权质押规模与股权集中度的交乘项（*Prate × Hold*），回归结果见表2－5。**模型（2－2a）**、**模型（2－2b）**的调整 R^2 均为0.557，说明方程的拟合度较好。**模型（2－2a）**中（*Pratio × Hold*）和**模型（2－2b）**中（*Prate × Hold*）的系数分别为 -0.037和 -0.029，且分别在5%、10%的水平上通过显著性检验，说明控股股东持股比例对控股股东股权质押与上市公司投资水平的关系起正向调节作用。但与前文所述不同，实证结果显示，虽然股权质押会使控股股东面临控制权转移的风险，高持股比例的控股股东担心控制权发生转移，但是掏空的动机、侵占资金的动机可能会更强，所以对投资规模更加谨慎。**假设（2－1－3）**没有得到验证。

表 2 - 5　股权集中度调节效应分析

变量	模型 (2 - 2a)	模型 (2 - 2b)
Constant	0.374 (0.81)	0.267 (0.575)
Pratio	− 0.188*** (− 3.284)	—
Prate	—	− 0.362** (− 2.116)
Hold	− 0.092 (− 0.728)	0.144 (1.058)
Pratio × Hold	− 0.037** (− 2.221)	—
Prate × Hold	—	− 0.029* (− 1.788)
Staff	0.349*** (15.572)	0.353*** (15.784)
Cfcf	− 0.274*** (− 13.059)	− 0.273*** (− 13.035)
Cur	− 0.03*** (− 3.859)	− 0.029*** (− 3.738)
Gro	− 0.143*** (− 5.421)	− 0.142*** (− 5.396)
Roe	1.628*** (8.883)	1.63*** (8.902)
Sfcf	0.026 (1.32)	0.026 (1.328)
Size	0.686*** (27.997)	0.685*** (27.954)
Year	控制	控制
Industry	控制	控制
N	4184	4184
R − squared	0.560	0.560
Adj − R^2	0.557	0.557
F 值	176.373***	176.191***
D − W 值	1.968	1.965

　　注：括号中的数字为双尾检验的 t 值，***、** 和 * 分别表示 1%、5% 和 10% 的水平下显著。

为进一步检验股权制衡度的调节作用，在**模型（2 - 1a）**基础上加入股权质押程度和股权制衡度的交乘项（$Pratio \times S$），**模型（2 - 1b）**的基础上加入股权质押规模与股权制衡度的交乘项（$Prate \times S$），回归结果见表2 - 6。**模型（2 - 3a）**中（$Pratio \times S$）的系数为 0.031，在 10% 的水平上显著为正，**模型（2 - 3b）**中（$Prate \times S$）的系数为 0.043，在 5% 的水平上显著为正，说明股权制衡对控股股东股权质押与投资水平的关系具有负向调节作用。**假设（2 - 1 - 4）**得到验证。这表明控股股东股权质押对企业投资规模的负向影响随着股权制衡度的增加而削弱，即其他的大股东对控股股东缩小上市公司投资规模的行为产生制衡作用，拟制了控股股东缩减投资规模的行为，从而达到了弱化股权质押对上市公司投资规模的负向影响，因此，随着股权制衡度的提高，控股股东股权质押负向影响上市公司投资规模的程度削弱。

表 2 - 6　股权制衡度调节效应分析

变量	模型（2 - 3a）	模型（2 - 3b）
$Constant$	0.352 (0.761)	0.353 (0.764)
$Pratio$	- 0.18 *** (- 3.181)	—
$Prate$	—	- 0.277 * (- 1.662)
S	0.028 (0.721)	0.022 (0.493)
$Pratio \times S$	0.031 * (1.857)	—
$Prate \times S$	—	0.043 ** (2.116)
$Staff$	0.349 *** (15.565)	0.357 *** (16.022)
$Cfcf$	- 0.272 *** (- 12.973)	- 0.274 *** (- 13.052)
Cur	- 0.031 *** (- 3.937)	- 0.028 *** (- 3.663)
Gro	- 0.145 *** (- 5.466)	- 0.144 *** (- 5.419)

续表

变量	模型（2-3a）	模型（2-3b）
Roe	1.622***	1.654***
	(8.877)	(9.112)
Sfcf	0.024	0.026
	(1.224)	(1.322)
Size	0.685***	0.68***
	(27.898)	(27.775)
Year	控制	控制
Industry	控制	控制
N	4184	4184
R - squared	0.560	0.560
Adj - R²	0.557	0.557
*F*值	176.282***	176.186***
*D - W*值	1.969	1.962

注：括号中的数字为双尾检验的 *t* 值，＊＊＊、＊＊和＊分别表示 1%、5% 和 10% 的水平下显著。

（3）稳健性检验

为验证前述结论的可靠性，本节从以下两方面进行稳健性检验。

首先，采用滞后一期的数据进行稳健性检验。结果见表 2-7~表 2-9。表 2-7 是控股股东股权质押与企业投资水平关系的回归结果，表 2-8 是检验产权性质对控股股东股权质押与企业投资水平关系影响的回归结果。表 2-9 探讨股权集中度、股权制衡度对控股股东股权质押与企业投资水平关系调节效应的回归结果。研究结果显示控股股东股权质押负向影响企业投资规模；控股股东股权质押对企业投资水平的负向影响在非国有企业样本中更显著；股权集中度和股权制衡度在控股股权质押与企业投资水平间分别起着负向调节和正向调节作用。

其次，采用购建固定资产、无形资产和其他长期资产支付的现金与处置固定资产、无形资产和其他长期资产收回的现金净额的差额取对数作为投资水平的工具变量进行稳健性检验。回归结果与前文一致。由于篇幅原因，未列示其实证结果。综上，本节的研究结果具有可靠性。

表 2 - 7　稳健性检验（1）

变量	模型（2 - 1a）	模型（2 - 1b）
Constant	- 0. 048 （ - 0. 087）	- 0. 117 （ - 0. 211）
Pratio	- 0. 267 *** （ - 4. 18）	—
Prate	—	- 0. 399 ** （ - 2. 499）
Staff	0. 36 *** （14. 015）	0. 37 *** （14. 468）
Cfcf	- 0. 284 *** （ - 11. 333）	- 0. 281 *** （ - 11. 195）
Cur	- 0. 029 *** （ - 3. 003）	- 0. 025 *** （ - 2. 598）
Gro	- 0. 13 *** （ - 3. 58）	- 0. 134 *** （ - 3. 693）
Roe	1. 643 *** （7. 616）	1. 679 *** （7. 78）
Sfcf	0. 016 （0. 654）	0. 014 （0. 607）
Size	0. 696 *** （23. 93）	0. 692 *** （23. 748）
Year	控制	控制
Industry	控制	控制
N	3217	3217
R - squared	0. 556	0. 554
Adj - R^2	0. 552	0. 550
F 值	142. 484 ***	141. 587 ***
D - W 值	1. 973	1. 962

注：括号中的数字为双尾检验的 t 值，***、** 和 * 分别表示 1%、5% 和 10% 的水平下显著。

表 2 - 8　稳健性检验（2）

变量	非国有企业		国有企业	
	模型（2 - 1a）	模型（2 - 1b）	模型（2 - 1a）	模型（2 - 1b）
Constant	- 0. 405 （ - 0. 682）	- 0. 424 （ - 0. 71）	0. 575 （0. 335）	0. 748 （0. 436）
Pratio	- 0. 359 *** （ - 5. 455）	—	- 0. 056 （ - 0. 203）	—
Prate	—	- 0. 49 *** （ - 2. 982）	—	- 0. 955 （ - 0. 955）
Staff	0. 371 *** （13. 654）	0. 384 *** （14. 128）	0. 36 *** （4. 225）	0. 353 *** （4. 215）
Cfcf	- 0. 304 *** （ - 11. 383）	- 0. 302 *** （ - 11. 255）	- 0. 152 ** （ - 2. 093）	4. 215 * （ - 1. 85）
Cur	- 0. 028 *** （ - 2. 795）	- 0. 022 ** （ - 11. 255）	- 0. 087 ** （ - 2. 216）	- 0. 086 ** （ - 2. 209）
Gro	- 0. 156 *** （ - 4. 223）	- 0. 16 *** （ - 4. 296）	- 0. 032 （ - 0. 221）	- 0. 013 （ - 0. 091）
Roe	1. 519 *** （6. 549）	1. 605 *** （6. 917）	1. 593 ** （2. 469）	1. 604 ** （2. 496）
Sfcf	0. 021 （0. 815）	0. 02 （0. 808）	- 0. 05 （ - 0. 734）	- 0. 06 （ - 0. 874）
Size	0. 705 *** （22. 51）	0. 695 *** （22. 136）	0. 694 *** （7. 819）	0. 695 *** （7. 868）
Year	控制	控制	控制	控制
Industry	控制	控制	控制	控制
N	2828	2828	389	389
R - squared	0. 558	0. 555	0. 598	0. 600
Adj - R^2	0. 554	0. 551	0. 569	0. 572
F 值	131. 120 ***	129. 389 ***	20. 698 ***	20. 908 ***
D - W 值	1. 959	1. 943	2. 010	2. 009

注：括号中的数字为双尾检验的 t 值，***、** 和 * 分别表示 1%、5% 和 10% 的水平下显著。

表 2 - 9　稳健性检验（3）

变量	股权集中度调节作用检验		股权制衡度调节作用检验	
	模型（2 - 2a）	模型（2 - 2b）	模型（2 - 3a）	模型（2 - 3b）
Constant	- 0. 078 （ - 0. 141）	- 0. 22 （ - 0. 394）	0. 007 （0. 012）	- 0. 06 （ - 0. 108）
Pratio	- 0. 268 *** （ - 4. 155）	—	- 0. 261 *** （ - 4. 092）	—
Prate	—	- 0. 373 ** （ - 2. 05）	—	- 0. 337 * （ - 1. 914）
Hold	0. 052 （0. 355）	0. 35 ** （2. 26）	—	—
Pratio × Hold	- 0. 065 *** （ - 3. 385）	—	—	—
Prate × Hold	—	- 0. 048 *** （ - 2. 638）	—	—
S	—	—	- 0. 026 （ - 0. 588）	- 0. 039 （ - 0. 801）
Pratio × S	—	—	0. 073 *** （3. 821）	—
Prate × S	—	—	—	0. 044 ** （1. 976）
Staff	0. 36 *** （14. 063）	0. 368 *** （14. 388）	0. 363 *** （14. 168）	1. 976 *** （14. 543）
Cfcf	- 0. 286 *** （ - 11. 398）	- 0. 284 *** （ - 11. 323）	- 0. 281 *** （ - 11. 205）	- 0. 283 *** （ - 11. 253）
Cur	- 0. 03 *** （ - 3. 043）	- 0. 026 *** （ - 2. 733）	- 0. 029 *** （ - 3. 009）	- 0. 025 ** （ - 2. 545）
Gro	- 0. 127 *** （ - 3. 5）	- 0. 129 *** （ - 3. 548）	- 0. 127 *** （ - 3. 493）	- 0. 13 *** （ - 3. 54）
Roe	1. 637 *** （7. 573）	1. 625 *** （7. 496）	1. 622 *** （7. 529）	1. 655 *** （7. 663）
Sfcf	0. 015 （0. 62）	0. 016 （0. 668）	0. 012 （0. 512）	0. 017 （0. 7）

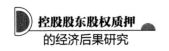
续表

变量	股权集中度调节作用检验		股权制衡度调节作用检验	
	模型（2-2a）	模型（2-2b）	模型（2-3a）	模型（2-3b）
$Size$	0.695*** (23.931)	0.692*** (23.78)	0.692*** (23.808)	0.689*** (23.632)
$Year$	控制	控制	控制	控制
$Industry$	控制	控制	控制	控制
N	3217	3217	3217	3217
$R-squared$	0.557	0.556	0.558	0.555
$Adj-R^2$	0.553	0.552	0.554	0.551
F 值	133.797***	133.006***	134.024***	132.536***
$D-W$ 值	1.975	1.966	1.973	1.961

注：括号中的数字为双尾检验的 t 值，***、**和*分别表示1%、5%和10%的水平下显著。

2.1.6　研究结论与启示

本节以我国沪深两市A股发生控股股东股权质押的上市公司为研究样本，对控股股东股权质押与上市企业投资水平的关系进行了探讨，并考察了产权性质、股权集中度和股权制衡度对二者关系的影响。研究结果表明：

①控股股东股权质押负向影响企业投资规模，即控股股东质押的股份越多，企业的投资规模会越小。究其原因，第一，股权质押后控股股东会面临控制权转移的风险，而高风险投资项目因可能导致股价崩盘会加剧这一风险，控股股东为了避免控制权发生转移会倾向减少企业的投资规模；第二，上市公司的投资收益是所有股东共享，但控股股东要独自承担控制权转移的风险，其进行投资的积极性会受到影响；第三，股权质押后控股股东具有"掏空"的动机，使得企业用于投资的资源减少。

②与国有企业相比较，控股股东股权质押对上市公司投资水平的负向影响在非国有企业中更显著。

③控股股东股权质押与企业投资规模的负相关关系随着控股股东持股

比例的增加而增强。这与我国不完善的资本市场以及上市公司"一股独大"的股权结构有关系，与控股股东股权质押的动机有关系。

④控股股东股权质押对企业投资规模的负向影响随着股权制衡度的增强而减弱，如前文所述，当控股股东股权质押后，其他大股东的持股比例越高，对控股股东行为的约束力就越强，对控股股东想通过保守投资来维护自身利益的行为进行监督，从而减少这一行为，最终弱化了控股股东股权质押行为对上市公司投资规模的负向影响。

为了规范控股股东股权质押行为对企业产生的不利影响，本章提出以下建议：对监管部门而言，需对控股股东股权质押比例高的上市公司加强监管，同时，可以区分企业产权性质等股权结构特征对上市公司进行分类管理，以达到更好的监管。对企业而言，应优化自身的治理结构，加强监督，尽可能减少股权质押后，控股股东为了维护自身控制权而做出不利于企业发展的行为。对投资者而言，进行投资时对发生控股股东股权质押的上市公司保持警惕，审慎评价控股股东股权质押行为对企业的影响。

2.2　控股股东股权质押与企业投资效率

2.2.1　引言

在我国稳增长、调结构、促改革的发展目标下，国内学者逐渐意识到企业投资效率的重要性。企业的投资活动是企业财务管理的重要方面，投资决策是否科学、投资是否高效决定着企业能否从投资中获得更多的资金回报，这些资金回报不仅可以为企业带来充足的现金流以预防紧急情况的发生，同时也是实现企业价值提升以及获取竞争优势的战略要素。只有通过制订科学合理的投资方案，提高投资效率，企业才能获得长久、稳步的发展。股权质押后，控股股东两权分离度加大，同时还面临着控制权转移风险，因此控股股东行为模式可能会发生变化，而影响其行为模式的因素可能包括控股股东风险偏好的改变以及控股股东两权分离而导致的掏空动机增强等方面。此种情形下控股股东是否会通过其控制权和表决权干预企

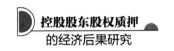

业投资活动，进而影响公司投资效率，值得进一步研究。

机构投资者作为一类独立性较强、专业化水平较高的投资者，其在企业经营过程中的监督治理作用日渐凸显。Shleifer 和 Vishny（1997）认为当机构投资者对公司表现不满意时，更倾向"用脚投票"，而随着机构投资者持股比例的提升，其"用脚投票"的成本不断增大，因而机构投资者逐步转为直接监督上市公司行为或是参与其公司的治理活动，改善企业经营状况，因此机构投资者成为解决公司治理问题的另一机制（Black，1990）。目前，我国机构投资者种类、数量和规模逐步扩大，甚至能够对资本市场的稳定产生一定的作用。从企业层面来看，机构投资者对公司治理水平的影响也不容忽视。机构投资者是否存在治理效应引发相关学者的争议，唐跃军和宋渊洋（2010）、唐松莲和袁重生（2010）等学者认为机构投资者在公司治理中发挥着积极的作用；傅勇和谭松涛（2008）、柯希嘉（2017）等学者则得出了相反的结论。相较于国外机构投资者的发展，我国机构投资者尚处于成长阶段，其能否凭借其持股规模优势和专业优势有效监督和制衡大股东，从而减少企业的低效率投资行为呢？此外，机构投资者类别不同、持股比例不同，对其行为动机、风险承受度、公司治理参与度等方面的影响也有所差异。不少学者对机构投资者的类型展开研究，根据不同标准和视角划分出多种机构投资者的类型，并且探究不同类型机构投资者的治理效应后发现，一部分类型的机构投资者能够在管理经营决策中起到积极作用，而另一部分类型的机构投资者则未能有效地参与企业治理活动。

因此，本节试图探究控股股东股权质押对企业投资效率的影响及其作用机理。同时分析机构投资者这一企业外部治理机制在二者关系间发挥的调节效应，并在此基础上进一步探究异质机构投资者的作用差异。对以上问题展开研究，不仅为投资效率提升路径的研究提供了思路，同时也检验了各种类型机构投资者持股是否能够在公司治理方面发挥积极的监督治理作用。

本节基于"控制权转移风险"和"利益侵占"这两个视角展开研究，深入探讨了股权质押对企业投资效率的影响机理，具有一定的理论意义和现实意义。

第一，本节丰富了控股股东股权质押经济后果方面的研究内容。现有研究成果主要集中在盈余管理、控制权转移风险、利益侵占、税收规避以及公司价值等方面，对股权质押与公司投资效率进行实证研究的较少，且少有研究具体分析控股股东股权质押对企业投资效率的影响机制，因此本节分别从控股股东"控制权转移风险""利益侵占"两个视角，分析股权质押对企业投资效率的影响。此外，当前少有文献探究控股股东股权质押、机构投资者和投资效率三者之间的关系。本节从机构投资者治理作用的角度出发，探讨控股股东股权质押与企业投资效率的关系，在现有研究的基础上拓宽了研究视角。

第二，丰富了企业投资效率影响因素方面的研究。现有文献对投资效率影响因素的研究成果颇丰，主要集中在企业的发展战略、公司治理机制、管理层代理问题、大股东掏空行为等方面。股权质押作为一种新兴融资方式越来越受到市场的认可，控股股东在股权质押后，其行为方式的改变对上市公司投资活动有何影响，是各方利益相关者十分关注的问题。

第三，有助于为企业治理提供合理有效的建议。投资效率对企业的价值及其竞争力都至关重要，深入分析控股股东股权质押影响企业投资效率的机理，有利于对控股股东非理性投资行为的制约，提高资金的使用效率，避免造成资源浪费，为保持公司长期可持续发展提供建议。

第四，有助于明确机构投资者的治理效应、提高企业对机构投资者的重视程度以及健全企业的内外部监督管理机制。探究机构投资者持股是否能够抑制控股股东股权质押对企业投资效率产生的负面影响，并在此基础上进一步探究其异质性对二者之间关系的影响差异。有利于检验机构投资者的外部治理效应，促进我国机构投资者的完善发展。同时还能够优化我国企业治理结构，为改善企业治理水平提供思路。

2.2.2　理论基础与文献综述

2.2.2.1　理论基础

（1）投资效率

关于投资效率尚未形成标准定义，目前相关文献多从宏观和微观两个层面进行界定。宏观层面学者认为投资效率与国民经济投资效益指标类

似，即通过国民收入增长额与基建投资额之比来衡量投资效率的高低。

本节则是从微观层面出发进一步地探究企业的投资效率。企业投资效率主要是指企业通过投资所获得的投资回报与投入额之间的比率，用净现值来衡量。通常认为能够实现企业价值最大化的投资项目是有效率的。若企业所投项目的净现值<0或企业放弃了净现值>0的投资方案，则认为企业存在非效率投资行为。非效率投资主要分为以下两类：一类是过度投资，另一类是投资不足。Lang等（1989）提出的过度投资假说认为，企业自由现金流充裕时可能会存在非效率投资行为，也就是说企业在投资过程中并未选择最优的投资方案，甚至存在将资金投入净现值为负的项目之行为，从而降低了企业内部资金的使用效率，造成过度投资。目前相关文献在度量投资效率时，多数借鉴Richardson（2006）的非效率投资模型，此模型通过选取一系列能够反映企业经营情况的指标来计算最优投资水平，并用企业实际投资支出与通过模型计算得到的最优投资水平之差来度量投资效率。残差大小体现了实际投资支出偏离最优投资水平的程度，如果残差大于零，此时说明企业存在投资过度行为，如果残差小于零，则表示企业投资不足，基于此，本节采取Richardson模型来量化企业投资效率。

（2）机构投资者及其分类

国内外学者对机构投资者有着不同的界定，本节对国内外研究中认可度较高、较为权威的定义进行阐述。在国外相关研究中，《新帕尔格雷夫货币金融大辞典》（2000）主要介绍了西方国家对机构投资者的认定标准，将管理长期储蓄的专业化金融机构称为机构投资者。这些机构通过合理安排其持有的养老基金、投资基金、人寿保险基金和信托基金等资金的结构以及规模，确保在未来该公司基金的受益人能够获得满意的投资回报。国内学者严杰（1993）在其编著的《证券词典》中对机构投资者的定义指出，机构投资者是运用自有资金或信托资金进行证券投资活动的团体，包括投资公司、储蓄银行、投资信托公司、保险公司、各种基金组织和慈善机构等。

本节综合学者们的观点，认为机构投资者是指运用自有资金或筹集的资金，在资本市场中为获取收益专门从事投资活动的专业性组织和机构。本节的机构投资者类型包括：证券投资基金、社保基金、合格境外投资者、券商、信托公司、保险公司、财务公司和企业年金等。

由于不同的机构投资者在持股规模、机构主体、持股期限、投资理念、与被投资企业是否存在商业联系等方面存在一定的差异性，大量学者开始对这种机构投资者的异质性进行研究，分类方法也各不相同。本节采用 Brickley（1988）对机构投资者的分类，根据投资者是否与被投资企业之间存在商业联系，将其分为压力敏感型和压力抵抗型两大类，并认为这种异质性使得两类机构投资者在公司治理的参与度、参与积极性等方面存在明显的差异。

由于压力敏感型机构投资者通常和其持股企业间有一定的商业关系或者存在潜在利益关联，独立性不高，通常较为关注自身短期利益，缺乏监督企业以及参与企业治理的积极性，如券商、保险公司、信托公司、财务公司。而压力抵抗型机构投资者独立性较高，与其持股企业只存在投资关系，不需要考虑维持二者间的商业联系，更关注企业在未来能够带来的投资回报，因此"用手投票"的动机更强，更有动力参与企业治理活动，例如证券投资基金、QFII 以及社保基金等。因此根据压力敏感型和压力抵抗型二者之间的差异，将券商、保险公司、信托公司和财务公司归为压力敏感型机构投资者，而将证券投资基金、社保基金和 QFII 归为压力抵抗型投资者。

（3）信息不对称理论

20 世纪 70 年代，美国三位经济学家 George Akerlof（1970）、Michael Spence（1973）和 Joseph Stiglitz（1976）最早对当前市场中存在的信息不对称现象进行研究，并且打破了传统的经济学假设——"理性人拥有完全信息"。信息不对称是指不同的人员对市场中信息的掌握程度并不相同，相较于信息匮乏的一方而言，掌握着更多信息的一方能够获得市场优势。例如通过传递可靠的信息获取收益，导致交易公平被打破，交易双方利益失衡，进而影响社会公平及资源配置效率。

通常情况下，资本市场中的信息不对称现象主要分为以下三种情况。第一种是股东与管理层之间的信息不对称。股东与管理者二者掌握的信息并不完全一致，与股东相比管理者对信息的了解更为全面，此种情况下，信息不对称会导致管理层产生道德风险与逆向选择。信息不对称阻碍了股

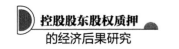

东对管理者行为进行有效监控，这时管理层可能会选择牺牲股东的利益以谋求自身利益的最大化。第二种是控股股东与中小股东之间掌握的信息不完全一致。中小股东不具有信息优势，不能全面地掌握公司的内部信息或者获取内部信息的成本较高，所以其往往采取"搭便车"策略，可能导致中小股东利益被控股股东侵害。第三种是其他利益相关者与企业股东、管理者之间的信息不对称。在市场交易活动中，相较于其他利益相关者而言，股东和高管可轻易获得企业经营各方面的信息，同时会优先实现自身利益，而不顾其他利益相关者的利益，也可能为了获得外部融资而使用过度投资或盈余操纵等手段。

上市公司控股股东股权质押中也存在信息不对称这一问题。控股股东股权质押是控股股东的个人行为，但也能够对公司的经营产生较大的影响。然而根据现存披露制度，并没有对获得的资金去向进行披露，因此，在股权质押后，出质人可能会将融得的资金用于自身或与自身相关的业务活动，侵占公司的利益。也可能将资金投资于对自身有利而不能使公司获益的投资项目，从而使企业投资效率降低。在信息不对称的情况下，中小股东和质权人则不具备信息优势，无法及时了解大股东的"隧道挖掘"行为，导致自身权益受到损害。

（4）委托代理理论

委托代理理论的兴起是随着现代企业制度的建立而产生的，最初是由Jensen 和 Meckling（1976）提出的。在社会生产力水平大幅提高、专业化分工持续细化的背景之下，公司的所有者逐渐开始选择将公司的管理经营权委托给经理人，经理人收取其提供代理服务所应得的酬劳，所有权与经营权逐渐分离，委托代理关系由此建立。但是，由于委托人和代理人二者之间的利益并不相同，其中委托人追求股东财富最大化，而经理人则是为了自身的财富和名誉得以提升而做出行为决策，因而导致委托代理问题的出现。目前普遍认为公司治理中存在着双重代理问题，第一类代理问题是股东作为委托人将企业经营权委托给企业管理层代为经营而产生的代理问题；第二类代理问题是中小股东经营权由大股东全权代理而导致的问题。本节主要从企业投资行为的角度具体阐述委托代理问题。

早期关于委托代理问题主要是研究股东同管理层二者之间的冲突。企业管理者与所有者之间利益目标的分歧最终会导致企业代理成本增加，Jensen（1986）研究发现，管理层晋升机会与企业规模扩张速度存在正向变动关系。并且后期学者在其研究的基础上发现管理者可能会通过构建"企业帝国"或增加固定资产投资谋取私有利益，基于管理层的自利动机，当前的委托代理机制可能会导致投资过度问题的出现。此外，许多经理人担心投资失败造成个人声誉受到损害，因此基于保全自身声誉的动机，管理层可能会因项目回报周期较长、成本回收速度较慢或风险较大等原因而放弃有利于企业价值的投资项目，从而导致投资不足。

随着委托代理理论的发展，La Porta 等（1999）进一步对当前的委托代理理论进行了扩充，将大股东和中小股东二者之间的冲突界定为第二类代理问题。部分企业存在"一股独大"的现象，大股东持股比例越高，其掌握的表决权也就越多，能够实际控制企业。在此情况下，大股东可能会利用其控制权谋取私利，通过关联交易或担保、资金占用以及盲目扩张投资规模，使得中小股东的利益受到侵害，代理冲突加剧，导致第二类代理问题。即可能出现大股东为谋求控制权私有收益而对公司资金进行占用的行为，使得企业缺乏投资活动所需的自由现金流，进而导致投资不足现象；同时，大股东也可能通过关联交易或将企业资金投资于"净现值大于零"的项目，造成企业过度投资。本节认为控股股东进行股权质押会加剧这两类代理冲突，从而导致上市公司的非效率投资。

（5）"隧道挖掘"理论

2000 年 Johson、La Porta 等学者提出了"隧道挖掘（Tunneling）"的概念。"隧道挖掘"主要是指上市公司的大股东为了保证自身利益最大化，通过自身股权集中的优势对上市公司进行控制，并且通过某种地下渠道将本应由全体股东共同享有的资金或资产转移到自己的手中，导致中小股东的利益受到损害的行为。

"隧道挖掘"行为主要存在以下两种表现形式，第一种表现是大股东利用自我交易的形式转移企业资源，这些自我交易不仅包括直接的利益输送行为，如直接借款、代偿债务、利用上市公司为终极股东违规担保、虚假出资等；也包括通过关联交易等行为间接地进行利益输送，例如制定有利于自身的转移价格、设置较高的管理层薪酬、将过高的管理费用分摊至上市公司、侵占公司的投资机会等。第二种形式是掠夺性财务活动，如利用上市公司低价定向增发股票、利用其信息优势进行内幕交易、高价收购自身持有的其他公司股票等不利于中小股东的各种行为。无论"隧道挖掘"行为表现为何种形式，大股东的最终目的都是谋取控制权私有收益，严重损害了上市公司与中小股东的利益。

股权质押后，由于控制权与现金流权分离，控股股东为寻求私利可能会通过占用企业资金或是侵占公司投资机会等方式进行"隧道挖掘"，控股股东对企业资金的占用可能会导致企业自由现金流短缺，进而错过好的投资机会，对企业投资效率产生不利的影响。

2.2.2.2 文献综述

1. 股权质押对投资效率影响的相关研究

投资作为企业最重要的经营活动之一，投资效率的高低反映了公司资金是否发挥了其最大效用。已有学者就股权质押对投资效率的影响展开了相关研究，在分析影响机理时的视角略有差异。

关于股权质押对企业投资效率的影响，现有研究均得出二者间存在负向相关关系的结论，但对股权质押是否会造成过度投资和投资不足，现有研究得出的结论并不完全一致。有的学者研究发现控股股东股权质押与企业过度投资显著正相关（谢露和王超恩，2017）。然而，有的学者则得出相反的结论，认为股权质押与过度投资关系并不显著，对投资效率的影响主要体现在恶化投资不足现象（朱新蓉和熊礼慧，2020）。还有的学者研究认为控股股东股权质押既会增加企业的过度投资行为，又会导致企业投资不足加剧（柯艳蓉和李玉敏，2019）。

学者们基于不同视角就股权质押与企业投资效率二者关系展开研究，从金融错配、融资约束和代理成本、产品市场竞争激烈程度、内部控制质量等视角展开。杨松令和田梦元（2019）从金融错配的视角展开研究，得出控股股东股权质押行为会导致企业非效率投资的结论，且进一步提出在金融错配的背景下会加剧控股股东股权质押对企业非效率投资的影响。侯婧和朱莲美（2018）从融资约束和代理成本视角分析控股股东股权质押对非效率投资行为的影响。谢露和王超恩（2017）研究发现，产品市场竞争激烈程度在股权质押与投资效率之间具有正向调节作用，而多个大股东并存具有反向的调节作用。朱新蓉和熊礼慧（2020）认为提高企业的内部控制质量能够缓解股权质押后企业投资不足的现象。

2. 其他影响投资效率的相关文献综述

投资决策是企业经营决策以及财务管理活动中主要决策之一，对促进企业可持续发展具有重要意义。投资效率低下从企业层面来看，可能导致公司的业绩表现不佳和企业价值下降，从市场整体层面来看，可能会造成社会资源的浪费，因此，提高投资效率一直是企业所追求的目标。国内外学者对投资效率不断开展研究，已取得不少研究成果。本节主要从管理层特征及其决策、大股东行为、公司治理机制以及自由现金流四个方面展开综述。

（1）管理层特征与投资效率

部分学者认为管理者特征是企业投资效率的影响因素之一。Heaton（2002）研究发现在进行投资决策时，过度自信的管理者风险偏好特征较为明显，过度追求扩大投资规模。David Pérez – Neira（2020）发现，公司的经理人对公司的投资决策影响巨大，在管理者对自身专业能力的信心以及企业现金流都充足的情况下，经理人在进行投资活动时偏向于过度投资，在进行投资决策时并没有将投资行为对公司带来的风险作为重要的评价标准，因而对投资效率产生不利影响。刘艳霞和祁怀锦（2019）认为，管理者过度自信会造成企业的非效率投资，而管理者信心不足则会抑制非效率投资。林朝南等（2014）从企业高管年龄的角度展开分析，研究发现高管平均年龄越大，企业非效率投资程度越小；在此基础上进一步对高管间年龄差距进行研究，发现其与非效率投资行为呈现正向变动关系。

管理层基本不持有或较少持有公司股权，使其在经营管理过程中会产生机会主义动机，做出的投资决策效率较低。通常来说，企业应当在权衡比较成本与收益的大小后再做出投资决策，而由于委托代理问题，管理层在做出投资决策时更多地考虑自身的利益，以获得更多的薪酬之外的收益，如个人声誉、在职消费等。股东作为所有者，较少地参与企业的经营活动，因而掌握的信息也较少，不能及时察觉管理层的自利行为，导致公司投资效率的下降（Jensen，1986）。

管理层出于对自身声誉和所处地位的保全，可能会做出非效率的投资决策，对投资效率造成不利影响。Scharfstein 和 Stein（1988）、Arrfelt 等（2013）研究发现，实际上管理层并不是根据公司实际情况和专业化的精确计算做出投资决策，而是选择从众投资或是选择风险较小的投资项目以规避风险，保全自己的声誉，导致投资效率下降。田月娜（2019）研究发现，在岗位竞争比较激烈的企业当中，管理层为了维持工作的稳定性，常对一些风险较大、能够突出个人能力的项目进行投资，证明其自身对企业来说是不可替代的，因而造成企业非效率投资。

管理层可能出于谋取私利的动机，做出非效率的投资决策。Ibn - Mohammed（2019）在研究中发现企业经理人可能为了谋取更多的私利，在企业投资活动中将企业现金流投入到负值项目当中，造成非效率投资。王聪（2019）在研究中发现，造成国内企业投资效率普遍较低的原因，是在企业的经营过程中，企业的经营者为谋取自身利益对企业投资活动做出逆向选择。

（2）大股东行为与投资效率

现有研究表明，由于大股东与中小股东间存在代理问题，大股东的"隧道挖掘"行为也是企业投资效率的重要影响因素之一。

Johnson 等（2000）认为，利益冲突不仅存在于股东与管理层之间，还存在于控股股东与中小股东之间，控股股东与中小股东的利益目标不一致，控股股东可能会通过投资活动来进行"隧道挖掘"，侵占其他中小股东的利益，如通过关联交易将质量不高的资产以高于市场的价格出售给上市公司，或者干预公司投资活动，将公司资金投向对自身有利的业务活动等，以上决策都会导致投资效率的降低。吕怀立和李婉丽（2015）在对股东合谋动机分析中发现，股东合谋确实会引起企业投资非效率，更多地表现为投资过度而非不足。Parth 等（2019）研究发现，各股东间掌握的信息存在差异，持股时间不长的股东与长期持股的股东间存在信息不对称，因而导致各股东间利益不平衡，产生利益冲突。持股比例高的股东与持股比例低的股东掌握的信息也不对等，持股较多的股东在做出投资决策或项目选择时首先考虑自身的利益，可能会损害企业的投资效率。Mokretsova 和 Yu（2019）认为股东存在过度投资的动机。由于股东承担的责任是有限的，因此当企业将融得的资金进行投资时，股东为了获得更高的收益而将资金投入高风险项目中。若投资成功，股东能够获取高额的利润回报，一旦投资失败，股东也只需要以其出资额为限承担责任，其余风险由债权人承担。

（3）公司治理机制与投资效率

完善的公司治理机制能够有效地抑制信息不对称以及委托代理冲突造成的非效率投资问题，改善企业的投资效率。

从股权结构方面来看，股权制衡可以在一定程度上减少代理问题，制衡股东会积极监督控股股东与管理层的非理性投资决策以避免自身权益受到侵害，对管理层过度自信而造成的非效率投资行为起到抑制作用（胡国柳和周德建，2012）。而股权过于集中，则意味着控股股东掌握着公司的控制权，大股东的自利行为和非理性行为难以受到约束（La Porta et al.，2006；Hoechle，2012）。Yannis（2017）认为大股东的过度投资与投资不足行为与其控制权收益和成本是否处于均衡状态有关，当前者大于后者时会产生过度投资现象，当前者小于后者时会产生投资不足现象。

从激励机制方面来看，股权激励机制能够显著减少代理问题的出现。部分学者的研究认为管理层持股比例的提高使管理层利益与股东利益趋向一致，因而对公司投资效率产生正向影响（张庆君等，2018；王志红等，2018），抑制投资过度并减少投资不足行为（Aggarwal et al.，2006；吕长江等，2011）。但也有学者得出不同结论，认为股权激励不能有效抑制投资过度。Aggarwal 和 Samwick（2006）从薪酬激励的角度展开分析，研究表明管理层决策会受到其薪酬的影响，管理层越努力，其薪酬水平越高，管理层的业绩敏感性越高，抑制了投资不足的现象。

除此之外，内部控制环境良好的企业，其各项管理制度能够很好地约束管理层的行为，管理层滥用职权、谋取私利等行为得到抑制，提升了企业投资效率（Litvak，2007），而低水平的内控质量会加剧企业的非效率投资（李万福等，2011）。

（4）自由现金流与投资效率

国内外学者研究发现，企业投资效率也受到自由现金流是否充足的影响。部分学者研究发现，企业自由现金流与投资效率之间存在反向变动关系。Boubacar（2017）和张天舒（2020）等认为当企业拥有充足现金流时，更容易出现投资过度现象；但当企业存在资金缺口时更容易出现投资

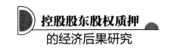

不足现象。蔡吉甫（2010）指出，企业自由现金流越充足，对企业业绩和成长性的不利影响越显著，投资效率越低。

3. 机构投资者相关文献综述

（1）机构投资者的监督治理效应

近年来，越来越多的机构投资者参与到企业经营治理活动中，其在企业中的地位逐渐上升。目前，提升公司治理水平已经成为企业长期稳步发展的重要途径。因此，机构投资者与公司治理二者的关系得到了国内外学术界的密切关注。国内外学者从各个角度分析机构投资者对企业治理活动的作用。现有文献的研究对机构投资者的治理效应存在不同观点，两种观点的分歧主要在于机构投资者是否存在参与公司治理的动机，下文主要从机构投资者积极主义与消极主义两种观点展开。

机构投资者积极主义提出，机构投资者能够在资本市场中发挥其监督效应，完善了企业治理结构，对公司决策产生积极的影响。国外学者Demiralp等（2011）认为，机构投资者具有信息搜集能力强、知识储备量大、内部资源整合能力强等专业优势，在参与企业治理时能够凭借其专业优势对其持股公司的治理活动产生积极影响，且持股比例越高，其参与公司治理的动机越强。首先，部分学者从公司绩效的角度揭示了机构投资者的治理作用。Mizuno（2010）、杨宝和袁天荣（2014）等研究发现，机构投资者持有公司股份时会积极参与公司治理，以达到提高企业经营业绩的目的，且其改善经营业绩以获得业绩提升后所带来的回报的意愿，随着持股比例的提高而加强。其次，机构投资者在降低代理成本方面也发挥着一定的作用。Njah和Jarboui（2013）认为机构投资者拥有更丰富的资源和经验去监督企业高管，可有效抑制企业盈余管理和机会主义行为，改善委托代理冲突，能够有效地发挥其监督作用。伊志宏和李艳丽（2013）认为机构投资者会通过直接表决或出售所持股票这两种监督方式，影响上市公司或管理层的决策，有效缓解两类代理问题。

机构投资者消极主义认为，机构投资者的参与并不会改善企业的内部治理情况，还可能会出现搭便车和短视行为，其治理效应存在争论。Li（2010）和Jothimani（2010）研究结论表明，机构投资者的治理效应并不显著，机构投资者为了自身利益而做出短视决策，最终不会对企业绩效产生积极作用。Jiang 和 Kim（2015）通过对中国机构投资者换手率的分析，发现机构投资者普遍持股期限较短，由此推测其公司治理参与度低，并不会投入精力去改善企业治理情况，从而难以抑制企业大股东掏空行为。柯希嘉（2017）认为虽然机构投资者的监管力度、持股流动性和比例与公司治理的有效性相关，但其并不能担负起积极股东的责任。

（2）机构投资者异质性相关文献

机构投资者类型和投资偏好不同，对公司治理和企业绩效产生的作用也不同，其是否能够发挥机构投资者的外部治理效应，有效监督管理层及大股东方面产生的作用存在差异。Brickley（1988）将机构投资者划分为压力抵抗型和压力敏感型两类，认为这两类投资者在持股比例、规模、独立性、与企业的业务联系等方面存在差异。Puspa 和 George（2016）以澳大利亚的企业为样本，对压力抵抗型和压力敏感型机构投资者展开研究，发现相较于压力敏感型机构投资者，压力抵抗型机构持股比例越高，企业的短期业绩表现越好，但长期业绩则无明显变化。朱卫东、金奇彦（2016）也得出同前述学者相似的结论。周运兰、鹿晓洁（2019）研究发现，压力抵抗型机构投资者更注重企业的治理活动，更能独立地表达自己的观点及建议，往往能对企业绩效起到促进作用；压力敏感型机构投资者则需要考虑其与企业之间存在的关联，即使企业做出的决策可能会使其蒙受损失，也更希望与企业保持现有的平衡，而非积极行使自己的权利，因而对企业绩效无法起到明显的促进作用。赵钰桓和郭茂蕾（2020）认为压力敏感型机构投资者持股对企业价值没有显著影响，而压力抵抗型机构投资者能显著提高企业价值。

（3）机构投资者对企业投资效率影响的相关文献

现有研究对机构投资者持股与企业非效率投资之间的关系并未得出统一结论，有学者认为机构投资者能够很好地发挥其监督治理机制，利用其专业优势引导企业做出理性的投资决策，进而抑制企业非效率投资，缓解投资过度和投资不足（岑维等，2017；唐运舒等，2018）。有学者持不同观点，认为机构投资者持股缓解了投资不足，但对投资过度并没有抑制作用（刘卿龙等，2017；蒋红芸等，2019），也有学者（娜仁等，2017）认为机构投资者持股对企业非效率投资并无显著影响。

在此基础上，机构投资者对投资效率的作用还会受到其异质性的影响。国外学者 Chhaochharia 等（2012）研究了养老基金持股与企业投资效率的关系，研究发现此类机构投资者独立性较强，在企业的日常经营活动中能够很好地发挥监督作用，提出专业化治理方案，缓解企业非效率投资的情况。Bamahros 和 Wanhussin（2015）研究发现机构投资者持股期限越短对企业投资效率产生的不利影响越大。Ghaly（2017）认为长期持股的机构投资者能缓解公司因代理关系产生的问题，进而提高投资效率。汪佩霞（2019）认为压力抵抗型机构投资者持股比例越高，企业非效率投资情况越能够得以缓解，而压力敏感型机构投资者的这一作用不显著。

4. 文献述评

对以往研究成果进行梳理后发现，国内外学者对股权质押的经济后果展开了充分的研究，主要研究了股权质押对公司治理、盈余管理、企业财务行为（包括企业投资、融资、股利政策等）等方面产生的影响。在投资效率方面，现有研究发现关于投资效率的影响因素众多，包括管理层特征及其决策、大股东行为、公司治理水平、机构投资者以及自由现金流等方面。已有学者探讨了股权质押对投资效率的影响，认为控股股东股权质押会导致非效率投资，但股权质押是否会造成过度和投资不足，不同学者得出不一致的结论。部分学者认为，股权质押同时加剧了投资不足和投资过度，还有学者认为股权质押只加剧了投资不足、过度投资二者之一。虽然目前取得了不少研究成果，但也存在一些不足之处：

①现有研究认为股权质押对企业投资效率会造成负面影响，但对是否会造成过度投资和投资不足，现有研究得出的结论并不完全一致，且其在对影响机理的分析时视角也不完全相同，本节从控股股东股权质押后控制权转移风险视角以及大股东"掏空"的视角，分别分析不同视角下控股股东行为模式的改变对投资效率的影响。

②目前，随着机构投资者规模的不断扩大，其在公司治理中发挥着重要作用。机构投资者这一外部治理机制，能够对企业的经营决策过程进行有效的监督，帮助企业做出合理的投资决策。但现有文献对控股股东股权质押与企业投资效率二者关系的研究中，很少有学者从机构投资者的角度，分析这一外部治理机制在二者间发挥的作用。

　　因此，本节从控制权转移风险与大股东掏空行为两个视角探究控股股东股权质押和投资效率之间的关系，并从机构投资者的角度出发，可以从一个新的角度分析如何有效缓解我国上市公司的效率投资，而且能够从外部治理机制方面为控股股东股权质押后造成的负面的经济后果提供治理建议。

2.2.3　研究假设

　　本节基于"掏空视角"与"控制权转移风险视角"两个角度分析控股股东股权质押对企业投资效率的影响。从"掏空视角"来看，控股股东股权质押后控制权与现金流权分离，大股东的掏空动机增强，其可能会通过手中的控制权干预企业财务活动以谋取控制权私利，或将资金投资于能使其自身获益的投资项目，进而导致投资过度，也可能会通过占用上市公司资金导致企业投资不足。从"控制权转移风险视角"来看，控股股东股权质押后其风险偏好发生改变，可能会通过市值管理活动以规避控制权转移风险，控股股东希望保有一定数额的现金应对不利行情，可能导致投资不足，还可能为了迎合投资者偏好而导致过度投资。股权质押后，基于两种不同视角分析发现，控股股东的掏空动机和市值管理动机均增强，而控股股东无论是基于何种动机，都可能会利用其控制权干预企业投资活动。而机构投资者这一外部治理机制能够发挥其外部监督治理作用，对控股股东干预上市公司投资活动的行为起到制衡和限制的作用，降低控股股东股权质押对企业投资活动的影响。本节的理论分析框架如图2-2所示。

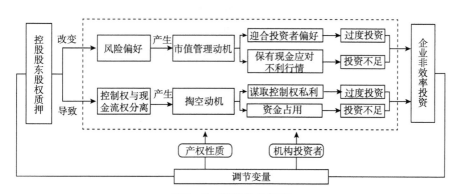

图2-2　理论分析框架

2.2.3.1　控股股东股权质押对企业投资效率影响的理论分析

股权质押作为一种新兴融资方式，越来越受到上市公司控股股东的青睐。股权质押后控股股东只是丧失了其质押股权所产生的股息、红利等现金流权，出质部分股权的控制权仍归控股股东所有，控制权作为公司治理机制的关键核心在一定程度上影响着公司未来的战略和经营决策。股权质押看似是控股股东个人的融资行为，与其所属上市公司并无直接关联，但控股股东可能会出于规避控制权转移风险以及谋取控制权私利的动机，通过手中的控制权影响上市公司日常的经营和财务决策行为，进而达到自己的目的。企业的投资活动是企业日常经营决策中非常重要的环节，其目标就是如何将企业投资者投入的有限资源配置到资本回报率高的项目中，以创造出更多的价值。因此，企业做出合理有效的投资决策，是保证企业未来持续、健康发展的重要因素。

（1）控制权转移风险视角

控股股东进行股权质押意味着其存在资金短缺的情况，将股权进行质押能够获得资金融入，缓解资金紧张的局面，但也会为控股股东带来一系列风险。当被质押的股权价格大幅波动时，尤其是股价跌破警戒线时，出质人就需要追加保证金或增加质押物。而作为出质人的控股股东之所以选择质押其手中的股权，是因为其缺乏流动资金，因此此时控股股东很可能无力追加保证金。一旦质权人得不到保证金，可能会将质押的股权在二级市场进行抛售，控股股东将面临丧失控制权的风险。

为避免控制权转移风险，控股股东会比以往任何时候更加关注股价波动，此时控股股东在进行企业经营决策、投融资决策时，其风险偏好会发生变化，也可能会采取一系列的措施进行"市值管理"。一方面，控股股东可能会因股权质押而厌恶风险，对公司的经营风险承受力下降，同时对股价的波动更敏感，在进行投资活动决策时会因为过多考虑其风险因素而放弃或错过宝贵的投资机会，导致投资不足；另一方面，股权质押后控股股东希望能够保有一定数量的资金用于回购股票（Chan et al.，2018），或是通过增加现金持有等其他维护股价的手段以充分应对不利行情（李常青等，2018），导致公司没有足够的资金开展投资活动，被迫放弃某些投资回报率高的项目，出现投资不足的情况。

另外，为维持质押期间股价的平稳，控股股东也可能会通过影响企业的决策、扩大企业的投资规模为投资者展示企业存在的成长契机以达到稳定股价的目的。根据信息不对称理论，投资者无法掌握企业经营状况的全部信息，难以准确地评估企业价值，因此处在信息劣势一方的投资者偏好将资金投入那些投资规模较大、投资项目较多的公司，认为这样的公司面临的发展机遇较多、发展前景较好，因而控股股东股权质押后存在扩大投资规模迎合投资者偏好的动机（潘敏等，2010），进而造成企业过度投资（花贵如等，2010）。

投资过度与投资不足均是非效率投资的表现，此种根据控股股东个人风险偏好意愿而不是项目资本回报率而做出的投资决策会使企业投资效率降低，从长远发展的角度来看会逐渐造成企业价值的降低，不利于企业的未来成长。

（2）掏空视角

股权质押后，控股股东可能会产生"隧道挖掘"行为，即掏空行为。一方面，控股股东不享有其出质股份的现金流权，导致控股股东希望通过掏空上市公司谋取控制权私利，以补偿出质现金流权带来的损失。另一方面，根据"隧道挖掘"理论，控股股东股权质押后控制权和现金流权的分离，使得控股股东掏空行为的成本降低、动机增强，并且在股票价格上升的过程中，控股股东还会通过解押赎回股权获取更多利益或将股票再质押融得资金等"隧道挖掘"行为，进一步占用上市公司的资金，从而缓解自身的资金压力（黄志忠和韩湘云，2014），在股价大幅下跌而控股股东无力偿还的情况下，则可以选择将股权出让给质权人来清偿债务。控股股东实际上将其掏空行为的成本和风险转移给了质权人和中小股东，而掏空行为带来的收益则由其一人独享，这时控股股东掏空成本低、收益相对来说较高，在此种情况下控股股东掏空上市公司的动机更强（李旎和郑国坚，2015）。

现有文献表明，由于代理问题和信息不对称问题的存在，使得市场中存在较大的摩擦和噪声，进而导致企业的投资活动出现投资不足或过度投资等非效率现象。控股股东股权质押后，可能会加剧信息不对称或第二类代理冲突，导致控股股东的"隧道挖掘"行为，进而引发企业的非效率投资。控股股东为谋取控制权私利可能会干预企业投资活动，将资金投资于能使其自身获益的投资项目，例如控股股东可以诱导管理层以较高的价格来购买个人资产，或者通过价值减损的并购，从而进一步引发过度投资（Masulis et al.，2009）。股权质押还可能引发控股股东的资金占用行为，谷冰洁（2016）研究表明，控股股东通过关联交易等方式侵占公司利益成本较高，股权质押后控股股东通常采用直接占款的形式侵占公司利益。企业的投资活动需要企业具备充足的现金流，但是由于此时控股股东对企业资金的占用，使得企业的自由现金流减少，进而导致企业难以利用有限的资源发挥其最大效用，降低了企业资本配置效率，引发投资不足。

股权质押后，控股股东利用自身的控制权优势和信息优势，干预企业投资活动，以达到谋取自身利益最大化的目的。此种行为在很大程度上导致企业无法对投资活动做出最优决策及最优投向选择。基于以上分析，本节提出研究**假设（2-2-1）**、**假设（2-2-1a）**和**假设（2-2-1b）**。

假设（2-2-1）：在其他条件相同的情况下，控股股东进行股权质押会使企业的投资效率降低。

假设（2-2-1a）：在其他条件相同的情况下，控股股东股权质押会使企业过度投资现象增加。

假设（2-2-1b）：在其他条件相同的情况下，控股股东股权质押会使企业投资不足现象增加。

2.2.3.2 机构投资者持股的调节作用分析

（1）基于机构投资者持股整体视角的调节作用分析

通过前文的分析，可以发现股权质押后，为避免控制权转移风险，控股股东会更加关注股价的波动。一方面，在进行企业经营决策、投融资决策时控股股东的风险偏好发生变化，可能过多考虑风险因素而错失投资机会，或因需要保有一定的预防性资金以应对股价的波动，而没有足够的资金用于投资活动；也可能为了迎合投资者的投资偏好，盲目扩大企业的投资规模，造成过度投资。另一方面，控股股东股权质押后掏空上市公司的成本降低、动机增强，控股股东可能会将企业资金大量投资于有利于自己的项目造成过度投资，或是对上市公司资金进行占用导致投资不足。股权质押后，控股股东的行为模式发生改变，干预上市公司的投资决策，此种情况下做出的决策是非理性也是非效率的。

随着我国市场经济的不断发展和制度政策的不断完善，机构投资者在市场经济中的地位日益提升。机构投资者通过筹集中小投资者手中的闲置资金，投资于其看好的有价证券（史永东等，2014）。机构投资者作为企业的一项外部治理机制，能够降低控股股东与其他投资者的信息不对称程度，积极参与公司治理，监督企业各项财务活动，从而抑制控股股东在股权质押后做出的非理性和非效率的投资决策。

从信息传递的角度来看，机构投资者能够降低信息不对称程度，通过向市场传递有利的信号来提高企业声誉，不仅能缓解投资者的恐慌，也能增加投资者与债权人对企业的信任度（李琰和张立民等，2016），从而缓解了企业股权质押后由于自由现金流不足而造成的非效率投资问题。

从监督与治理的角度来看，首先，机构投资者具有作为上市公司股东以及中小投资者代理人的双重身份。作为中小投资者的代理人，其面临着资金赎回压力，保护自身投资利益的动机较强，因而在公司治理中能够对上市公司以及控股股东进行监督，改善上市公司治理情况（计方和刘星，2011），抑制股权质押后可能会产生的第二类代理问题，缓解股权质押后控股股东谋取控制权私利行为导致的非效率投资。其次，机构投资者有着规模优势和专业优势。机构投资者的规模优势，使其进入上市公司进行监督的成本较低、话语权较大、独立性较强，因此，机构投资者也具备信息优势和对上市公司进行监管的可行性（杨合力，2012；潘前进等，2016）。在此种情况下机构投资者持股比例越高，其话语权越大，对控股股东股权质押后的非效率行为及决策的约束力越强。机构中具有金融、财务分析能力的专业人员数量较多，相较于其他投资者具有专业优势。机构投资者能够凭借专业团队和市场影响力广泛收集和判别公司的内部信息，以更为理性的视角为上市公司提供科学合理的投资建议，同时控股股东规避风险的要求也能够得以满足。在此种情况下，机构投资者在公司治理中的监督治理功能得到充分体现。基于以上分析，本节提出研究**假设（2-2-2）**：

假设（2-2-2）：机构投资者会缓解控股股东股权质押对企业投资效率的负向影响。且机构投资者持股比例越高，其作用效果越强。

（2）基于异质机构投资者的调节作用分析

近年来，在我国市场制度日趋完善，投资环境不断改善的背景下，我国机构投资者的种类、数量、资产规模等方面都不断扩大，向多元化、专业化的方向发展。但是并不是所有的机构投资者都能够积极地发挥自身的监督治理作用，不同类型的机构投资者在参与公司监督治理的过程中，存在着动机和认知能力等方面的差异。由于机构投资者是否与上市公司存在利益关联，在很大程度上决定了其持股动机和其在公司治理中的监督行为，对企业投资活动有着直接影响，因此本节采用 Brickley（1988）的分类方法，将机构投资者划分为压力敏感型和压力抵抗型。

压力抵抗型机构投资者通常与被投资企业间不存在关联较大的商业合作关系，主要是对企业进行长期投资，以追求价值投资为目的，更关注于企业整体长期发展。一方面，压力抵抗型机构投资者具有较高的独立性，注重对企业进行价值投资，且投资经验更为丰富，能够对企业的投资项目做出理性指导。另一方面，压力抵抗型机构投资者作为持股比例相对较高的公司股东，在公司事项决定上具有一定的话语权，能够有效地制衡大股东和管理层的代理行为，使公司股权结构更加合理化；能够更加有效的监督企业的投资行为，改善企业投资决策受到控股股东非理性干预的现象。因此压力抵抗型投资者更有动机监督上市公司，抑制股权质押后控股股东的掏空行为以及干预上市公司投资决策的行为，在上市公司做出不合理投资决策时施加影响，能够在一定程度上缓解股权质押后企业的非效率投资行为。

就压力敏感型机构投资者而言，此种类型的投资者多为上市公司的商业合作伙伴，与上市公司商业利益的关联性较为密切，主要对企业进行短期投资，在投资过程中以追求短期利益为目的，往往会出于自身利益最大化的考虑。首先，相较于压力抵抗型机构投资者而言，压力敏感型机构投资者的投资时间较短且持股比例较低，他们寻求短期收益，在该投资导向的作用下，此类投资者会促使企业追求短期见效快的投资项目，导致企业发展缺乏长足的后劲，从长远来看不利于公司创造价值能力的提升。其次，压力敏感型机构投资者独立性较差，通常与被投资企业存在利益关联。此时压力敏感型机构投资者的监督行为可能会损害其商业合作，因此只要此类机构投资者追求的短期收益得以实现，为了维持现有的商业联系，他们会选择不对上市公司采取监督行为、较少的参与公司治理，在企业出现问题时更多的是"用脚投票"，对控股股东或上市公司的行为决策不能起到明显的监督治理作用（董卉娜和何芹，2016）。因此，相对于压力抵抗型机构投资者，压力敏感型机构投资者在面对股权质押后控股股东对投资活动做出的非效率、非理性决策时，监督动机不强，对此种行为的抑制效应不明显。基于以上分析，本节提出研究**假设（2-2-3）**：

假设（2-2-3）：相较于压力敏感型机构投资者，压力抵抗型机构投资者更能抑制控股股东股权质押与企业投资效率之间的负相关关系。

2.2.3.3　产权性质的调节作用分析

20 世纪 70 年代我国由计划经济转变为多种所有制并存的市场经济，自此我国民营企业数量和规模不断增长，在资本市场中占据越来越重要的位置。国有企业与非国有企业在监管制度、政策优惠以及面临的融资约束等各个方面都存在较大差异，因此不同产权性质下股权质押对企业投资效率产生的影响也存在差异。

首先，国有企业与非国有企业在面临的控制权转移风险方面有所差异。国有企业股权属于国家所有。国有企业股东进行股权质押可能导致企业发展不稳定性因素增多，为了降低无形中增加的国有资产流失的可能性，政府出台了多项政策来规范国有企业的股权质押。国有企业在进行股权质押时，除了遵守股权质押基本规定外，还应遵循《企业国有资产监督管理暂行条例》，并报经国有资产管理部门的批准，因此其股权质押流程更加复杂，手续更为烦琐。在股权质押后，当被质押的股票跌破平仓线且股东无力追加担保物时，质权人依据质押合同规定对质押股票进行强制平仓的市场化程序并不完全适用于国有企业。为了防止国有资产流失，相关监管部门会对进行了控股股东股权质押的国有企业加大监管力度，尤其是在质押股权转让、拍卖等环节，会设置较为严格的限制条件和审核标准，使得国有上市公司在与质权人的谈判过程中更具优势。相比于国有企业而言，非国有企业在股权质押业务中面临的政策监管程度较小，也无相关规定对其质押规模进行明确的限制，非国有企业控股股东股权质押的自主性较强。当股价下跌时，按照市场化程序对质押股权进行转让或拍卖以偿还资金，这时控股股东会丧失手中的控制权。由此可见，进行股权质押的非国有股东面临的控制权转移风险远大于国有股东。

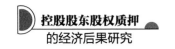

国有企业除了存在显性制度优势外，还存在着隐性制度优势，当股价大幅下跌时，国有企业仍然可以获得银行的"援助之手"，仍能够以较低的融资成本获得银行贷款，而非国有企业在股权质押后所面临的融资困境更加严峻，能够从银行获得的贷款规模和期限都会受到限制，使其没有足够的资金满足股价下跌时追加担保物的要求。因此，为了保持股价稳定和控制权的稳定性，控股股东就会有很大的动力通过扩大投资规模去迎合投资者的投资偏好，向资本市场传递利好信号以维持股价的稳定，从而导致其产生过度投资行为；同时对净现金流为正的投资项目，非国有企业也可能会因为资金回收期过长或风险过大而放弃该项目，从而导致企业投资不足。

综上所述，相较于国有企业的控股股东，非国有企业控股股东股权质押对企业投资效率的影响更为显著。基于以上分析，本节提出研究**假设（2-2-4）**：

假设（2-2-4）：相较于国有企业，控股股东股权质押与企业非效率投资二者之间关系在非国有企业中更为显著。

2.2.4　研究设计

2.2.4.1　样本选取及数据来源

本节选取 2015—2019 年沪深两市 A 股上市公司数据为研究样本。为保证研究的可靠性，对所选数据根据以下标准进行进一步的筛选：首先剔除数据中金融类行业的公司，其次剔除 ST 公司、＊ST 公司，最后针对存在部分缺失观测值的研究变量进行剔除。

经过上述的筛选过程，共取得 12186 个研究样本进行实证分析。同时为了避免研究结论受到数据中极端值的影响，利用 Winsorize 方法对当前数据中的连续变量进行上下 1% 的处理。本节的数据主要来源于 Wind 数据库以及 CSMAR 数据库。在进行数据处理的过程中，本节主要用 Stata 15.0 来完成对整个研究样本的实证分析。

2.2.4.2　变量定义

（1）解释变量

本节的解释变量为控股股东股权质押。结合已有研究，本节将控股股东定义为上市公司的第一大股东。借鉴张瑞君等（2017）的研究，本节从控股股东是否存在股权质押和控股股东股权质押比例两个方面来度量控股股东股权质押。定义 *Pledgedum* 为控股股东股权质押，若当年年末控股股东存在股权质押，则 *Pledgedum* 为 1，否则为 0；定义 *Pratio* 为控股股东股权质押比例，等于控股股东股权质押数量与其持股数量之比。

（2）被解释变量

本节的被解释变量是投资效率（*Invest*），已有文献多数采用 Richardson（2006）模型对企业投资效率进行衡量（黎来芳等，2013；方红星和金玉娜，2013）。该模型旨在通过一系列能够反映企业经营情况的指标，推测得到企业预期正常的投资支出水平，而企业实际与预期投资支出之间的差额即为企业非正常投资水平。即该模型首先估计出正常的投资水平，然后通过回归计算得出该模型的残差 ε，残差为正即代表企业过度投资（*Over-inv*）水平，残差为负即代表企业投资不足（*Underinv*）水平。本节将该模型回归得到的残差取绝对值，数值越大，代表企业投资效率越低。具体模型如下：

$$Invest_t = \beta_0 + \beta_1 Growth_{t-1} + \beta_2 Lev_{t-1} + \beta_3 Cash_{t-1} + \beta_4 Size_{t-1} + \beta_5 Ret_{t-1} +$$
$$\beta_6 Invest_{t-1} + \beta_7 Age_{t-1} + \sum \beta_j Year + \sum \beta_k Industry + \varepsilon \qquad \text{模型（2-4）}$$

模型（2-4） 中的所有变量的具体定义及计算方法见表 2-10。

表 2-10　Richardson 模型中各变量定义

变量名称	变量含义	变量界定
$Invest_{t-1}$	公司第 $t-1$ 年的投资支出	购建与处置固定资产、无形资产和其他长期资产所支付和收回的现金之差/总资产
$Growth_{t-1}$	公司第 $t-1$ 年的成长机会	销售收入增长率
Lev_{t-1}	公司第 $t-1$ 年公司的财务杠杆	年末资产负债率
$Cash_{t-1}$	公司第 $t-1$ 年的现金持有水平	年末现金及现金等价物/年末公司总资产
$Size_{t-1}$	公司第 $t-1$ 年的公司规模	年末总资产的自然对数
Ret_{t-1}	公司第 $t-1$ 年的股票收益率	年末公司综合年市场回报率
Age_{t-1}	第 $t-1$ 年的公司年龄	取公司上市年份至第 $t-1$ 年年末的年数

通过对样本进行 OLS 分析并提取残差 ε，能够得到企业在 t 年度的非效率投资水平，即企业实际投资水平与该模型估值得出的预期投资水平的差额。若残差为正，表明企业在 t 年度有过度投资现象；若为负，则表示当年存在投资不足。本节将该残差作为下一阶段模型的被解释变量，实证检验股权质押、机构投资者和企业投资效率三者之间的关系。

（3）调节变量

①机构投资者。本节使用机构投资者作为调节变量，考察其在控股股东股权质押对企业投资效率产生影响的过程中是否发挥调节效应，并进一步对机构投资者异质性的调节作用进行检验。

机构投资者持股比例（$Insti$），用机构投资者持股总数除以总股数表示。本节验证其是否能够缓解控股股东股权质押对企业投资效率的负向影响。机构持股比例越高，其参与公司治理、监督上市公司的动力就越强，对控股股东股权质押后非效率非理性行为的监督制衡作用就越明显。

在分析机构投资者持股比例调节作用的基础上，本节还对异质机构投资者进行进一步的分析，参考 Brickley（1988）的研究，根据机构投资者与被投资方是否有商业联系将机构投资者分为压力抵抗型和压力敏感型两类。探究不同种类机构投资者参与上市公司治理的监督治理效应的差异。压力抵抗型机构投资者持股比例（PRI），以压力抵抗型机构投资者持股数量除以公司总股数表示。由于压力抵抗型机构投资者与上市公司商业关联性不大，因此独立性更强，能够积极关注和参与上市公司的长期发展，监督上市公司做出合理的投资决策，因此能够缓解控股股东股权质押对企业投资效率的负向影响。压力敏感型机构投资者持股比例（PSI），以压力敏感型机构投资者持股数量除以公司总股数表示。压力敏感型机构投资者受制于与所持股公司商业关系，其参与公司治理的主动性较弱，因此压力敏感型机构投资者治理作用不强。

②产权性质。在不同产权性质下，控股股东股权质押对企业投资效率的影响存在较大差异。因此本节选取产权性质（SOE）作为调节变量，根据第一大股东的产权归属，将研究样本划分为国有控股公司和非国有控股公司，进行分组回归，定义国有企业取值为1，非国有企业为0。

（4）控制变量

本节在参考现有文献的基础上，引入了总资产净利率、股权集中度、托宾 Q 值、总资产周转率、净资产收益率、管理费用率、是否亏损、大股东占款、高管持股比例、高管薪酬等变量作为控制变量。

股权集中度（Hold）用第一大股东持股数量与总股数的比值表示；管理费用率（Mfee）用管理费用与营业收入的比值表示；大股东占款（Tunnel）用其他应收款与总资产的比值表示；总资产净利率（ROA）用净利润与平均总资产的比值表示；净资产收益率（ROE）用净利润与股东权益余额的比值表示；总资产周转率（TAT）用营业收入与资产总额期末余额的比值表示；托宾 Q 值（TobinQ）用总市值与总资产账面价值的比值表示。

此外，考虑到不同年度以及企业处于不同行业时，企业的外部环境会有所差异，本节设置了年度（Year）和行业（Industry）虚拟变量，以提高研究结果的可靠性。

对本节上述变量进行整理后，本节的变量定义见表 2－11。

表 2－11　变量定义

变量类型	变量名称	变量代码	变量定义
被解释变量	非效率投资	Invest	Richardson 投资模型回归后残差的绝对值，数值越大，投资效率越低
	过度投资	Overinv	Richardson 投资模型计算得出的正残差，该值越大，投资过度程度越高
	投资不足	Underinv	Richardson 投资模型计算得出的负残差的绝对值，该值越大，投资不足程度越高
解释变量	控股股东是否股权质押	Pledgedum	控股股东是否存在股权质押，若年末控股股东存在质押则为 1，否则为 0
	控股股东股权质押比例（股权质押程度）	Pratio	期末控股股东股权质押股份与自身所持的上市公司总股份之比

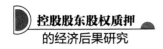

续表

变量类型	变量名称		变量代码	变量定义
调节变量	机构投资者持股比例		*Insti*	机构投资者持股数量除以上市公司总股本
	压力抵抗型机构投资者持股比例		*PRI*	社保基金、证券投资基金和合格境外机构投资者（QFII）持股数量除以上市公司总股本
	压力敏感型机构投资者持股比例		*PSI*	券商、保险、信托、财务公司持股数量除以上市公司总股本
	产权性质		*SOE*	国有企业则取值为1，否则为0
控制变量	公司治理情况	股权集中度	*Hold*	第一大股东持股数占上市公司总股数的比例
		管理费用率	*Mfee*	管理费用/营业收入
		大股东占款	*Tunnel*	其他应收款/总资产
	盈利能力	总资产净利率	*ROA*	净利润/平均总资产
		净资产收益率	*ROE*	净利润/股东权益余额
	营运能力	总资产周转率	*TAT*	营业收入/资产总额期末余额
	企业成长性	托宾Q值	*TobinQ*	总资产市场价值/总资产账面价值
	年度		*Year*	年度虚拟变量，分别对应2015—2019年
	行业		*Industry*	行业虚拟变量，按证监会2012年的分类标准划分行业

2.2.4.3 模型的构建

根据前文的理论分析，本节构建以下模型。

（1）构建股权质押与企业投资效率关系的模型

根据**假设（2-2-1）**，本节考察控股股东股权质押对企业投资效率（包括过度投资和投资不足）的影响，由此，建立**模型（2-5）**和**模型（2-6）**：

$$Invest(Overinv, Underinv) = \alpha_0 + \alpha_1 Pledgedum + \alpha_2 controls + \sum Industry +$$

$$\sum Year + \delta \qquad\qquad 模型（2-5）$$

$$Invest(Overinv, Underinv) = \alpha_0 + \alpha_1 Pratio + \alpha_2 controls + \sum Industry +$$

$$\sum Year + \delta \qquad\qquad 模型（2-6）$$

用以上模型检验**假设（2-2-1）**时，首先对非效率投资的全样本进行回归，然后分别检验过度投资和投资不足的样本，考察控股股东股权质押对企业投资不足和投资过度的影响是否具有差异性。**模型（2-6）**中，α_1 表示控股股东股权质押对企业投资效率的影响程度，若 α_1 显著为正则表明控股股东股权质押会导致企业的非效率投资，即控股股东股权质押对企业的投资效率产生负面影响。

（2）基于机构投资者持股整体视角的调节作用模型

根据**假设（2-2-2）**，检验机构投资者持股比例在控股股东股权质押与企业投资效率二者间的调节作用，由此，建立**模型（2-7）**和**模型（2-8）**：

$$Invest(Overinv, Underinv) = \alpha_0 + \alpha_1 Pledgedum + \alpha_2 Insti + \alpha_3 Insti \times$$

$$Pledgedum + \alpha_4 controls + \sum Industry + \sum Year + \delta \qquad 模型（2-7）$$

$$Invest(Overinv, Underinv) = \alpha_0 + \alpha_1 Pratio + \alpha_2 Insti + \alpha_3 Insti \times Pratio +$$

$$\alpha_4 controls + \sum Industry + \sum Year + \delta \qquad\qquad 模型（2-8）$$

同样地，在用以上模型检验**假设（2-2-2）**时，首先对非效率投资的全样本进行检验，然后分别检验过度投资和投资不足的样本，考察机构投资者持股比例的调节作用在不同样本下是否具有差异性。

（3）基于机构投资者异质性的调节作用模型

$Insti$ 为机构投资者整体持股比例的总和，而由于机构持股具有异质性，不同类型的机构持股者具有差异性，本节将机构持股划分为压力抵抗型机构投资者和压力敏感型机构投资者。根据**假设（2-2-3）**，本节分别探讨压力抵抗型机构投资者和压力敏感型机构投资者持股在控股股东股权质押与企业投资效率二者间的调节作用的差异性，由此，建立**模型（2-9）**和**模型（2-10）**：

$$Invest = \alpha_0 + \alpha_1 Pledgedum + \alpha_2 PRI(PSI) + \alpha_3 PRI(PSI) \times Pledgedum +$$

$$\alpha_4 controls + \sum Industry + \sum Year + \delta \qquad\qquad 模型（2-9）$$

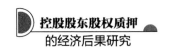

$$Invest = \alpha_0 + \alpha_1 Pratio + \alpha_2 PRI(PSI) + \alpha_3 PRI(PSI) \times Pratio + \alpha_4 controls +$$

$$\sum Industry + \sum Year + \delta \qquad\qquad 模型（2-10）$$

2.2.5 实证结果及分析

2.2.5.1 描述性统计分析

为了初步了解各变量的数值特征，本节对所有变量进行了描述性统计，具体统计量分别为样本量、均值、标准差、极小值、中位数和极大值。统计结果见表2-12。

表2-12　描述性统计分析

变量	样本量	平均值	标准差	极小值	中位数	极大值
Invest	12186	0.0478	0.0718	0.000313	0.0282	0.522
Overinv	4413	0.0696	0.127	0.000313	0.0299	0.522
Underinv	7773	0.0365	0.036	0.000784	0.0276	0.235
Pledgedum	12186	0.461	0.498	0	0	1
Pratio	12186	0.269	0.351	0	0	1
Insti	12186	0.404	0.235	0.0033	0.419	0.888
PRI	12186	0.0462	0.0717	0	0.0166	0.397
PSI	12186	0.00770	0.0232	0	0	0.0955
Hold	12186	0.336	0.144	0.0843	0.316	0.724
Mfee	12186	0.0891	0.0697	0.00825	0.0720	0.422
Tunnel	12186	0.0164	0.0250	0.000193	0.00802	0.157
ROA	12186	0.0339	0.0633	-0.298	0.0339	0.188
ROE	12186	0.0525	0.135	-0.792	0.0635	0.308
TAT	12186	0.591	0.40	0.0764	0.500	2.37
TobinQ	12186	2.770	2.09	0.877	2.10	12.8

从表2-12的描述性统计结果，可以看出我国上市公司的股权质押、投资效率和机构投资者方面呈现以下四个特点。

①关于投资效率指标，投资效率的均值为0.0478，标准差为0.0718，极大值为0.522，极小值为0.000313，这说明我国上市公司投资效率普遍较

低，非效率投资现象较为严重，且极大值与极小值之间差异较大。投资不足的样本数为 7773 个，占总样本数的 63.79%，说明样本上市公司中存在投资不足问题的企业数量较多。过度投资的样本数为 4413 个，占总样本数的36.21%，均值为 0.0696，标准差为 0.127，极大值为 0.522，均大于投资不足的平均值 0.0365，标准差 0.036，极大值 0.235，这些数据说明，虽然出现投资不足的企业数量更多，但出现投资过度问题的企业的投资效率更低，非效率投资情况更为严重，且数据差异更大。总之，我国企业的投资效率较低，且各企业投资效率差异较大。

②关于股权质押相关指标，本节的解释变量参照郑国坚（2014）以及李常青（2018）的做法，将上市公司控股股东股权质押分为控股股东是否进行了股权质押与质押比例两个方面。控股股东股权质押是虚拟变量，控股股东当年存在质押行为时为 1，否则为 0；该变量的均值为 0.461，表明所选样本中 46.1% 的上市公司的控股股东进行了股权质押。控股股东股权质押比例的极大值为 1，极小值为 0，说明控股股东股权质押比例最高为1，也就是说该上市公司控股股东将其全部股权都进行了质押，该变量均值为 26.9%，说明样本上市公司的平均股权质押率为 26.9%。

③关于机构投资者相关指标，机构投资者持股比例的均值为 40.4%，持股份额最大值为 88.8%，最小值为 0.3%，说明机构投资者在我国资本市场上已经初步具备了一定规模，但是总体上持股份额还不高，其规模还存在一定的提升空间，标准差为 0.235，最大值与最小值相差 88.5%，说明存在个别企业机构投资者持股非常高的情况，样本公司中机构投资者持股比例存在的差异较大。

不同种类的机构投资者持股情况不同，压力抵抗型机构投资者持股比例均值为 4.62%，标准差为 0.0717，极大值为 0.397，极小值为 0；而压力敏感型机构投资者持股比例均值为 0.77%，标准差为 0.0232，极大值为0.0955，极小值为 0。通过对比分析发现，压力敏感型机构投资者从总体上看持股份额较小，样本企业中压力敏感型机构投资者持股比例数据波动性不大，数据差异较小；其中位数为 0，说明样本数据中过半数企业的压力敏感型机构持股比例为 0，再次印证了样本公司中压力敏感型机构投资者规模较小，很多企业不存在此类机构投资者。

④关于控制变量，本节分别从公司治理情况、盈利能力、营运能力以及企业成长性四个方面选取控制变量。在公司治理情况方面，部分企业大股东持股比例（*Hold*）过高，存在"一股独大"的现象，且第一大股东持股比例最大值达到了72.4%，但整体上较为合理，均值为33.6%；管理费用率是管理费用与营业收入的比，其平均值为0.0891，说明其管理费用支出较为合适；最大值为0.422，说明个别企业存在管理费用大额支出的情况；大股东占款均值为0.0164，表明大股东占款的行为在一个合理的范围内。在企业盈利能力方面，总资产净利率的标准差为0.0633，大于其均值0.0339，表明企业的盈利水平存在较大差异；净资产收益率最小值为－0.792，最大值为0.308，平均水平为0.0525，表明平均盈利水平较低。在企业营运能力方面，本节选取了总资产周转率这一指标，其最小值为0.0764，最大值为2.37，表明我国上市公司资产周转效率存在较大差异。在企业成长性方面，托宾 Q 值代表了企业的成长性，其极小值为0.877，极大值为12.8，标准差为2.09，说明不同企业的成长性间有较大差异。

2.2.5.2　相关性分析

相关性分析是用来判定每个变量之间是否存在相关关系，以及这种关系的密切性。因此，本节对模型中的所有变量进行相关性分析，并检验各变量之间是否存在共线性问题，旨在找出变量之间的关系，为后文分析奠定基础。具体的分析结果见表 2 – 13。

由表 2 – 13 可知，首先，对控股股东是否股权质押、质押比例与企业非效率投资的相关性进行分析发现，控股股东是否股权质押与企业非效率投资全样本、过度投资和投资不足间的相关系数分别为 0.136、0.106 和 0.040，在 1% 的水平上呈显著的正相关关系，控股股东股权质押比例与企业非效率投资全样本、过度投资和投资不足间的相关系数分别为 0.179、0.116 和 0.064，在 1% 的水平上呈显著的正相关关系，与本节预期一致，初步验证了本节的**假设（2 – 2 – 1）**。其次，从调节变量来看，机构投资者持股比例与企业非效率投资均呈显著的负向相关关系，符合本节的预期，初步验证了本节的**假设（2 – 2 – 2）**。从控制变量方面来看，控制变量与本节的被解释变量都呈显著的相关关系，因此在模型中加入这些控制变量，能提高模型的拟合优度。此外，通常情况下认为，当相关系数的绝对值大

表 2 - 13　相关性分析

	Invest	Pledgedum	Pratio	Overinv	Underinv	Insti	PRI	PSI	Hold	Mfee	Tunnel	ROA	ROE	TAT	TobinQ
Invest	1														
Pledgedum	0.136***	1													
Pratio	0.179***	0.828***	1												
Overinv	0.773***	0.106***	0.116***	1											
Underinv	0.314***	0.040***	0.064***	-0.280***	1										
Insti	-0.122***	-0.219***	-0.197***	-0.048***	-0.097***	1									
PRI	0.039***	0.030***	-0.030***	0.093***	-0.063***	0.128***	1								
PSI	0.317***	0.016*	0.073***	0.131***	0.089***	0.00200	0.045***	1							
Hold	-0.021***	-0.139***	-0.172***	-0.0130	-0.020***	0.447***	-0.042***	-0.025***	1						
Mfee	0.084***	0.033***	0.036***	0.021***	0.151***	-0.185***	0.028***	-0.028***	-0.160***	1					
Tunnel	-0.021***	0.048***	0.100***	-0.037***	0.030***	-0.00500	-0.025***	0.026***	-0.061***	0.036***	1				
ROA	0.031***	-0.066***	-0.152***	0.062***	-0.040***	0.105***	0.230***	0.030***	0.131***	-0.181***	-0.192***	1			
ROE	0.024***	-0.058***	-0.130***	0.069***	-0.069***	0.127***	0.200***	0.042***	0.130***	-0.207***	-0.139***	0.903***	1		
TAT	-0.071***	-0.055***	-0.071***	-0.040***	-0.078***	0.092***	0.038***	0.019***	0.072***	-0.420***	-0.025***	0.122***	0.113***	1	
TobinQ	0.182***	0.050***	-0.00100	0.121***	0.168***	-0.137***	0.263***	-0.024***	-0.092***	0.411***	-0.036***	0.154***	0.062***	-0.080***	1

注：＊＊＊、＊＊、＊分别表示 1%、5%、10% 的显著水平。

于0.8时，变量之间会存在较为严重的共线性问题。表2-13中解释变量与调节变量、控制变量之间的相关系数均小于0.5，这反映了本节所涉及的各变量之间不存在严重的共线性问题。

由于相关分析只是简单分析两两变量之间的关系，没有考虑其他变量之间的相互影响，但实践中两变量之间的关系往往都会受到其他因素的影响，所以相关性分析只是对变量之间的关系进行初步判断。关于各解释变量、控制变量对被解释变量的影响将进一步通过回归分析进行验证。

2.2.5.3　回归结果分析

1. 控股股东股权质押与企业投资效率

（1）控股股东股权质押对企业投资效率全样本的影响分析

在进行控股股东股权质押对企业投资效率影响的多元回归分析时，控制了年度和行业因素，表2-14的列（1）和列（2）列示了控股股东是否股权质押、控股股东股权质押比例与企业非效率投资的多元回归结果。公司非效率投资水平通过 Richardson 模型计算，得出残差的绝对值衡量，残差绝对值越大，非效率投资水平越高。从列（1）的回归结果可以看出，控股股东股权质押与企业非效率投资呈正相关关系，且通过1%水平的显著性检验，由此证明当年进行了控股股东股权质押的企业所对应的残差值的绝对值越大，与正常投资水平的偏差就越大，企业非效率投资程度越严重；同理从列（2）的回归结果可看出，控股股东股权质押比例与非效率投资呈正相关关系，且在1%的水平上显著，说明控股股东股权质押比例越高对上市公司非效率投资的影响越大，投资效率越低。

因此，由回归结果可以看出，控股股东当年存在股权质押行为的上市公司更可能进行非效率投资，且控股股东质押比例越高对企业投资效率的影响越大。股权质押后，一方面，由于信息不对称的存在，控股股东可能会通过干预企业投资活动等行为，扩大企业的投资规模，为投资者展示企业存在的成长契机，以稳定股价，进而造成上市公司非效率投资。另一方面，根据"隧道挖掘"理论，控股股东股权质押后控制权和现金流权的分离，使得其掏空行为动机增强，可能会通过占用上市公司资金等"隧道挖掘"行为谋取控制权私利，导致企业自由现金流减少，错过投资机会，造成非效率投资，损害上市公司和其他投资者利益。本节研究**假设（2-2-1）**

得到了验证。

表 2 - 14　控股股东股权质押与企业投资效率回归结果分析

变量	Invest	
	(1)	(2)
Pledgedum	0.025 *** (6.97)	—
Pratio	—	0.060 *** (8.69)
Hold	0.045 * (1.85)	0.045 * (1.86)
Mfee	- 0.039 (- 1.45)	- 0.044 (- 1.59)
Tunnel	- 0.043 (- 0.85)	- 0.049 (- 0.98)
ROA	0.042 (1.26)	0.059 * (1.76)
ROE	0.016 (1.14)	0.012 (0.86)
TAT	- 0.038 *** (- 5.51)	- 0.041 *** (- 5.90)
TobinQ	0.005 *** (5.51)	0.006 *** (6.37)
Year	控制	控制
Industry	控制	控制
Constant	0.036 *** (3.53)	0.032 *** (3.08)
N	12186	12186
R - squared	0.261	0.283
Adj - R²	0.258	0.280
F	64.38 ***	66.95 ***

注：***、**、*分别表示 1%、5% 和 10% 的显著水平，括号中的数字为双尾检验的 t 值。表 2 - 15、表 2 - 16、表 2 - 17、表 2 - 18、表 2 - 19、表 2 - 20 的注同此注。

（2）控股股东股权质押对投资不足、投资过度的影响分析

本节对上市公司非效率投资的样本数据进行分组，分为过度投资组与投资不足组，鉴于投资不足本身的数值为负，为了更直观地理解与操作，将投资不足取绝对值之后，再分别进行多元回归分析，回归结果如表 2 - 15 所示。在控制年份与行业的情况下，表 2 - 15 的列（1）和列（2）列示了控股股东是否股权质押、控股股东股权质押比例与过度投资组的多元回归结果，可以看到二者的系数分别为 0.010 和 0.025，且均在 1% 的水平上显著正相关，说明控股股东股权质押对企业投资过度行为存在显著正向影响。也就是说，相比于控股股东当年未进行股权质押的企业来说，存在股权质押的企业更易出现过度投资的情况，并且控股股东股权质押的比例越高，过度投资程度越严重。对投资不足组的样本进行检验，检验结果如表 2 - 15 的列（3）和列（4）所示。可以发现，控股股东是否股权质押、控股股东股权质押比例与投资不足组的系数分别为 0.005 和 0.008，且在 1% 的水平上显著正相关，说明控股股东股权质押对企业投资不足现象有着明显的正向影响，且控股股东股权质押比例越高，企业投资不足程度越严重。

表 2 - 15　控股股东股权质押对企业投资不足、过度投资的回归结果分析

变量	Overinv		Underinv	
	（1）	（2）	（3）	（4）
Pledgedum	0.010*** (3.60)	—	0.005*** (3.80)	—
Pratio	—	0.025*** (5.13)	—	0.008*** (3.84)
Hold	0.060*** (2.76)	0.060*** (2.76)	-0.016** (-2.20)	-0.015** (-2.13)
Mfee	-0.066*** (-3.05)	-0.068*** (-3.12)	0.033*** (3.06)	0.032*** (2.96)
Tunnel	-0.085* (-1.95)	-0.087** (-2.02)	0.088*** (3.83)	0.087*** (3.77)

变量	Overinv		Underinv	
	（1）	（2）	（3）	（4）
ROA	-0.010 （-0.39）	-0.003 （-0.13）	0.057*** （3.20）	0.059*** （3.29）
ROE	0.032*** （2.90）	0.030*** （2.78）	-0.019*** （-2.70）	-0.020*** （-2.72）
TAT	-0.039*** （-6.47）	-0.040*** （-6.67）	0.004* （1.91）	0.004* （1.78）
TobinQ	0.004*** （5.44）	0.005*** （5.80）	0.000 （0.70）	0.000 （0.98）
Year	控制	控制	控制	控制
Industry	控制	控制	控制	控制
Constant	0.012 （1.31）	0.010 （1.10）	0.023*** （6.98）	0.023*** （6.92）
N	4413	4413	7773	7773
R - squared	0.234	0.240	0.253	0.254
$Adj - R^2$	0.231	0.236	0.249	0.250
F	60.51***	63.08***	68.12***	69.89***

以上结果表明，控股股东进行股权质押后，企业过度投资和投资不足的现象均会增加。首先，在应对股价跌破平仓线的风险时，大股东产生极强的市值管理动机，以求股价稳定。控股股东通过扩大企业的经营规模来迎合投资者的投资偏好，导致过度投资。其次，股权质押后两权分离，使得控股股东的掏空动机增强，控股股东通常是采用直接占款方式掏空上市公司，导致上市公司会因为没有足够的自由现金流而放弃部分具有投资价值的项目，造成投资不足。基于以上分析，**假设（2-2-1a）** 和 **假设（2-2-1b）** 得到验证。

2. 机构投资者持股的调节效应

本小节将对企业的机构投资者持股是否会影响控股股东股权质押与企

业投资效率之间的关系进行实证检验。本小节首先检验机构投资者持股在非效率投资全样本中发挥的调节效应，其次将全样本分为过度投资和投资不足两组分别检验，以此来验证机构投资者持股在控股股东股权质押对企业投资效率影响间发挥的调节效应。

（1）机构投资者持股在控股股东股权质押与非效率投资全样本中的调节效应

表 2-16 列示了机构投资者持股比例对控股股东股权质押与企业投资效率影响的回归结果，其中列（1）同时将控股股东股权质押、机构投资者持股比例列入模型，并加入二者的交乘项进行回归分析。根据回归结果可以看出，控股股东股权质押与企业非效率投资之间的相关系数为 0.020，在 1% 的水平上显著正相关；机构投资者持股比例与企业非效率投资之间的相关系数为 -0.094，在 1% 的水平上显著负相关，说明机构投资者持股比例越高，企业非效率投资水平越低，二者呈反向变动关系；机构投资者持股比例和控股股东股权质押的交乘项（$Insti \times Pledgedum$）是将二者数据分别标准化后相乘得到的，可以看到交乘项与企业投资效率在 1% 的显著性水平上显著负相关，说明机构投资者持股比例负向调节控股股东股权质押与企业非效率投资之间的关系，即机构投资者持股比例越大，对企业的外部治理效应越强，进而对控股股东股权质押后根据自身意愿干预上市公司投资决策行为的制约程度越大，从而减弱了控股股东股权质押后对企业投资效率的负面影响。同样地，由表 2-16 的列（2）所示，将控股股东股权质押比例、机构投资者持股比例作为自变量，并加入二者的交乘项（$Insti \times Pratio$）进行回归分析得到相似的结论，**假设（2-2-2）**得到验证。

机构投资者能够抑制控股股东股权质押对企业投资效率的负向影响，且机构投资者持股比例越高，其作用效果越强。对机构投资者来说，当其持股比例较小时，可以在企业经营管理不善时"用脚投票"，但当其所持有的该公司股票数额较大时，想要顺利出售所持股票又不影响股价，几乎是不可能的，这时其"用脚投票"的成本很大，因此其转而积极参与公司治理，改善企业经营状况，在一定程度上抑制控股股东股权质押对企业投资效率的负向影响。

表 2 - 16　机构投资者持股对控股股东股权质押与企业投资效率的影响

变量	Invest	
	（1）	（2）
Pledgedum	0.020***	—
	(6.04)	
Pratio	—	0.036***
		(6.75)
Insti	-0.094***	-0.080***
	(-8.96)	(-8.46)
Insti × Pledgedum	-0.119***	—
	(-7.17)	
Insti × Pratio	—	-0.254***
		(-8.88)
Hold	0.048**	0.045*
	(1.98)	(1.88)
Mfee	-0.047*	-0.052**
	(-1.79)	(-1.98)
Tunnel	-0.040	-0.035
	(-0.85)	(-0.77)
ROA	0.040	0.051
	(1.21)	(1.59)
ROE	0.021	0.020
	(1.50)	(1.50)
TAT	-0.038***	-0.040***
	(-5.47)	(-5.73)
TobinQ	0.006***	0.007***
	(7.21)	(7.99)
Year	控制	控制
Industry	控制	控制

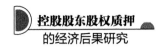

续表

变量	Invest	
	（1）	（2）
Constant	0.037*** (3.59)	0.037*** (3.59)
N	12186	12186
R－squared	0.221	0.243
Adj－R^2	0.215	0.236
F	59.35***	62.29***

（2）机构投资者持股在控股股东股权质押与过度投资、投资不足间的调节效应

表2－17进一步验证了在将非效率投资的全样本分为过度投资和投资不足后，机构投资者持股比例在控股股东股权质押与过度投资、投资不足间的调节效应。

表2－17　机构投资者持股对控股股东股权质押与过度投资、投资不足的调节效应分析

变量	Overinv		Underinv	
	（1）	（2）	（3）	（4）
Pledgedum	0.007*** (2.64)	—	0.004*** (3.36)	—
Pratio	—	0.013*** (2.96)	—	0.006*** (3.06)
Insti	−0.037*** (−4.41)	−0.031*** (−3.88)	−0.008** (−2.08)	−0.007* (−1.73)
Insti × Pledgedum	−0.059*** (−5.25)	—	−0.015*** (−2.99)	—
Insti × Pratio	—	−0.121*** (−5.89)	—	−0.025*** (−2.83)
Hold	0.061*** (2.81)	0.060*** (2.76)	−0.015** (−2.15)	−0.015** (−2.11)

续表

变量	Overinv		Underinv	
	（1）	（2）	（3）	（4）
Mfee	-0.070*** （-3.22）	-0.071*** （-3.32）	0.032*** （3.01）	0.031*** （2.92）
Tunnel	-0.083** （-1.98）	-0.081* （-1.95）	0.088*** （3.84）	0.088*** （3.82）
ROA	-0.012 （-0.45）	-0.007 （-0.27）	0.057*** （3.17）	0.059*** （3.24）
ROE	0.034*** （3.13）	0.034*** （3.21）	-0.019*** （-2.61）	-0.019*** （-2.58）
TAT	-0.039*** （-6.41）	-0.039*** （-6.57）	0.004* （1.96）	0.004* （1.83）
TobinQ	0.005*** （6.19）	0.005*** （6.53）	0.000 （1.16）	0.000 （1.37）
Year	控制	控制	控制	控制
Industry	控制	控制	控制	控制
Constant	0.012 （1.28）	0.012 （1.30）	0.025*** （7.26）	0.024*** （7.23）
N	4413	4413	7773	7773
R - squared	0.246	0.257	0.256	0.257
Adj - R^2	0.242	0.251	0.247	0.248
F	59.95***	65.91***	63.87***	65.28***

从表 2 - 17 可以看出列（1）和列（3）分别反映了机构投资者持股在控股股东是否股权质押对过度投资与投资不足的影响中的调节作用，可以发现控股股东股权质押与过度投资、投资不足的回归系数分别为 0.007 和 0.004，分别在 1% 的显著性水平上正相关；机构投资者持股比例与企业过度投资、投资不足的系数分别为 -0.037 和 -0.008，分别在 1% 和 5% 的水平上显著负相关，说明机构投资者持股比例越高，无论是对过度投资还

是投资不足均有抑制作用；再看机构投资者持股比例和控股股东股权质押的交乘项，可以发现在投资过度与投资不足两组中，此项交互项均为负且在1%的显著性水平上相关，说明机构投资者持股比例负向调节控股股东股权质押与过度投资、投资不足之间的关系，这也说明控股股东股权质押会导致投资过度和投资不足加剧，而机构投资者持股比例能够抑制此种负向影响。同样的，如表2-17的列（2）和列（4）所示，将机构投资者持股比例、控股股东股权质押比例作为自变量，并加入二者的交乘项进行回归分析得到相似的结论。机构投资者的监督治理作用能够有效地监督和限制股权质押后控股股东对企业投资活动的非理性干预，能够抑制股权质押对企业过度投资、投资不足的加剧作用。

3. 机构投资者异质性的调节效应

基于上文的实证分析结果，机构持股能够抑制控股股东股权质押与企业非效率投资之间的正相关关系，那么机构持股异质性对二者关系的调节作用值得进一步研究。由于机构投资者具有异质性，各类机构持股者的持股动机、监督治理效应具有差异性，且对企业投资活动有着直接影响。因此，本小节对总样本按照压力抵抗型机构投资者持股和压力敏感型机构持股进行分组，加入控股股东是否股权质押与二者的交乘项，分别检验不同类型的机构投资者对二者关系的影响差异。回归结果见表2-18和表2-19。

（1）压力抵抗型机构投资者的调节效应

表2-18检验了压力抵抗型机构投资者持股的调节作用，在原有回归模型的基础上，将压力抵抗型机构投资者持股比例作为自变量加入模型，同时还加入控股股东是否股权质押与压力抵抗型机构投资者持股比例的交乘项。由表2-18数据可以看出控股股东是否股权质押、控股股东股权质押比例与企业非效率投资的回归系数分别为0.025以及0.059，在1%显著性水平上均呈正相关关系；压力抵抗型机构投资者与企业非效率投资显著负向相关，表明压力抵抗型机构投资者持股比例越高，企业非效率投资水平越低，由于其独立性较高，更加关注企业的长久发展，因此对企业的监督动力更强，能够降低企业非效率投资水平。控股股东是否股权质押与压

力抵抗型机构投资者持股比例的交乘项（$Pledgedum \times PRI$）系数为 - 0.073，在 5% 的显著性水平上负相关，控股股东股权质押比例与压力抵抗型机构投资者持股比例的交乘项（$Pratio \times PRI$）系数为 - 0.116，在 5% 的显著性水平上负相关，说明压力抵抗型机构投资者持股的负向调节效应显著。意味着压力抵抗型机构投资者持股能够减弱控股股东股权质押对企业非效率投资的正向影响，起到有效的机构投资者的外部治理效应。同时，本节检验了控股股东股权质押比例、压力抵抗型机构投资者与企业非效率投资三者间的关系，从表 2 - 18 数据分析可以看出控股股东股权质押比例越高，企业非效率投资水平越高，且压力抵抗型机构投资者持股能够减弱二者间的正向关系，与自变量为控股股东是否股权质押时结论一致。

表 2 - 18　压力抵抗型机构投资者的调节作用

变量	Invest	
	(1)	(2)
Pledgedum	0.025 *** (6.99)	—
Pratio	—	0.059 *** (8.64)
PRI	- 0.048 *** (- 2.81)	- 0.038 ** (- 2.31)
Pledgedum × PRI	- 0.073 ** (- 2.52)	—
Pratio × PRI	—	- 0.116 ** (- 2.55)
Hold	0.047 * (1.95)	0.047 * (1.93)
Mfee	- 0.044 (- 1.61)	- 0.049 * (- 1.78)
Tunnel	- 0.045 (- 0.89)	- 0.051 (- 1.02)

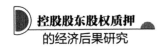

续表

变量	Invest	
	(1)	(2)
ROA	0.045	0.061 *
	(1.34)	(1.81)
ROE	0.017	0.013
	(1.18)	(0.93)
TAT	-0.039 ***	-0.042 ***
	(-5.62)	(-5.98)
TobinQ	0.005 ***	0.006 ***
	(5.98)	(6.57)
Year	控制	控制
Industry	控制	控制
Constant	0.046 ***	0.048 ***
	(4.51)	(4.61)
N	12186	12186
R - squared	0.264	0.286
Adj - R²	0.256	0.274
F	65.46 ***	67.10 ***

（2）压力敏感型机构投资者的调节效应

表 2-19 检验了压力敏感型机构投资者持股的调节作用，在模型中加入压力敏感型机构投资者持股比例，以及控股股东是否股权质押与压力敏感型机构投资者持股比例的交乘项。由表 2-19 数据可以看出控股股东是否股权质押、控股股东股权质押比例与企业非效率的回归系数分别为 0.015 以及 0.025，在 1% 显著性水平上均呈现正相关关系；压力敏感型机构投资者持股比例与企业非效率投资显著正向相关，表明压力敏感型机构投资者持股比例越高，企业非效率投资水平反而越高；控股股东是否股权质押与压力敏感型机构投资者持股比例的交乘项（Pledgedum × PSI）系数为 1.546，在 1% 的显著性水平上正相关，说明压力敏感型机构投资者持股的正向调节效应显著，意味着压力敏感型机构投资者持股会加强控股股东

股权质押对企业非效率投资的正向影响。

也就是说，相比于压力抵抗型机构投资者，压力敏感型机构投资者持股并不能抑制控股股东股权质押对企业投资效率的负面影响。对压力敏感型机构投资者而言，其与上市公司存在关系比较大的商业合作，在投资过程中以追求短期利益为目的，缺乏对公司的监督动力。股权质押后控股股东为避免控制权转移风险而进行市值管理以稳定或提高股价，在此种动机下控股股东干预企业投资决策的非理性行为，与压力敏感型机构投资者追求短期收益的投资目标相符合，因此此时压力敏感型机构投资者难以发挥其积极的外部监督治理效应，甚至会支持控股股东此种行为，进而造成企业投资效率的进一步降低，验证了**假设（2 - 2 - 3）**。

表 2 - 19　压力敏感型机构投资者的调节作用

变量	Invest	
	（1）	（2）
Pledgedum	0.015 ***	—
	(5.47)	
Pratio	—	0.025 ***
		(5.46)
PSI	1.192 ***	0.724 ***
	(11.21)	(5.59)
Pledgedum × PSI	1.546 ***	—
	(7.77)	
Pratio × PSI	—	2.206 ***
		(11.39)
Hold	0.065 ***	0.061 ***
	(2.73)	(2.64)
Mfee	− 0.043	− 0.044 *
	(− 1.62)	(− 1.70)
Tunnel	0.009	0.014
	(0.19)	(0.29)

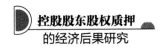

续表

变量	Invest	
	（1）	（2）
ROA	0.056*	0.061**
	(1.94)	(2.14)
ROE	0.012	0.012
	(1.01)	(1.03)
TAT	−0.041***	−0.043***
	(−6.05)	(−6.27)
TobinQ	0.005***	0.005***
	(5.24)	(5.42)
Year	控制	控制
Industry	控制	控制
Constant	0.040***	0.043***
	(3.99)	(4.29)
N	12186	12186
R − squared	0.287	0.325
Adj − R²	0.277	0.317
F	69.31***	125.17***

4. 产权性质的调节效应检验

表2-20是将样本公司划分为国有企业组和非国有企业组后，检验控股股东股权质押与企业投资效率之间的关系的分组回归结果。由表2-20的列（1）和列（2）可以看出，在国有企业组，控股股东是否股权质押、股权质押比例与企业投资效率间的系数分别为0.008和0.019，结果并不显著，说明在国有企业中控股股东股权质押与企业非效率投资之间的正向变动的关系不显著。类似的，由表2-20列（3）和列（4）可以看出在非国有企业组控股股东是否股权质押、股权质押比例与企业投资效率间的系数分别为0.032和0.073，均在1%的显著性水平上呈现正向相关关系，说明在非国有企业组，股权质押会对企业非效率投资产生正向的影响。

综上所述，相较于国有企业，控股股东股权质押与企业投资效率二者之间负向关系在非国有企业组更为显著。相比于非国有企业，国有企业拥有较为强大的政治背景，同时也承担着更多的社会责任，因此监管部门对上市公司股权的质押或转让有着较多直接干涉和间接妨碍。而在非国有企业中股权质押业务流程受到的限制较小，但相比于国有企业面临着更大的控制权转移风险。所以，在非国有企业中，股权质押与企业投资效率的负相关关系更为显著，验证了**假设（2-2-4）**。

表 2-20　产权性质的调节效应

变量	国有企业组		非国有企业组	
	（1）	（2）	（3）	（4）
Pledgedum	0.008 （1.13）	—	0.032*** （7.53）	—
Pratio	—	0.019 （1.25）	—	0.073*** （9.29）
Hold	0.053* （1.86）	0.054* （1.92）	0.026 （0.69）	0.018 （0.47）
Mfee	-0.022 （-0.55）	-0.022 （-0.55）	-0.063* （-1.85）	-0.076** （-2.19）
Tunnel	0.063 （1.45）	0.059 （1.36）	-0.077 （-1.09）	-0.076 （-1.09）
ROA	0.071 （1.63）	0.076* （1.73）	0.006 （0.13）	0.024 （0.54）
ROE	0.002 （0.10）	0.001 （0.03）	0.028 （1.43）	0.023 （1.16）
TAT	-0.025*** （-3.33）	-0.025*** （-3.34）	-0.044*** （-4.68）	-0.048*** （-5.17）
TobinQ	0.001 （0.72）	0.001 （0.75）	0.006*** （5.22）	0.007*** （6.03）
Year	控制	控制	控制	控制
Industry	控制	控制	控制	控制

续表

变量	国有企业组		非国有企业组	
	（1）	（2）	（3）	（4）
Constant	0.032**	0.031**	0.044***	0.043***
	（2.54）	（2.49）	（3.01）	（2.90）
N	12186	12186	12186	12186
R - squared	0.180	0.182	0.248	0.251
Adj - R²	0.173	0.171	0.236	0.245
F	38.13***	38.06***	63.72***	65.56***

2.2.5.4 稳健性检验

本小节通过替换被解释变量的方式进行稳健性检验，以保证上述实证结果的稳健。本小节参考 Biddle 等（2009）和李万福等（2011）的研究，采用 Biddle 模型对投资效率进行计算后再次回归，进行稳健性检验。Biddle 模型与 Richardson 模型在衡量指标上略有不同，将投资设定成公司成长机会的函数，衡量企业的预期投资水平，模型如下：

$$Invest_{i,t} = \lambda_0 + \lambda_1 growth_{i,t-1} + \lambda_2 neg_{i,t-1} + \lambda_3 growth_{i,t-1} \times neg_{i,t-1} + \varepsilon$$

模型（2 - 11）

其中 $Invest_{i,t}$ 表示各公司第 t 年的购建与处置固定资产、无形资产和其他长期资产所支付和收回的现金之差与第 $t-1$ 年总资产的比值；$growth_{i,t-1}$ 表示第 $t-1$ 年的营业收入增长率；$neg_{i,t-1}$ 为虚拟变量，当 $t-1$ 年营业收入增长率为负时取值为 1，否则取值为 0。与 Richardson（2006）的期望投资模型类似，采用回归模型的残差绝对值来衡量非效率投资水平，残差值大于 0 的样本为投资过度，残差值小于 0 的样本为投资不足。

在此仅列示控股股东股权质押对企业投资效率的回归结果和机构投资者调节效应的回归结果，具体如表 2 - 21、表 2 - 22、表 2 - 23 所示，其他的回归结果省略。

重新度量被解释变量后，从检验结果可知，控股股东股权质押对非效率投资存在显著的正向影响，与前文实证结果一致。机构投资者持股会抑制控股股东股权质押导致的非效率投资，符合前文的实证结果。在压力抵抗型机构投资者持股的情况下，控股股东股权质押显著抑制了非效率投资，而在压力敏感型机构投资者持股的情况下，其调节效应不显著，该检验结果与前文结果一致。控股股东股权质押对企业投资效率的负向影响在非国有企业组更为显著，而在国有企业组不显著，符合前文的实证结果。因此，本小节实证结果具有稳健性。

表 2 – 21　稳健性检验（1）

控股股东股权质押与企业投资效率的回归结果

变量	Invest	
	（1）	（2）
Pledgedum	0.011***	—
	(5.04)	
Pratio	—	0.031***
		(7.26)
Hold	0.023	0.023
	(1.52)	(1.48)
Mfee	− 0.016	− 0.018
	(− 1.11)	(− 1.23)
Tunnel	− 0.084***	− 0.087***
	(− 2.72)	(− 2.85)
ROA	− 0.005	0.004
	(− 0.25)	(0.21)
ROE	0.009	0.007
	(1.14)	(0.84)
TAT	− 0.005	− 0.006
	(− 1.25)	(− 1.57)
TobinQ	0.001	0.001**
	(1.24)	(2.13)
Year	控制	控制
Industry	控制	控制
Constant	0.031***	0.028***
	(4.89)	(4.39)
N	12186	12186

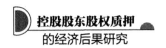
续表

变量	Invest	
	(1)	(2)
$R - squared$	0.214	0.233
$Adj - R^2$	0.213	0.232
F	56.52***	58.57***

注：***、**、*分别表示 1%、5% 和 10% 的显著水平，括号中的数字为双尾检验的 t 值。表 2-22、表 2-23 的注同此注。

表 2-22　稳健性检验（2）

控股股东股权质押对企业投资不足、过度投资的回归结果

变量	Overinv		Underinv	
	(1)	(2)	(3)	(4)
Pledgedum	0.006*** (2.88)	—	0.003*** (3.36)	—
Pratio	—	0.016*** (4.21)	—	0.006*** (4.48)
Hold	0.022 (1.47)	0.022 (1.46)	-0.007 (-1.27)	-0.007 (-1.26)
Mfee	-0.007 (-0.47)	-0.008 (-0.54)	-0.009 (-1.44)	-0.009 (-1.52)
Tunnel	-0.098*** (-3.26)	-0.099*** (-3.34)	0.030*** (2.66)	0.029*** (2.60)
ROA	-0.009 (-0.46)	-0.004 (-0.22)	0.002 (0.26)	0.004 (0.46)
ROE	0.020*** (2.63)	0.019** (2.47)	-0.008** (-2.32)	-0.008** (-2.40)
TAT	-0.012*** (-3.30)	-0.013*** (-3.45)	0.005*** (3.13)	0.005*** (3.00)
TobinQ	-0.000 (-0.21)	0.000 (0.27)	0.001*** (2.93)	0.001*** (3.34)
Year	控制	控制	控制	控制

续表

变量	Overinv		Underinv	
	(1)	(2)	(3)	(4)
Industry	控制	控制	控制	控制
Constant	0.020***	0.019***	0.015***	0.014***
	(3.30)	(3.06)	(6.44)	(6.27)
N	12186	12186	12186	12186
R − squared	0.215	0.220	0.214	0.218
Adj − R²	0.208	0.216	0.207	0.214
F	56.9***	58.75***	56.70***	57.52***

表 2 – 23　稳健性检验（3）

机构投资者持股的调节效应分析

变量	Invest	
	(1)	(2)
Pledgedum	0.008***	—
	(4.12)	
Pratio	—	0.016***
		(5.23)
Insti	− 0.065***	− 0.057***
	(− 8.90)	(− 8.56)
Pledgedum × Insti	− 0.066***	—
	(− 6.46)	
Pratio × Insti	—	− 0.157***
		(− 8.76)
Hold	0.026*	0.024
	(1.70)	(1.54)
Mfee	− 0.021	− 0.023
	(− 1.50)	(− 1.64)
Tunnel	− 0.083***	− 0.079***
	(− 2.81)	(− 2.71)

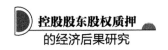
续表

变量	Invest	
	（1）	（2）
ROA	-0.006 （-0.31）	-0.000 （-0.02）
ROE	0.012 （1.50）	0.012 （1.51）
TAT	-0.005 （-1.24）	-0.005 （-1.42）
TobinQ	0.002*** （3.36）	0.002*** （4.23）
Year	控制	控制
Industry	控制	控制
Constant	0.029*** （4.61）	0.029*** （4.56）
N	12186	12186
$R-squared$	0.209	0.251
$Adj-R^2$	0.198	0.243
F	50.16***	62.19***

2.2.5.5 实证结论

本小节通过对控股股东股权质押与企业投资效率之间的关系进行实证分析，并检验机构投资者和产权性质的调节效应，提出了 4 个假设，并通过多元回归分析对所提假设进行了逐一验证。具体验证结果见表 2-24。

表 2-24 实证结果

假设内容	验证结果
假设（2-2-1）：控股股东股权质押会使企业的投资效率降低。	支持
假设（2-2-1a）：控股股东股权质押会使企业过度投资现象增加。	支持
假设（2-2-1b）：控股股东股权质押会使企业投资不足现象增加。	支持
假设（2-2-2）：机构投资者会缓解控股股东股权质押对企业投资效率的负向影响。且机构投资者持股比例越高，其作用效果越强。	支持

假设内容	验证结果
假设（2-2-3）：相较于压力敏感型机构投资者，压力抵抗型机构投资者对控股股东股权质押与企业投资效率二者之间负向关系的抑制作用更为显著。	支持
假设（2-2-4）：相较于国有企业，控股股东股权质押与企业非效率投资二者之间关系在非国有企业组更为显著。	支持

2.2.6 研究结论与启示

2.2.6.1 研究结论

①从投资效率、股权质押情况以及机构投资者发展情况的现状来看，我国上市公司存在投资效率普遍较低、上市公司控股股东股权质押比例较高、机构投资者持股比例不高等特点。

具体来看，我国上市公司普遍存在非效率投资情况，投资效率较低，且不同公司的投资效率存在较大差异。上市公司中存在投资不足问题的企业数量较多，但出现投资过度问题企业的投资效率更低，非效率投资情况更为严重。在股权质押方面，本节样本上市公司中有46%的控股股东存在股权质押行为，其中股权质押比例的最大值为1，说明该控股股东将其全部股权都进行了质押，表明我国控股股东存在高比例质押的情况，因此应当加强对高比例质押控股股东的限制与监管，避免造成不良的经济后果。关于机构投资者，我国上市公司总体上机构投资者持股份额不高，各企业机构投资者持股比例差异较大。在上市公司中相较于压力抵抗型机构投资者，压力敏感型机构投资者规模较小，很多企业不存在此类机构投资者，说明我国压力敏感型机构投资者有待发展。

②控股股东股权质押对企业投资效率存在负向影响，并且会导致上市公司投资过度或投资不足。

从控制权转移视角来看，股权质押后，控股股东担心股价波动，需要追加保证金，或是股价大幅下跌而导致控制权转移，因此其风险偏好和风险承受力均会发生变化，而这种变化可能会对控股股东在进行企业经营决策、投融资决策时的行为产生不利影响，导致投资效率的下降。一方面，控股股东风险承受力的下降，导致其在进行投资活动决策时过多地考虑风险因素而放弃宝贵的投资机会，造成投资不足；还可能为了保有一定数量的资金在股价下跌时用于稳定股价，使得公司不得不放弃一些具有投资价值的项目，造成投资不足。另一方面，控股股东为了维持股价的稳定，可能会通过并购、大量投资固定资产等方式扩张企业规模，吸引投资者投资，向其展现出企业可能存在良好的发展契机，进而导致投资过度。

从控股股东股权质押后的掏空动机视角来看，股权质押后，控股股东的控制权与现金流权分离，导致控股股东掏空动机增强，进而干预企业投资活动，造成企业非效率投资。一方面，控股股东为了谋取控制权私利，可能会干预企业投资活动，将资金投资于能使其自身获益而对上市公司而言投资回报率很低的投资项目，引发过度投资。另一方面，股权质押后，控股股东可能会占用公司资金，此种行为造成企业现金流的减少，可能会因资金短缺而错过收益可观的投资机会，引发投资不足。

③机构投资者持股比例对控股股东股权质押与企业投资效率之间的关系具有负向调节作用，且机构投资者持股比例越高，其负向调节作用越强。控股股东股权质押后，机构投资者能够积极发挥其治理效应，选择"用手投票"行使自己的权利，降低信息不对称程度，利用其规模优势和专业优势加强对企业各投资活动的监督和治理，从而抑制控股股东在股权质押后做出的非理性、非效率的投资决策，在一定程度上抑制控股股东股权质押对企业投资效率的负向影响。

④在探究机构投资者异质性调节作用的过程中发现，相较于压力敏感型机构投资者，压力抵抗型机构投资者更能抑制控股股东股权质押与企业投资效率之间的负相关关系。

压力抵抗型机构投资者与被投资企业存在利益较小的商业合作关系，以追求价值投资为目的，主要对企业进行长期投资，更关注于企业整体长期发展，因而更有动机积极参与内部治理活动监督上市公司，权衡最符合企业长远盈利的投资方案，抑制股权质押后控股股东对上市公司投资活动的不良干预，在上市公司做出不合理投资决策时施加影响，在一定程度上缓解股权质押对投资效率的不利影响。而压力敏感型投资者与被投资企业存在利益关联，在投资过程中以追求短期利益最大化为目的，导致其参与经营治理活动的积极性不高。为了不损害与被投资企业的商业合作，这类机构投资者会选择不对上市公司采取监督行为或较少的参与公司治理，因此对上市公司的监督治理作用不强，对控股股东股权质押与企业投资效率间关系的负向调节作用不显著。

⑤控股股东股权质押对企业投资效率的负向影响在非国有企业组更为显著，而在国有企业组不显著。相较于非国有企业，国有企业受到较强的政策监管，在进行股权质押的各个环节都面临着严格的审批。也就是说，国有企业股权质押的审批、转让等过程更复杂，面临着更多的监管和限制。并且在股价下跌时，可以得到金融机构或政府的支持，直至摆脱困境。因此国有企业股权质押后面临的控制权转移风险较小，此时控股股东为了规避控制权转移风险而干预企业财务活动的动机就越小，因此在国有企业中控股股东股权质押后对企业投资效率的负向影响也越小。

2.2.6.2　启示

（1）监管部门应制定和完善股权质押信息披露制度

控股股东质押其股权本是为了缓解融资约束，以获取资金用于投资活动。然而，控股股东股权质押对上市公司投资效率并无积极影响，反而导致了企业非效率投资的出现。股权质押后，大部分控股股东将资金用于自身，只有小部分控股股东将融得的资金用于上市公司，支持上市公司的发展。

披露控股股东股权质押融得资金的用途和流向，对于了解控股股东融资目的具有重要意义。现阶段对于控股股东股权质押行为的披露，上交所和深交所主要对以下两点做出明确要求：第一，当控股股东累计质押总额或发生额占上市公司总股本的比例达到5%后，控股股东应对以下基本情况如质押时间、质押期限、数量、解除质押情况、截至公告日持股情况等做出特别披露要求；第二，明确控股股东被质押股份出现平仓风险时，应当及时披露对公司控制权的影响、拟采取的措施，充分揭示相关风险，并持续披露进展情况。由此可见，现阶段并未对质押目的、质押资金流向等的披露做出明确的要求。

因此，监管部门首先应加强股权质押风险监管，防范与纾解质押风险，要求公司披露控股股东关于质押目的、资金最终用途、控股股东财务状况、偿还能力、控股股东与关联方之间的关联交易等信息，限制股权质押资金的不当用途，引导和规范股东股权质押行为，以保护其他投资者与质权人利益，稳定金融市场，促进实体经济发展。

（2）上市公司应完善公司内部治理机制，优化自身股权结构

控股股东进行股权质押后，会带来委托代理冲突、风险承受能力下降和信息不对称等问题，控股股东可能会通过其控制权对上市公司经营活动进行干预。控股股东的不当行为会使其他股东蒙受损失，上市公司应在做出重大决策时充分调动其他大股东或中小股东积极发挥其监督治理作用。

因此应充分调动公司内部监督治理力量，完善公司内部治理机制。通过前文的数据统计来看，目前我国部分上市公司的股权集中程度依然偏高，企业应该优化自身股权结构，解决上市公司内部监督缺失问题，通过适度降低股权集中度的方法来改善企业"一股独大"的局面。或可以构建一种由多个大股东共同持股的股权结构模式，使大股东之间形成有效监督和制约，使得控股股东股权质押后利用其控制权干预上市公司决策的行为得到抑制。还可以考虑设立专门风险管理委员会，定期考察存在股权质押行为的控股股东其资金流向、财务状况等。

（3）大力发展机构投资者，促进机构投资者多元化发展

机构投资者在企业中扮演的角色越来越重要，本节的**假设（2-2-2）**验证了机构投资者持股的治理效应，因此应大力发展机构投资者这一外部治理机制，积极发挥其监督治理作用。同时，异质性机构投资者对控股股东股权质押与投资效率之间的关系产生不同的调节作用，压力抵抗型机构投资者能够很好地发挥其监督治理效应，而压力敏感型机构投资者则不存在此种治理效应。

因此，当前阶段在利用机构投资者稳定市场运行的同时，应该进一步合理优化各类机构投资者的比例结构，促进压力抵抗型机构投资者的健康发展，让其在公司治理中发挥更大的效用，同时警惕某些压力敏感型机构投资者联合大股东侵害中小股东利益的行为。

第3章 控股股东股权质押与企业再融资：理论分析与实证检验

3.1 引言

据 Wind 数据库统计，截至 2020 年年底，1454 家上市公司发生控股股东股权质押，其中约 70% 的控股股东在 2019 年已存在股权质押。控股股东股权质押的连续性不仅说明控股股东对股权质押融资方式的青睐，也在一定程度上反映了控股股东或上市公司可能面临持续性的资金短缺问题。控股股东股权质押融入的资金中有 98% 投向出质方自身或其他第三方，仅有 2% 流入上市公司（陈若愚，2019），控股股东股权质押并未完全解决公司面临的资金问题，股权质押后被质押股权的公司仍需要通过其他融资方式来满足其资金需求。因股权质押后控股股东在上市公司中的投票权和控制权并未受到影响，控股股东仍能够直接或间接地影响公司的财务决策，但股权质押带来的控制权转移风险，会改变控股股东行为及财务决策的动机，进而对上市公司的再融资决策产生影响。股权融资作为企业资金的重要来源之一，控股股东股权质押是否会影响企业股权再融资决策，值得进一步研究。本章从上市公司融资决策的视角对控股股东股权质押的经济后果展开探讨，丰富了现有相关研究。

3.2 文献综述

随着股权质押在资本市场中的迅速发展，学者们就控股股东股权质押行为对企业财务决策及行为的影响展开研究，大多数研究是基于委托代理和控制权转移风险两个视角展开的。

从委托代理的角度。李旎等（2015）研究发现大股东进行股权质押融

资很大程度上可以缓解自身面临的融资约束问题。Yeh 等（2003）研究发现，质押行为进一步加深大股东的两权分离程度，激化大股东与中小股东之间的矛盾，股权质押会削弱公司激励和监督机制对控股股东行为的约束，增强控股股东谋求控制权私利的动机，进而侵占公司利益。Wang 等（2018）研究结果表明，控股股东股权质押会降低上市公司价值。"掏空"上市公司成为股权质押后大股东行为的主要动机之一。陈泽艺等（2018）研究表明，控股股东会利用手中的控制权将上市公司的资金占为己用。廖珂等（2018）和谢露等（2017）分别从股利政策和投资决策的角度来研究控股股东的机会主义行为。

从控制权转移风险的角度。李常青等（2018）认为股权质押后控股股东不仅有"掏空"动机，也存在规避控制权转移风险的动机。上市公司的控制权是一种稀缺资源，在股权质押期间，控股股东最关注的问题就是如何维持控制权的稳定性。为了规避股权质押后的控制权转移风险，王斌等（2013）研究发现，大股东会努力改善公司绩效，也有学者认为控股股东也会通过应计盈余管理、真实盈余管理、盈余平滑和信息披露管理等策略性管理行为来提升公司的市场形象，以降低股价崩盘的风险。以上学者的研究说明股权质押会改变控股股东的决策动机和公司的财务行为。

综上，现有文献主要研究了控股股东股权质押对上市公司投资、股利以及信息披露等财务行为的影响，探讨控股股东股权质押对公司再融资决策影响的研究鲜见。股权质押下上市公司融资行为很大程度上是控股股东意愿的反映，为了维护自身利益的最大化，控股股东很可能利用其控制权影响公司的融资决策。股权融资决策是企业的重要融资决策之一，本章将从股权融资规模的视角，就控股股东股权质押与企业再融资决策之间的关系进行研究。

3.3 研究假设

控股股东股权质押融入的资金只有少量流入上市公司，仅靠这部分资金很难满足公司的资金需求，上市公司仍需要通过外部融资来解决企业资金短缺的问题。已有研究表明，与债权融资相比，我国上市公司更倾向于选择股权融资方式。然而，股权融资会引发控制权稀释问题，可能会加剧股权质押后公司的控制权转移风险。在不同的股权质押比例下控股股东面临的控制权转移风险不同，控制权转移风险会使控股股东调整其行为动机，异化上市公司的行为。因此，根据股权质押比例的高低，控股股东会权衡股权融资可能带来的低成本收益和股权稀释风险来调整公司的股权融资规模。

当控股股东股权质押比例较低时，控股股东持有的剩余未质押股份能够满足股价下跌带来的追加担保和补充资金的需求，控制权转移风险较小。唐玮等（2019）研究表明控股股东股权质押后公司融资约束加剧，高伟生（2018）发现股权质押后公司可获得的银行贷款规模缩减，且期限结构趋紧。张雪莹等（2020）发现控股股东股权质押会推升企业的债券融资成本。基于降低融资成本和提高融资可获得性的考虑，上市公司可能会扩大股权融资规模来缓解融资约束。另外，何威风等（2018）认为控股股东股权质押会降低企业的风险承担水平，企业选择债务类的风险性融资模式可能性较低，而股权融资带来的持续稳定的资金不仅能够降低企业的财务风险，而且能提高企业未来的债务融资能力，从而降低股权质押行为给公司未来融资带来的不确定性。再者，控股股东股权质押会降低公司的信息透明度，这在一定程度上会激励投资者去挖掘企业信息来发现公司可能隐藏的风险，其中财务信息作为最直接的线索，更容易受到投资者的关注。在此情形下，如果公司进行大规模的债务融资更容易向市场传递出高流动性风险的负面信息，可能招致投资者抛售股票，这将导致股价下跌，加大控制权转移风险。因此，为了维持股价的稳定，股权质押后公司可能会主动调整资本结构，在外部融资决策中更倾向于扩大股权融资规模。

当控股股东股权质押比例较高时，控股股东没有足够的能力来化解股价下跌可能产生的平仓风险，其面临的控制权转移风险较大，控制权转移风险的变化会使控股股东调整公司的融资决策。首先，股权融资对进行了控股股东股权质押的企业来说并非全无风险，扩大股权融资规模可能会稀释控股股东的控制权，尤其当股权质押比例过高时，上市公司进行股权融资会加大控制权易主的风险。其次，现金流权对控股股东具有激励效应，控股股东的股权质押比例越高意味着控股股东的现金流权转移程度越高，控股股东能从股权融资未来产生的收益中获得较少的回报，但却要承担更大

的控制权转移风险，这会降低控股股东扩大上市公司股权融资规模的意愿。因此，当控股股东股权质押比例高于某一临界值时，股权质押比例与上市公司的股权融资规模呈负相关关系。综上所述，本章提出研究**假设（3-1）**。

假设（3-1）：控股股东股权质押比例与企业股权融资规模呈倒 U 形关系。

不同的产权性质下企业面临的融资环境存在差异，这会对上市公司的融资决策产生影响。相对于国有企业来说，非国有企业面临融资约束高、融资渠道窄等问题，较难通过获得银行贷款和政府补贴来满足其外部融资需求。随着控股股东股权质押比例的提高，银行等债权人会更关注大股东的道德风险和公司的控制权转移风险，通过提高债务融资成本、减少长期借款规模来降低到期资金无法收回的损失。此时，有融资需求的非国有企业更有动机扩大股权融资规模，以缓解企业因债务融资不足引发的资金压力，改变企业在融资市场上的被动状态。但当控股股东股权质押比例超过一定比例时，一旦公司的股价下跌触及平仓线，非国有企业的控股股东将面临被直接强制平仓的风险，国有企业的控股股东则不存在这种风险。高质押比例对非国有企业控制权稳定性的威胁更大，控股股东更倾向于降低股权融资规模以避免因控制权稀释而加剧控制权转移风险，这也意味着过高的质押比例对企业股权融资规模的抑制作用在非国有企业中更明显。因此，控股股东股权质押比例与股权融资规模的倒 U 形关系在非国有企业中更显著。综上所述，本章提出研究**假设（3-2）**。

假设（3-2）：控股股东股权质押比例与股权融资规模的倒 U 形关系在非国有企业中更显著。

控股股东股权质押与企业融资决策之间的关系除了存在产权异质性，也会受到公司控股水平的影响。控股股东进行股权质押意味着其面临融资约束，在此情形下，质权人因公司股价下跌至警戒线或平仓线而要求控股股东进行补仓时，控股股东更倾向于补充质押股份。在相对控股公司中，随着股权质押比例的增加，控股股东受限于持股比例较低，能够用于补充质押的股份较少，其通过控制权利用公司流动性资金来降低平仓风险的动机就更强烈。股权融资带来的持续性资金投入更能满足控股股东对公司流动性资金的要求，因而股权质押比例的增加会使控股股东更倾向于扩大股权融资规模。然而，如前文所述，控制权转移风险仍是影响控股股东在股权质押后进行融资决策的关键因素。相对控股公司中其他大股东是控制权的有力竞争者，当股权质押比例超过某一临界值，随之上升的控制权转移风险会在无形中增强其他大股东对控股股东控股地位的威胁，而扩大股权融资规模会进一步稀释控股股东的控制权，此时，股权质押比例的上升会使上市公司缩减股权融资规模。

相对而言，在绝对控股公司中，控股股东持股比例较高，其可以通过增加质押股份来缓解平仓风险，对公司流动性资金持有水平要求不高，故控股股东扩大股权融资规模的意愿不强。此外，股权融资产生的控制权稀释效应会动摇控股股东的绝对控股地位，从而进一步抑制其股权融资动机。因此，控股股东股权质押比例变化引起企业股权融资规模先增后减的现象在绝对控股公司中并不显著。综上所述，本章提出研究**假设（3 - 3）**。

假设（3 - 3）：控股股东股权质押比例与企业股权融资规模的倒 U 形关系在相对控股公司中更加显著。

3.4　研究设计

3.4.1　样本选择与数据来源

本章选取 2014—2018 年沪深 A 股上市公司为初始研究样本，以期末第一大股东是否存在股权质押为研究对象，股权质押的数据从 Wind 数据库获得，其他财务数据均从国泰安数据库获得。在初始样本中剔除金融保险业上市公司；剔除 ST 公司、＊ST 公司；剔除上市年限小于 1 年的公司；剔除净利润小于 0 和资产负债率大于 1 的公司；剔除数据缺失的公司，最终得到 11709 个有效观测样本。最后为了减少异常值的干扰，对所有连续变量进行 1% 和 99% 水平的 Winsorize 处理。

3.4.2　变量选取与定义

（1）被解释变量

股权融资规模（*Equity*）：本章借鉴吴华强等（2015）的指标衡量方

法，将股权融资规模定义为：（所有者权益账面价值增加额－留存收益账面价值增加额）/期初资产总额。

（2）解释变量

控股股东股权质押：本章参考李常青等（2018）的研究，用股权质押比例来衡量股权质押。控股股东股权质押比例（Pratio）用期末第一大股东股权质押的股数与其所持有的上市公司总股数的比值来度量，即 Pratio = 期末控股股东股权质押的股份/自身所持有的上市公司总股份。

（3）分组变量

①产权性质。本章按照公司属性将企业划分为国有和非国有两类，若上市公司为国有企业，则 SOE = 1，否则 SOE = 0。

②控股水平。本章按照控股股东持股比例来划分公司的控股水平，如果公司处于绝对控股状态时，则 CR = 1，否则 CR = 0。参考佟岩等（2010）的方法，将满足下列任一条件的公司界定为绝对控股公司：第一大股东持股比例大于50%；第一大股东的股权介于40% ~50%且第一大股东持股比例大于第二到第五大股东持股比例之和。

（4）控制变量

参考吴华强等（2015）、李斌等（2013）及其他学者的研究，本章引入公司规模、营业收入增长率、资产负债率、托宾Q值、总资产周转率、现金流量等对股权融资规模具有重要影响的因素作为控制变量，具体的变量定义如表3－1所示。

表3－1　变量定义

变量类型	变量符号	变量名称	变量定义
被解释变量	Equity	股权融资规模	［（当期所有者权益总额－上期所有者权益总额）－（当期盈余公积＋当期未分配利润－上期盈余公积－上期未分配利润）］/期初资产总额
解释变量	Pratio	控股股东股权质押比例（股权质押程度）	期末控股股东质押股份与自身所持有的上市公司的总股份的比值
分组变量	SOE	产权性质	国有企业为1，非国有企业为0
	CR	控股水平	控股股东处于绝对控股为1，否则为0

变量类型	变量符号	变量名称	变量定义
控制变量	Size	公司规模	当年期末总资产的自然对数
	Growth	营业收入增长率	（本期营业收入 – 上期营业收入）/上期营业收入
	Lev	资产负债率	期末负债总额/期末资产总额
	TobinQ	托宾 Q 值	市值/期末资产总额
	TAT	总资产周转率	营业收入/期末资产总额
	CF	现金流量	经营现金流量净值/资产总计
	Cash	货币资金	期末现金及现金等价物余额/资产总计
	ROA	总资产收益率	净利润/期末资产总额
	QOE	销售现金比	经营现金流量净值/当期营业收入
	Year	年份	年度虚拟变量
	Industry	行业	行业虚拟变量

3.4.3　研究模型

参考李常青等（2018）、柯艳蓉等（2019）的做法，本章建立多元回归**模型（3 – 1）**来检验控股股东股权质押比例对股权融资规模的影响。在**模型（3 – 1）**中，若股权质押比例的平方的系数 α_2 显著为负时，说明控股股东股权质押比例与企业股权融资规模呈倒 U 形关系，证明**假设（3 – 1）**成立。为研究不同产权性质和控股水平下控股股东股权质押对股权融资规模的影响，在**模型（3 – 1）**的基础上，根据是否为国有企业以及控股股东是否处于绝对控股地位进行分样本回归来验证**假设（3 – 2）**和**假设（3 – 3）**。

$$Equity_{it} = \alpha_0 + \alpha_1 Pratio_{it} + \alpha_2 Pratio_{it}^2 + \sum \beta \times Controls_{it} + \sum Industry + \sum Year + \varepsilon_{it}$$

模型（3 – 1）

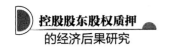
3.5 实证结果及分析

3.5.1 描述性统计分析

表 3 - 2 为本章主要研究变量的描述性统计。从表 3 - 2 可以看出，股权融资规模的均值为 0.064，最大值为 1.741，最小值为 - 0.262，标准差为 0.261，表明不同企业的股权融资规模存在显著差异。在 2014—2018 年，控股股东股权质押比例均值为 0.227，最大值为 1，最小值为 0，标准差为 0.332，说明上市公司控股股东股权质押比例也存在较大差异。其余重要变量的取值也在合理范围内，其中，产权性质的均值为 0.345，说明样本中 65.5% 的公司为非国有企业，34.5% 为国有企业。控股水平的均值为 0.334，说明样本中有 33.4% 的控股股东在上市公司中处于绝对控股状态。

表 3 - 2　描述性统计

变量	样本数	均值	标准差	最小值	最大值
Equity	11709	0.064	0.261	- 0.262	1.741
Pratio	11709	0.227	0.332	0	1
SOE	11709	0.345	0.475	0	1
CR	11709	0.334	0.472	0	1
Size	11709	22.317	1.28	20.031	26.23
Growth	11709	0.186	0.362	- 0.467	2.129
Lev	11709	0.416	0.198	0.059	0.863
TobinQ	11709	2.26	1.961	0.18	10.676
TAT	11709	0.591	0.397	0.072	2.358
CF	11709	0.055	0.229	- 11.16	7.034
Cash	11709	0.152	0.112	0.013	0.563
ROA	11709	0.068	0.048	0.003	0.249
QOE	11709	0.095	0.184	- 0.65	0.685

3.5.2　回归分析

表3－3为**假设（3－1）~假设（3－3）**的检验结果，检验了控股股东股权质押比例与股权融资规模之间是否存在非线性关系，以及在不同产权性质和控股水平下二者关系是否存在差异。

表3－3　控股股东股权质押对股权融资规模的影响

变量	Equity				
	假设（3－1）	假设（3－2）		假设（3－3）	
		国有企业	非国有企业	相对控股公司	绝对控股公司
Pratio	0.1062 ***	－0.0536	0.1245 ***	0.1374 ***	0.0382
	(4.0555)	(－1.2051)	(4.1078)	(4.2272)	(0.9204)
Pratio²	－0.0910 ***	0.0565	－0.1133 ***	－0.1247 ***	－0.0274
	(－3.0223)	(1.0465)	(－3.3716)	(－3.3731)	(－0.5714)
Size	0.0244 ***	0.0060 *	0.0370 ***	0.0320 ***	0.0110 ***
	(8.8838)	(1.7082)	(8.986)	(8.4778)	(2.7901)
Growth	0.1833 ***	0.0873 ***	0.2087 ***	0.2075 ***	0.0949 ***
	(14.7433)	(4.0224)	(14.2447)	(13.6607)	(6.0474)
Lev	－0.1269 ***	0.0253	－0.2092 ***	－0.1667 ***	－0.0161
	(－6.2127)	(0.8956)	(－7.2856)	(－6.4867)	(－0.5506)
TobinQ	0.0050 *	0.0059	0.004	0.0083 **	－0.0011
	(1.9504)	(1.2283)	(1.2472)	(2.5173)	(－0.3563)
TAT	－0.1178 ***	－0.0724 ***	－0.1463 ***	－0.1192 ***	－0.1140 ***
	(－11.2142)	(－5.3727)	(－9.4250)	(－8.8580)	(－6.9323)
CF	1.1040 ***	0.9150 ***	1.2290 ***	0.9961 ***	1.2686 ***
	(10.1103)	(4.8086)	(9.2157)	(7.6185)	(6.7391)
Cash	0.0494 *	0.0622	0.0494	0.0731 **	0.0185
	(1.771)	(1.4961)	(1.3596)	(1.9657)	(0.4625)
ROA	－0.5841 ***	－0.3981 ***	－0.6641 ***	－0.7089 ***	－0.2781 **
	(－7.4282)	(－2.7709)	(－7.0451)	(－7.1882)	(－2.1729)

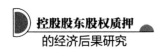
续表

变量	假设 (3-1)	假设 (3-2)		假设 (3-3)	
		Equity			
		国有企业	非国有企业	相对控股公司	绝对控股公司
QOE	-0.4391***	-0.3446***	-0.4906***	-0.4080***	-0.4803***
	(-10.9270)	(-5.5730)	(-9.3264)	(-8.2860)	(-7.3026)
Constant	-0.4524***	-0.1203	-0.7015***	-0.5836***	-0.2469***
	(-7.3729)	(-1.4697)	(-7.6636)	(-6.8919)	(-2.7806)
Year	控制	控制	控制	控制	控制
Industry	控制	控制	控制	控制	控制
N	11709	4040	7669	7797	3912
$adj-R^2$	0.1731	0.0934	0.2125	0.1827	0.1696

注：括号中的数字为双尾检验的 t 值，并经过公司层面聚类调整，***、**、* 分别表示在1%、5%、10%水平下显著。

在表3-3中针对**假设（3-1）**的回归结果可以看出，控股股东股权质押比例的平方（$Pratio^2$）与股权融资规模的回归系数为 -0.091 在 1% 的水平上显著，这说明控股股东股权质押比例与股权融资规模之间存在先增后减的倒 U 形关系，本章的**假设（3-1）**得以验证。通过计算，发现该关系的拐点约为 58.35%，这表明当股权质押比例低于 58.35% 时，控制权转移的风险在控股股东的可控范围内，随着控股股东质押比例的上升，基于低融资成本和低财务风险的考虑，企业的股权融资规模会随之增加。但当股权质押比例高于 58.35% 时，控股股东没有足够的能力来防止被强制平仓风险的发生，而股权融资又会进一步加剧控制权转移的风险，故随股权质押比例的上升，控股股东会降低股权融资规模以规避风险。

在表3-3中，根据**假设（3-2）**对国有企业和非国有企业两个子样本组进行分组回归，检验了不同产权性质下控股股东股权质押对上市公司股权融资规模的影响是否存在差异。从**假设（3-2）**的回归结果看出，在非国有企业中股权质押比例的平方的回归系数为 -0.1133 在 1% 的水平上显著，而国有企业中股权质押比例的平方的回归系数不显著。这说明控股股东股权质押比例与股权融资规模的倒 U 形关系在非国有企业中更显著，上述结果符合**假设（3-2）**的预期。另外，倒 U 形曲线的拐点出现的早晚意味着企业股权融资规模对股权质押比例容忍度的高低。根据**假设（3-2）**的结果可计算出控股股东的股权质押比例与非国有企业股权融资规模关系的拐点约为 54.94%，与全样本（58.35%）相差约 3.41%。这说明非国有企业在完全市场化的竞争下，控股股东将其股权进行质押会激化资本市场对公司"壳资源"的争夺，非国有企业的股权融资规模对股权质押比例的容忍度要低于一般企业。也就是说，非国有企业的高控制权转移风险降低了非国有企业股权融资规模对股权质押比例的容忍度，更早出现方向性逆转。

在表 3-3 中，**假设（3-3）**按控股股东的控股水平将总样本分为相对控股组和绝对控股组，检验在不同控股水平下控股股东股权质押对上市公司股权融资规模的影响是否存在差异。从**假设（3-3）**的回归结果可以发现，在相对控股公司中股权质押比例的平方的回归系数 -0.1247 在 1%的水平上显著，绝对控股公司中股权质押比例的平方的回归系数不显著，这表明控股股东股权质押比例与股权融资规模的倒 U 形关系在控股股东处于相对控股地位的上市公司中更显著，符合**假设（3-3）**的预期。根据**假设（3-3）**的结果可计算出控股股东的股权质押比例与相对控股公司股权融资规模关系的拐点约为 55.09%，比全样本（58.35%）降低了约 3.26%，这说明相对控股公司中的大股东在控制权争夺中并不具有明显优势，相对控股公司的股权融资规模对股权质押比例的容忍度低于一般企业，股权质押比例对股权融资规模的负面影响出现得更早。

3.5.3　稳健性检验

为了验证上述研究结论的可靠性，本章采用替换变量的方法进行稳健性检验：

（1）替换被解释变量

将股权融资规模（*Equity*）替换为所有者权益账面价值增加额与上期期末资产总额的比值（*Equity*1）。检验结果如表 3-4 所示，列（1）是控股股东股权质押与股权融资规模的关系的回归结果。列（2）、列（3）和

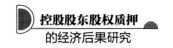

列（4）、列（5）分别是不同产权性质和控股水平下控股股东股权质押与股权融资规模的关系的回归结果。回归结果表明，控股股东股权质押比例与股权融资规模呈倒 U 形关系，且上述关系在非国有企业和相对控股公司中更显著。

表 3－4　替换被解释变量的回归结果

变量	Equity1				
	全样本 （1）	国有企业 （2）	非国有企业 （3）	相对控股公司 （4）	绝对控股公司 （5）
$Pratio$	0.1382***	0.0536	0.1245***	0.1374***	0.0382
	（4.4186）	（1.2051）	（4.1078）	（4.2272）	（0.9204）
$Pratio^2$	−0.1392***	0.0565	−0.1133***	−0.1247***	−0.0274
	（−3.9538）	（1.0465）	（−3.3716）	（−3.3731）	（−0.5714）
$Size$	0.0169***	0.0060*	0.0370***	0.0320***	0.0110***
	（5.0038）	（1.7082）	（8.9860）	（8.4778）	（2.7901）
$Growth$	0.2009***	0.0873***	0.2087***	0.2075***	0.0949***
	（14.1483）	（4.0224）	（14.2447）	（13.6607）	6.0474
Lev	−0.2501***	0.0253	−0.2092***	−0.1667***	−0.0161
	（−11.6487）	（0.8956）	（−7.2856）	（−6.4867）	（−0.5506）
$TobinQ$	−0.0025	0.0059	0.0040	0.0083**	−0.0011
	（−1.0390）	（1.2283）	（1.2472）	（2.5173）	（−0.3563）
TAT	−0.1177***	−0.0724***	−0.1463***	−0.1192***	−0.1140***
	（−11.0169）	（−5.3727）	（−9.4250）	（−8.8580）	（−6.9323）
CF	100.0687***	91.4957***	122.9037***	99.6124***	126.8587***
	（9.1058）	（4.8086）	（9.2157）	（7.6185）	（6.7391）
$Cash$	0.0717**	0.0622	0.0494	0.0731**	0.0185
	（2.1486）	（1.4961）	（1.3596）	（1.9657）	（0.4625）
ROA	0.4833***	−0.3981***	−0.6641***	−0.7089***	−0.2781**
	（5.2562）	（−2.7709）	（−7.0451）	（−7.1882）	（−2.1729）

变量	Equity1				
	全样本（1）	国有企业（2）	非国有企业（3）	相对控股公司（4）	绝对控股公司（5）
QOE	− 0.4114 ***	− 0.3446 ***	− 0.4906 ***	− 0.4080 ***	− 0.4803 ***
	（− 9.8639）	（− 5.5730）	（− 9.3264）	（− 8.2860）	（− 7.3026）
Constant	− 0.1787 **	− 0.1203	− 0.7015 ***	− 0.5836 ***	− 0.2469 ***
	（− 2.3740）	（− 1.4697）	（− 7.6636）	（− 6.8919）	（− 2.7806）
Year	控制	控制	控制	控制	控制
Industry	控制	控制	控制	控制	控制
N	11709	4040	7669	7797	3912
$adj - R^2$	0.1710	0.0934	0.2125	0.1827	0.1696

注：括号中的数字为双尾检验的 t 值，并经过公司层面聚类调整，***、**、* 分别表示在1%、5%、10%水平下显著。

（2）替换解释变量

将控股股东股权质押比例（Pratio）替换为控股股东股权质押股份占上市公司总股份的比例（Prate），检验结果如表3-5所示，回归结果仍支持本章的研究假设。因此，本章的研究结论具有稳定性。

表3-5 替换解释变量后的回归结果

变量	Equity				
	全样本（1）	国有企业（2）	非国有企业（3）	相对控股公司（4）	绝对控股公司（5）
Prate	0.2941 ***	− 0.07	0.2786 ***	0.4078 ***	0.1282
	（5.0325）	（− 0.6414）	（4.0404）	（4.4793）	（1.4035）
$Prate^2$	− 0.7878 ***	− 0.0318	− 0.7399 ***	− 1.2517 ***	− 0.3024
	（− 5.0770）	（− 0.1004）	（− 4.1923）	（− 4.0244）	（− 1.3807）
Size	0.0242 ***	0.0059 *	0.0374 ***	0.0319 ***	0.0109 ***
	（8.8205）	（1.6886）	（9.0622）	（8.4446）	（2.7527）
Growth	0.1836 ***	0.0870 ***	0.2084 ***	0.2075 ***	0.0952 ***
	（14.7935）	（4.0107）	（14.2214）	（13.6797）	（6.0672）

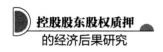
续表

变量	Equity				
	全样本 （1）	国有企业 （2）	非国有企业 （3）	相对控股公司 （4）	绝对控股公司 （5）
Lev	− 0. 1243 ***	0. 0275	− 0. 2053 ***	− 0. 1664 ***	− 0. 0136
	（ − 6. 0582 ）	（0. 9714）	（ − 7. 1103 ）	（ − 6. 4484 ）	（ − 0. 4624 ）
TobinQ	0. 0050 *	0. 006	0. 0039	0. 0082 **	− 0. 0011
	（1. 9354 ）	（1. 2467）	（1. 23）	（2. 476）	（ − 0. 3540 ）
TAT	− 0. 1186 ***	− 0. 0727 ***	− 0. 1468 ***	− 0. 1198 ***	− 0. 1144 ***
	（ − 11. 2944 ）	（ − 5. 4026 ）	（ − 9. 4647 ）	（ − 8. 8981 ）	（ − 6. 9565 ）
CF	110. 4776 ***	91. 6090 ***	123. 1238 ***	99. 7991 ***	126. 8003 ***
	（10. 1217 ）	（4. 8135 ）	（9. 2377 ）	（7. 6302 ）	（6. 74）
Cash	0. 0473 *	0. 0628	0. 048	0. 0711 *	0. 0181
	（1. 6961 ）	（1. 51）	（1. 3215 ）	（1. 9123 ）	（0. 4518 ）
ROA	− 0. 5790 ***	− 0. 3969 ***	− 0. 6618 ***	− 0. 7000 ***	− 0. 2780 **
	（ − 7. 3843 ）	（ − 2. 7644 ）	（ − 7. 0436 ）	（ − 7. 1325 ）	（ − 2. 1702 ）
QOE	− 0. 4403 ***	− 0. 3452 ***	− 0. 4931 ***	− 0. 4092 ***	− 0. 4804 ***
	（ − 10. 9541 ）	（ − 5. 5807 ）	（ − 9. 3764 ）	（ − 8. 3005 ）	（ − 7. 3111 ）
Constant	− 0. 4497 ***	− 0. 1195	− 0. 7097 ***	− 0. 5812 ***	− 0. 2456 ***
	（ − 7. 3082 ）	（ − 1. 4615 ）	（ − 7. 7207 ）	（ − 6. 8564 ）	（ − 2. 7562 ）
Year	控制	控制	控制	控制	控制
Industry	控制	控制	控制	控制	控制
N	11709	4040	7669	7797	3912
adj - R^2	0. 1729	0. 0936	0. 2119	0. 1823	0. 1695

注：括号中的数字为双尾检验的 t 值，并经过公司层面聚类调整，*** 、** 、* 分别表示在 1% 、5% 、10% 水平下显著。

3.6　研究结论与启示

本章采用 2014—2018 年沪深 A 股上市公司为研究样本，探讨了控股股东股权质押与企业股权融资规模之间的关系，得到以下结论。

首先，控股股东股权质押比例与股权融资规模呈倒 U 形关系，这说明控股股东会根据不同的质押比例调整股权融资规模。当质押比例低于临界值（58.35%）时，控股股东会促使上市公司扩大股权融资规模。其原因主要如下，其一，股权质押后上市公司的股权融资成本可能低于债务融资成本；其二，扩大股权融资规模能够降低财务风险，增强了对股权质押企业的投资吸引力；其三，股权融资能够降低股权质押企业未来融资的不确定性，推动公司稳定发展。而当质押比例高于临界值（58.35%）时，股权质押会抑制企业的股权融资规模。一方面是由于股权融资产生的控制权稀释效应会加剧高质押比例控股股东的控制权转移风险；另一方面是因为高质押比例会加大现金流权的分离程度，控股股东从企业股权融资中获得较低比例的共享收益，却需要承担较高的控制权转移风险。

其次，因存在产权异质性和控股水平差异，控股股东股权质押比例与上市公司股权融资规模的倒 U 形关系在非国有企业和相对控股公司中更显著。同时，非国有企业中倒 U 形关系的临界值为 54.94%，相对控股公司中倒 U 形关系的临界值为 55.09%，均低于全样本的 58.35%。究其原因，是股权质押后非国有企业和相对控股公司面临的控制权转移风险较高，使得这两类公司的股权融资规模对股权质押比例的容忍度要低于一般企业。

本章的研究结论对控股股东股权质押后公司的股权融资决策具有一定的启示意义。

第一，为了缓解控股股东股权质押后出现的公司融资困境，上市公司进行股权融资成为一种相对可行且适宜的再融资选择，股权融资带来的持续性资金投入能够提高上市公司的现金持有水平，降低控股股东股权质押后由于资金短缺产生的控制权转移风险。

第二，考虑到控股股东股权质押比例对控制权转移风险的影响，上市公司应根据不同水平的质押比例来调整股权融资规模。本章的研究结论表明，当控股股东股权质押的比例低于 58.35% 时，上市公司可以扩大股权融资规模来缓解企业融资困境。非国有企业和相对控股公司在进行股权融资决策时应该调低对控股股东股权质押比例的容忍度，加强防范高质押比例可能带来的控制权转移风险。

第三，控股股东股权质押会加大上市公司尤其是非国有企业从银行获得贷款的难度，相比之下，上市公司会倾向于选择股权融资，但过高的股权质押比例也会抑制公司的股权融资规模。从长远来看，控股股东股权质押公司仅进行了股权融资并不能解决公司的资金需求问题，最根本的解决之道应是上市公司提高公司效益及信誉来获取债权人和投资者的信赖，监管部门规范股权质押行为以增强市场信心，进而拓宽企业融资渠道和降低企业融资成本。

第4章 控股股东股权质押与现金持有水平：理论分析与实证检验

4.1 引言

现金持有决策是公司财务决策的重要内容。作为公司最具流动性的资产，现金能为公司的持续经营和发展注入源源不断的"血液"，现金持有决策关系到公司未来投资规模、融资方式以及股利分配模式等一系列财务行为的选择。公司必须保留一定的现金持有量，以维持日常经营活动的开展和投资项目的运行，然而在实际的公司运作过程中，大股东很有可能通过干预现金持有量的多少来操纵公司的财务决策。虽然现金持有决策由管理层直接制定，但公司管理层大多由股东大会任命，其做出的现金持有决策通常体现的是大股东意愿。一方面，由于存在壕沟效应，大股东可能通过资金占用来侵占中小股东利益；另一方面，考虑到融资约束和未来不确定性，控股股东可能会使上市公司保持高额的现金持有水平。若一个公司持有的现金低于正常的现金持有量，一旦出现现金危机和资金链的断裂，企业将面临破产风险。相反，若一个公司持有的现金高于正常的现金持有量，那么公司将要承担因过多持有现金而产生的机会成本。由此可见，公司的现金持有量过多或过少都不利于公司的发展。考虑到股权质押后存在潜在的控制权转移风险，控股股东会变更其行为模式及财务决策，具体体现为对公司投融资决策、股利分配政策或资本运作手段等方面的调整，上述调整会进一步作用于公司的现金持有政策。因此，本章基于超额现金持有水平的视角，探析控股股东股权质押对上市公司财务决策的影响，研究控股股东的股权质押行为是否会影响公司现金持有水平的合理性。

本章结合公司治理特征，考察控股股东股权质押是否会对上市公司的

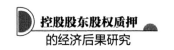

超额现金持有水平产生影响，以期进一步揭示控股股东股权质押对上市公司现金持有决策影响的内在逻辑，即控股股东股权质押是否会影响上市公司现金持有决策中预防性动机和代理动机，进而作用于超额现金持有水平。本章的研究有助于丰富现有对控股股东股权质押经济后果的认知。

（1）丰富控股股东股权质押对公司财务行为影响的研究内容

现有关于控股股东股权质押与上市公司现金持有决策方面的影响主要从现金持有量的方面展开，而未考虑到现金持有的合理性。本章从超额现金持有水平的视角，研究控股股东股权质押对上市公司现金持有决策合理性的影响，并讨论不同的公司治理特征下，股权质押后控股股东会出于何种动机干预公司的现金持有决策，丰富关于控股股东股权质押经济后果的相关研究。

（2）拓展关于上市公司超额现金持有影响因素的研究

不同公司之间的现金持有量会由于公司的所处行业性质以及自身经营状况的不同而存在明显差异，直接对公司现金持有水平进行比较可能有违可比性原则。相对于公司实际的现金持有量，由公司自身特点所决定的目标现金持有水平之外的超额现金持有量，更能准确、客观地反映出公司的治理水平和经营效率的高低。现有众多关于超额现金持有水平的研究，主要从股权结构、融资约束和市场竞争等角度展开，但鲜有文献以控股股东股权质押为研究视角展开探讨。本章的研究结论能够揭示控股股东股权质押情形下我国上市公司现金持有的合理性，并丰富上市公司现金持有决策影响因素的相关研究。

（3）对外部投资者和监管部门等外部利益相关者具有一定的借鉴意义

目前我国资本市场上仍存在法律制度建设不完善、投资者权益保护不到位等问题，上市公司如何合理地持有现金和使用现金，成为外部利益相关者关注的重要问题。本章通过探究控股股东实施股权质押行为后如何影响上市公司的超额现金持有水平，增强投资者和监管部门对公司现金持有行为的识别和监督能力。

4.2　理论基础与文献综述

4.2.1　理论基础

（1）现金持有动机

现金持有动机最早可以追溯到 20 世纪 30 年代，凯恩斯在《就业、利息和货币通论》一书中提出的货币需求理论。货币需求理论认为，企业持有现金的动机包括交易性动机、预防性动机及投机性动机。交易动机是指公司为了维持企业日常经营活动而持有一定量资金的动机，这种动机是由交易活动中收入和支出的金额和时间存在差异导致的。预防性动机是指企业为了应对未来发展过程中可能存在的不确定性和风险而持有一部分现金的动机。预防性货币需求一方面与企业的现金流量的大小及稳定性有关；另一方面还与企业现金持有决策者的心理偏好有关，如风险规避型决策者更偏向于持有较多的现金，而风险偏好型决策者更倾向于使公司保持较低的现金持有水平。投机性动机是指企业为了能够迅速、有力地抓住市场上优质的投资机会以获取更多收益而将大量资金留存在公司的动机，该动机的大小与企业面临的投资机会和决策者风险偏好有关。随着现金持有动机理论相关研究的不断深入，目前学者们普遍认为上市公司现金持有决策主要基于交易性动机、预防性动机和代理动机。国内对现金持有问题的研究表明，我国上市公司现金持有动机主要是预防性动机和代理动机。现金持有的代理动机源于 Jensen（1986）的自由现金流代理成本假说，管理层将较多的现金留存在公司内部，能够为其稳固职位增加更多的谈判资本。另外，管理层也可能为了实现自身私利的最大化，构建"商业帝国"和提高个人津贴或在职消费水平而大量挥霍现金资产，从而降低上市公司的现金持有水平。

本章认为，控股股东股权质押后上市公司股价变化与控制权稳定性之间的关联性更强，为了巩固其控股地位，控股股东会通过一系列的策略性管理手段来维持股价稳定，而这些管理运作手段的实现离不开大量的资金支持。考虑到股价波动影响的是全体股东的权益，控股股东不仅会利用其个人资金来进行资本运作，更可能通过将大量的现金资产留存在公司中，以备未来的调整管理之需。同时，股权质押后控股股东为了赢得管理层的配合，会降低对管理层的监督，甚至与之合谋，此时管理层趁机挥霍公司资金来谋求私利的动机更明显，持有现金来稳固职位的倾向会降低。在代理动机作用下，管理层对上市公司必要的现金需求管理弱，导致上市公司现金持有水平偏低。

（2）超额现金持有水平

Opler 等（1999）、Dittmar 等（2003）、辛宇和徐莉萍（2006）、张亮亮和黄国良（2014）及其他学者提出，超额现金持有水平是指企业实际现金持有水平与其目标现金持有水平的偏离程度，即企业现金持有水平高于或者低于目标现金持有水平的那部分。由于不同的企业之间外部市场环境、行业性质、内部治理模式和自身经营特征等因素存在差异，单纯地比较企业的现金持有水平不符合信息可比性原则的要求。在超额现金持有水平的计算过程中，首先根据公司的特征、财务状况及行业标准估算出企业的目标现金持有水平，再根据实际现金持有水平与估算的目标现金持有水平之间差额的绝对值来表示超额现金持有水平，这能有效解决各企业之间现金持有量缺乏可比性的局限，体现实证研究中选择这一指标的恰当性。如果公司的实际现金持有量减去目标现金持有量大于零，则表示公司留存过多现金，相反，若公司的实际现金持有量减去目标现金持有量小于零，则表示公司缺乏现金。现有文献大多选取公司实际现金持有量中高于目标现金持有水平的部分作为超额现金持有水平的研究对象，关于现金不足这一异常的现金持有行为的研究较少。

本章运用超额现金持有水平这一变量，并且考虑企业可能存在现金冗余和现金不足两种低效率现金持有行为。

（3）权衡理论

Kraus 和 Litzenberger（1973）首次提出权衡理论，Opler 等（1999）将其运用于现金持有水平的研究中。权衡理论认为，企业的现金持有既存在收益，也存在成本。现金持有的收益主要包括以下四个方面：①公司持有现金可以减少其进行外部融资的频率和规模，进而降低融资成本；②公司保有一定量的现金持有能使其有足够的能力避免陷入因外部融资困难、内部现金不足而被迫放弃投资机会的困境；③现金持有能够极大地降低企业发生财务困境的可能性；④现金持有可以帮助公司避免通过清算资产来满足日常性现金支付需求。现金持有的成本包括现金资产收益率较低带来的损失以及现金持有过多造成的较高机会成本等方面。最佳的现金持有决策是合理权衡现金持有收益与成本的结果，当现金持有的边际成本等于现金持有的边际收益时，企业的现金持有水平处于最优状态。

基于权衡理论，企业应当以实际经营的流动性需求为依据，做出理性的现金持有决策。公司并不是持有现金越多越好，过多的现金留存在公司内部会导致大量资金闲置，抑制企业资金使用效率的提升，而且如果公司的治理水平不高，过多持有现金意味着经理人在日常经营决策中的资本控制权增强，加大股东的监督难度和成本，进一步诱发代理问题。公司可以通过分红、投资或创新活动等方式来降低现金持有水平，增强公司发展潜力。当然，现金持有水平过低也会导致公司难以把握合适的投资机会和维持日常的资金周转，甚至会由于现金持有水平的大幅降低而导致公司财务风险迅速增加。控股股东的股权质押行为会影响控股股东的风险容忍度，影响公司未来融资成本和融资约束的高低，导致控股股东干预公司的现金持有水平，使得股权质押后公司的现金持有水平并非是综合权衡现金持有成本和权益的最佳决策。

（4）委托代理理论

委托代理理论最早是由 Berle 和 Means（1932）提出的，随后由 Jensen 和 Meckling（1976）等学者不断深入研究，使其更加全面系统。委托代理理论是研究企业超额现金持有问题的重要理论依据。该理论认为，随着公司经营权和所有权分离程度不断加大，公司股东通过选拔聘用职业经理人作为公司的代理人，并委托经理人利用其专业知识和能力对公司的经营活动进行管理。这表明经理人拥有足够的经营决策权限，但却拥有很少或不拥有所有权，所有者和代理人之间追求的目标可能存在差异，二者之间会出现利益冲突。在理性经济人假设下，代理人为了实现自身利益最大化会牺牲委托人的利益。因此，在委托代理关系下，经理人有动机利用职位权限将过量现金留存在公司内部，为其今后变相挪用资金实现私有收益或利

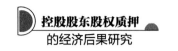

用现金资产增加职位谈判资本提供可操作空间。同时，经理人也会为了实现短期业绩提升、赢得社会声誉或构造商业帝国，忽视投资收益率和回收期等因素，一味地追求扩大投资规模，甚至投资一些净现值为零的项目或者盲目进行并购活动，使得上市公司现金持有水平降低。

随着公司股权规模的不断变化，委托代理问题还反映在大股东与中小股东之间，尤其是在股权结构较为集中的公司中更明显。如果公司存在绝对控股或相对控股的大股东，那么控股股东有能力和动机去进一步监督和约束经理层行为，促使经理层做出规范合理的经营决策。此时，公司中大股东与中小股东之间的利益冲突成为主要内部代理问题。一方面，大股东与中小股东之间持股比例的差异决定了不同类别的股东对公司决策影响力大小的不同。大股东作为公司实际控制权的所有者，公司的经营决策通常是其意志的体现，其有能力和动机影响公司的财务决策来实现私人利益，而中小股东由于对公司决策影响力较小，其"搭便车"的行为和动机更明显，很少利用手中的权力或联合其他中小股东的力量去参与公司决策或监督大股东行为，导致自身的利益容易受到大股东的侵占。另一方面，持股动机的不同造成其所负担的成本存在差异。中小股东持股更多体现为单纯地追求相应的股票收益，在公司经营管理和管理层监督等方面付出的精力和成本较少，当不满意公司发展状况时可以通过"用脚投票"的方式退出。经营管理的投入和监督管理层的成本主要由大股东负担，为了实现自身利益最大化，大股东更加追求获得除股票收益之外的收益，因此，大股东往往会通过其他途径来实现成本与收益的平衡。上述原因都会增强大股东干预公司现金持有决策的动机，大股东会行使支配权随意占用资金，不合理转移公司资源，减少公司现金持有量。

综合来看，管理层和大股东的代理动机均可能导致上市公司的现金持有水平偏离公司的最优现金持有水平，产生超额现金持有问题。

（5）融资优序理论

在公司日常经营活动中，不同的主体对公司信息完整性和真实性的掌握程度存在差异，即公司的内部管理者与外部投资者存在信息不对称。管理者和大股东作为公司信息发布的决策者，更加了解公司的真实情况和内部信息，如公司真实的盈亏状态、投资项目的收益和风险情况等，而外部投资者和债权人作为公司信息的接收者，在信息传递过程中处于相对的劣势地位，他们很难全面、准确地收集到与公司经营和投资状况相关的信息。当公司进行股权融资时，外部投资者在投资时想确保期望报酬率的实现，会要求在购入股票时得到一定的价格折扣，并期望在未来获得更多的投资回报，从而使企业利用股权融资方式获得的资金使用成本增加；当公司进行债务融资时，企业需要面临较为严格的融资门槛和审批流程，且债权人为了降低公司的债务违约风险，会要求企业支付较高的资金使用费，从而使企业债务融资成本升高。在此基础上，Myers 和 Majluf（1984）提出了融资优序理论，认为企业的内部融资成本低于外部融资成本。为了实现加权平均资本成本最低，企业在进行融资决策时，应当先进行内部融资，其次是外部融资，在外部融资中先债权融资后股权融资。在实际经营过程中，许多企业会因此保持较高的现金持有量以降低未来融资成本或避免筹资不足，从而放弃一些有价值的投资机会和项目，最终损害公司价值。

控股股东进行股权质押后，出于"掏空"或规避控制权转移风险的动机，控股股东会利用手中的控制权影响上市公司的财务行为，导致公司与外部资金提供者之间的信息不对称程度加深。此时外部资金提供者会要求更高的风险溢价，使得企业的外部融资成本和融资难度增加，进而加剧企业面临的外部融资约束。在此情形下，企业内部积累的留存收益，既无须支付使用费用，也无须承担价值被市场低估的成本，能够大大降低企业的融资成本。因此，股权质押后控股股东更倾向于使上市公司持有更多的资金，以降低未来的外部融资需求和平均资本成本。

4.2.2　文献综述

4.2.2.1　超额现金持有的相关研究

近年来，现金持有决策合理性问题受到学术界的广泛关注，刘井建等（2018）认为，超额现金持有水平能够反映公司现金持有的合理性。目前，关于超额现金持有主要基于两种不同的动机：预防性动机和代理动机。预防性动机认为，一方面，由于信息传递过程中内部管理者和外部投资者所处地位并不对等，使得公司通常面临较高的融资约束，进行外部融资时付出的成本远高于内部融资成本，为了减少由于信息不对称而造成的融资成本上升，公司往往会通过保持高额现金持有量来均衡未来资金的使用成本。另一方面，当企业面临不确定的外部环境时，公司更倾向于保持高额现金来降低未来出现资金链断裂的危机，也能更好地抓住投资时机。代理动机认为，现代企业的所有权与经营权所分离，公司中普遍存在着管理层与大股东以及大股东与中小股东这两类代理问题。当所追求的利益目标存在差异时，管理层或大股东会通过占用或挥霍上市公司现金来满足其机会主义动机，从而降低上市公司的现金持有水平。以下将分别介绍预防性动机和代理动机下企业超额现金持有行为的研究情况。

（1）预防性动机下超额现金持有研究

现有关于预防性动机的现金持有行为主要基于融资约束视角展开。Lins 等（2010）提出现金的预防性需求有两种类型，分别是为顺境准备的现金（意料之外的投资机会）和为逆境准备的现金（意料之外的现金流量不足）。Martínez 等（2018）和 La Porta 等（2019）分别利用西班牙中小企业和欧洲中小企业为研究样本，研究结果表明企业可以通过增加现金持有量来提高财务灵活性，提高未来应对意外支出或投资机会的能力，支持了公司增持现金的预防性动机。Iskandar 等（2014）和 Yu 等（2015）研究发现，公司的融资约束程度与现金持有水平存在正相关关系，融资约束程度越高的公司持有高额现金量的现象越明显，Vijayakumaran 等（2018）的实证研究也得出类似的结论，并且还进一步发现现金波动幅度越大，上市公司持有大量现金的动机越显著。Brick 和 Liao（2017）从债务期限的角度考虑了未来资金需求对现金持有动机的影响，研究发现债务期限越长，公司未来面临的现金支出规模越大，债务期限与现金持有量之间存在正相关关系。仇冬芳等（2017）研究发现，当环境不确定性引起企业外部融资成本增加和融资约束加剧，企业会增加现金持有量来规避财务风险并保证有效投资。谭艳艳等（2013）以融资优序理论为基点，研究公司的融资约束对超额现金持有量的影响，结果表明超额现金持有水平会随着融资约束程度的上升而提高。周伟、谢诗蕾（2007）也发现融资优序理论更符合超额现金持有的预防性动机，而彭桃英和周伟（2006）提出通过降低融资成本和增加投资渠道才能从根源上提高资金的使用效率，支持了权衡理论。

也有部分学者分别从管理者特征和外部环境等其他因素展开研究。从管理者特征来看，Huang 等（2016）研究发现，乐观型的管理者对现金持有量的预防性需求少于非乐观型的管理者，他们能够将积累的现金用来扩大资本支出和对外收购，也会在不利条件下节省更多的现金。朱焱和邢路杰（2019）研究表明，具有学术经历的高管更加关注现金的预防性作用，持有更多的现金以迅速有效地应对企业面临的各种不确定的经营风险。Hill 等（2014）研究发现，具有较强政治联系的公司预防性动机较弱，公司持有的现金余额较低。楚有为（2019）研究发现，当公司实行激进的战略决策时，上市公司出于预防性动机会持有大量的现金，此时代理动机不明显。陈三可和赵蓓（2019）研究发现，高研发投入企业现金持有的预防性动机更强烈。从公司外部环境来看，张光利等（2017）、王义中和袁珺（2017）、余靖雯等（2019）研究发现，当政策不确定性提高时，企业会提高现金持有水平以应对未来的不确定性。白旻等（2018）从股价崩盘风险的角度，验证了公司储备现金的需求是出于预防性动机。汪琼等（2020）研究发现，如果公司所在地的市场竞争程度加剧，公司出于预防性动机，会策略性地增加现金持有。

（2）代理动机下超额现金持有研究

委托代理问题是造成超额现金持有现象的关键理论，Gleason 等（2017）指出，公司超额现金反映了投资者和管理者之间的代理问题。现有文献主要研究了公司中两类代理问题对现金持有的影响，一类是管理层与股东之间的代理冲突，一类是大股东与中小股东之间的代理冲突。

管理层的代理动机会影响上市公司的现金持有决策。一方面，基于"自由现金流假说"，管理者倾向于将大量现金留存在公司内部是为了实现稳固职位、谋求私利等个人动因。Jensen（1986）提出了自由现金流理论，在此前提下分析了管理层持有超额现金的动机是为了追求自身利益最大化，Frésard 和 Salva（2010）探究了企业的公司治理水平如何影响公司的超额现金持有行为，管理层容易将其公司的现金持有量转化为私人收益，提高上市公司的超额现金持有水平。Mama（2016）、钱爱民和张晨宇（2017）认为现金利用效率会随着现金持有量的增加而降低，管理层持有超额现金是为了后期进行寻租行为。另一方面，基于"耗散假说"，冯科等（2019）研究发现，管理层存在滥用现金的偏好，倾向于将现有资金和额外产生的现金流用于在职消费、打造商业帝国等，使得公司持有的现金量低于最优水平的要求，产生现金短缺现象。马金城等（2017）研究发现，当管理层权力较大时，上市公司更容易出现过度并购行为，这一现象与管理层非理性地使用公司的自由现金流量密切相关。孙进军和郑荣年（2019）研究发现，年龄较大的高管更偏好于高风险投资，利用扩大投资消耗现金的动机更明显。管理层行为能够直观反映出公司治理水平，Iskandar（2014）、Chang（2017）提出公司治理水平越弱，管理层挥霍上市公司现金的动机越强，出现过度投资的可能性越大。

大股东的代理动机也会作用于上市公司的现金持有水平，Shleifer 和 Vishny（1997）研究结论表明，大股东为了追求私利会以牺牲中小股东利益为代价，利用其手中的控制权或较大影响力来侵占公司利益。现金作为可操纵性最强的资产，容易演变为大股东利益侵占的工具，唐婧清等（2016）研究发现，当非国有企业的股权结构为独裁型时，大股东的"掏空"与"支持"动机会显著增强，该体制下公司的现金持有水平较低。Hu 等（2020）、黄冰冰和马元驹（2018）、武晓玲等（2012）基于大股东的代理动机，研究了大股东控股程度对公司现金持有量的影响，发现控股程度越高，公司的现金持有水平越低，且这种负相关关系在非国有企业中更显著。而 Vazquez（2018）则发现绝对控股的大股东更倾向于使上市公司保持超额现金持有，从而为其谋求控制权私利提供机会。李维安和戴文涛（2013）也发现控股股东与中小股东的代理冲突会增强上市公司持有高额现金的动机，目的也是为了进行利益侵占。

如何降低代理问题对公司现金持有水平的影响，Amess 等（2015）提出如果公司的超额现金持有行为是高管代理动机的一种体现，那么可以通过设计和完善能够抑制代理行为的公司治理机制来提升现金持有效率。现有学者主要从内部治理和外部治理两大机制展开研究。

关于内部治理机制的研究，国外学者主要围绕两职合一、董事会规模和独立董事等要素展开。Chou 和 Feng（2019）、Chen 等（2020）提出通过扩大董事会规模、提高独董比例、两职分离来抑制管理层代理动机，提升公司的现金使用效率。Doan 和 Mai（2020）从首席财务官（CFO）性别的角度展开研究，发现女性 CFO 能够降低上市公司的超额现金持有水平，以现金股利的方式将超额持有的现金分配给股东。国内学者分别从内部控制、股权激励和机构投资者等角度展开。张会丽和吴有红（2013）的实证结果表明，内部控制能够有效抑制公司滥用自由现金，提高内部控制质量能够减少公司的过度投资，从而保证一定规模的现金资产留存在公司内部，降低未来经营中的风险因素对公司持续经营产生的威胁。杨兴全等（2020）研究发现，CEO 变更能通过抑制公司经营不善状况来缓解企业的现金持有不足现象。杨志强和胡小璐（2018）研究表明，高管股权激励能够降低公司实际现金持有水平与最优现金持有水平的偏离度。胡援成和卢凌（2019）研究表明，当机构投资者持股比例大于 1%，上市公司的超额现金持有水平明显下降，原因在于现金持有的代理动机和预防性动机得到一定程度的缓解。

关于外部治理机制的研究，学者们主要从制度环境和市场环境角度展开。制度环境层面上，罗琦和秦国楼（2007）分析了投资者保护程度对公司现金持有水平的影响；杨兴全和李沙沙（2020）研究发现，沪港通政策的实施具有外部治理效应，能够有效抑制公司过度投资行为的产生，减少对公司现金的不合理消耗。市场环境层面上，罗进辉等（2018）研究发现媒体报道水平对上市公司超额现金持有现象具有监督治理作用；吉瑞和陈震（2020）研究发现产品市场竞争具有治理效应，能够降低上市公司的高额现金持有水平。

4.2.2.2　控股股东股权质押与现金持有水平的相关研究

在控股股东股权质押对公司现金持有水平的影响问题上，目前李常青等（2018）对此做出了论述，其研究表明，股权质押后的控股股东会出于不同的目的对企业的财务决策进行调整，从而导致控股股东的股权质押比例与公司现金持有水平呈先降后增的 U 形关系。冼靖雯（2019）以控股股东与中小股东的代理问题为视角切入，研究发现控股股东股权质押与上市公司现金持有边际价值呈负相关关系，这种负相关关系可以通过提高内部控制质量和增加分析师跟踪得到有效缓解。庞彩招（2020）研究发现控股股东的股权质押比例与资金占用之间存在倒 U 形关系，与企业现金持有量存在 U 形关系，且股权质押后控股股东会通过占用资金来影响上市公司的

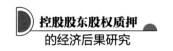

现金持有水平，这一发现证明了控股股东的确存在侵害中小股东利益的行为。

4.2.2.3 文献评述

通过对控股股东股权质押的经济后果和超额现金持有动机的国内外文献进行梳理发现：首先，关于控股股东股权质押经济后果的文献十分丰富，分别从对公司价值、盈余管理、股利政策、投资行为等方面展开，这些成果深入地研究了控股股东进行股权质押后其行为动机对上市公司财务行为的影响机理。其次，关于超额现金持有水平的研究主要从预防性动机和代理动机两方面展开，且已有部分学者研究了控股股东股权质押与现金持有水平的影响。这些成果为研究控股股东股权质押和超额现金持有水平之间的关系搭建了桥梁。虽然目前已有一些研究成果，但仍然还存在不足。主要集中在：

①大部分文献主要针对企业现金持有量的影响因素来展开研究，而超额现金持有水平是公司现金持有偏离最优水平的表现，深入研究这方面影响因素的文献不多。现金持有水平的高低并不能反映公司治理机制的好坏，超额现金持有水平通过反映公司实际现金持有水平与目标现金持有水平的偏离度来反映当前公司的现金持有的经济性和资金配置效率。

②根据超额现金持有概念的界定，超额现金持有应当包括现金冗余和现金不足两种现象。现有关于超额现金持有的研究主要从企业过度持有现金的角度展开讨论，并未考虑到企业现金不足层面。本章将对不同方向的超额现金持有情况下公司中控股股东股权质押行为经济后果进行研究，进一步检验股权质押后控股股东不同的动机对现金持有合理性的影响。

③现有关于控股股东股权质押与现金持有水平的研究主要讨论了二者之间的作用机理和影响路径，很少涉及从公司治理机制的视角来考虑如何提高公司的现金持有合理性，提高公司资金配置效率。作为公司治理机制的重要组成部分，公司的所有权属性、股权集中程度和市场竞争程度等指标能有效地反映出公司内、外部治理机制的作用，并最终影响到公司现金持有效率的高低。因此，本章将以产权性质、股权集中度和市场竞争程度为调节变量，分别分析其对控股股东股权质押与超额现金持有之间关系的影响。

4.3　研究假设

本章接下来将基于"控股股东股权质押—融资环境及行为动机—现金持有决策动机—超额现金持有水平"的研究路线进行探究，旨在厘清控股股东股权质押如何影响上市公司的超额现金持有水平，其影响的传导机制如图 4-1 所示。首先，控股股东股权质押行为会改变公司的外部融资环境以及控股股东进行财务决策的行为动机，上述变化会影响控股股东的现金持有动机，具体表现为增强其预防性动机和代理动机。在这两种动机的作用下，控股股东会干预上市公司的现金持有决策，预防性动机会加剧公司的现金冗余程度，代理动机会加剧现金不足程度，最终会影响超额现金持有水平。其次，本章还将进一步分析产权性质、股权集中度和市场竞争度对控股股东股权质押与超额现金持有水平关系的影响。

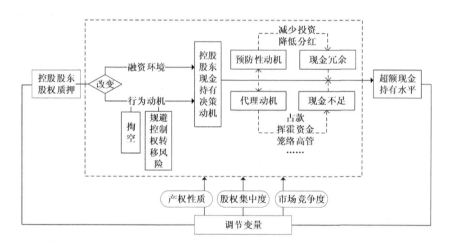

图 4-1　控股股东股权质押对超额现金持有水平的影响机理

4.3.1　控股股东股权质押对超额现金持有水平的影响机理分析

股东股权质押表面上看是一种个人融资行为，控股股东通过将持有的股权出质以获取资金来缓解自身的融资约束，并保留其对上市公司的控制权。然而，由于质押部分股权状态的改变，使得控股股东参与和干预上市公司决策的动机发生变化。一方面，质押期间已质押股权的相关孳息属于质权人，这加大了控制权与收益权的分离，降低了股权对控股股东的激励效应，会激化控股股东的"掏空"动机。另一方面，股权质押后使得公司的控制权与股价波动关系更加紧密，为了降低控制权转移风险，控股股东会采取一系列策略性的管理行为来维持公司股价稳定。其中，现金资产的高流动性和可操纵性等特征使其易受到控股股东和管理层的影响，股权质押后控股股东有动机且有能力影响上市公司的现金持有决策。在权衡理论下上市公司存在目标现金持有水平，但由于控股股东与中小股东利益冲突的存在，控股股东干预公司的实际经营活动不利于公司价值最大化的实现，会损害上市公司现金持有水平的合理性，使得上市公司实际的现金持有水平偏离正常水平。但出于不同的动机，会产生不同的超额现金持有问题，关于超额现金持有水平主要包含现金冗余和现金不足两个方面。

首先，从现金持有的预防性动机来看，唐玮等（2019）研究发现，控股股东股权质押会加大上市公司与外部投资者之间的信息不对称程度，加剧上市公司面临的融资约束，进而增强了公司超额持有现金的预防性动机。股权质押后为了维持股价的稳定，降低股价崩盘的风险，控股股东会利用控制权对公司信息披露的质量、时机等进行干预。王化成等（2019）、张雪莹等（2020）考虑到信息风险的存在，投资者会提高未来的期望报酬率，导致企业权益资本成本、债务融资成本增加。因此，控股股东进行股权质押会导致公司将面临更高的外部融资成本，基于融资优序理论，较高的融资约束和外源融资成本会加深公司投资活动对其内部现金流的依赖程度，增强公司持有超额现金的预防性动机。其次，控股股东股权质押后意味着控制权与公司股价关系更为紧密，一旦公司股价下跌至警戒线或平仓线时，控股股东无力补仓将会造成质押股份被强制平仓，可能导致控制权转移风险，因而控股股东会将更多的现金留存在公司中，以防未来的不确定风险，这也将导致控股股东可能会降低公司的现金分红水平、减少创新投入等来保持高于正常需要的现金持有水平。再者，控股股东股权质押后企业面临控制权转移风险，一旦控制权发生转移，管理层职位的安全性将得不到保障，一旦遭到撤换，管理层将面临较大的离职损失。出于"理性经济人"的假设，为了实现自身利益的最大化，当公司发生控股股东股权质押后管理层会提高公司的现金持有水平来提高职位和财富保障，使管理层在追求个人目标时拥有更大的自由裁量权，以及在面临控制权转移可能导致的职位更替时，增强管理层的谈判资本和能力。综上，控股股东股权质押使公司的实际现金持有超过正常目标水平的量更多，即加剧现金冗余现象。

基于现金持有的代理动机来看。控股股东与中小股东之间存在代理成本问题，控股股东可能会利用手中的控制权干预上市公司的行为决策，为实现控制权私利的最大化而牺牲中小股东和其他利益相关者的利益。股权质押加大了控制权与收益权的分离，降低了股权对控股股东的激励效应，使得控股股东的"掏空"动机更强烈。从掏空动机来看，现金是一种流动性较强的资源，极易被管理层或大股东侵占以致企业所持现金被异化为内部人利益攫取的"隧道"。股权质押后控股股东可能需要承担控制权转移风险，因此利用股权质押方式进行融资的控股股东容易被视为面临财务困境且具有强烈的资金需求。郑国坚等（2014）用股权质押来衡量大股东的财务约束状况，结论证明进行了股权质押的大股东更倾向于侵占公司资金。李永伟和李若山（2007）也发现，股权质押后大股东对上市公司的"掏空"动机更加强烈。控股股东的占款和掏空会直接或间接消耗上市公司现金，加大上市公司实际现金持有水平与目标水平的偏离度。同时，管理者作为企业日常经营活动的直接参与者，其掌握着大量的内部私有信息，控股股东通过干预公司现金持有决策来实现"掏空"的过程中需要高管的积极配合。李常青和幸伟（2018）研究发现，控股股东进行股权质押后会提高高管薪酬，且高于薪酬激励契约设计下的应有薪酬。即控股股东可能掠取公司资金来笼络高管，使得上市公司的现金持有水平降低。综上，控股股东股权质押会使公司的实际现金持有水平与目标持有水平的差距更大，即加深现金不足程度，这会导致企业在未来可能会由于持有资金不足而错过良好的投资机会，损害公司价值。基于上述分析，本章提出研究**假设（4-1）**：

假设（4-1）：控股股东股权质押会提高上市公司的超额现金持有水平，既可能加剧现金冗余现象，也可能加剧现金不足程度。

4.3.2　不同产权性质下股权质押对超额现金持有水平的影响机理分析

所有权性质的特殊性会导致国有企业和非国有企业面临的融资约束和

存在的代理问题有明显差异，这种异质性势必会影响到企业的现金持有决策。

从融资约束来看，祝继高等（2009）研究发现，国有企业具备所有制优势，在贷款申请和审批方面，国有企业比非国有企业更容易获得银行等债权人的支持。Zhou 等（2015）研究证实，在国有企业经营过程中，政府的影响更多地体现为"扶持之手"，国有企业能够从政府手中获得较多的资金支持，这在很大程度上降低了国有企业对高额现金持有量的依赖性。同时，国有企业控制权转移会受到政府和相关管理机构的关注和干涉，即便国有企业股价下跌至平仓线，也可以通过非市场化的手段来防止控制权的转移。控股股东进行股权质押后，国有企业面临低融资约束和低控制权转移风险，使得控股股东或管理层进行现金决策时缺乏危机意识，忽视公司保持必要现金量的重要性。考虑到控股股东股权质押可能会对公司业绩产生消极影响，国有企业的高管会盲目扩大投资规模或进行公益捐赠，以塑造良好的市场形象和谋求政治晋升，从而使企业大量资金为满足国企高管个人需求流出企业。因此，国有企业控股股东的股权质押行为会加剧高管的代理动机，导致企业持有现金不足现象更加显著。

相反，在外部融资过程中非国有企业仍普遍面临着融资歧视，尤其是控股股东的股权质押行为会加剧公司面临的融资约束，非国有企业更依赖于企业的内部资金以降低融资成本，缓解信息不对称成本。另外，非国有企业处于完全竞争的市场环境中，控制权市场竞争激烈，为了规避控制权转移，非国有企业的控股股东倾向于持有高额现金来维持股价稳定或降低被强制平仓的风险。故而，非国有企业中控股股东股权质押对现金冗余程度的正向影响更显著。基于上述分析，本章提出研究**假设（4–2a）**和**假设（4–2b）**：

假设（4–2a）：在国有企业中，控股股东股权质押与现金不足的正相关关系更显著。

假设（4–2b）：在非国有企业中，控股股东股权质押与现金冗余的正相关关系更显著。

4.3.3 股权集中度对股权质押与超额现金持有水平的调节机理分析

股权集中度越高，公司的股权制衡机制对控股股东的约束力就越弱，委托代理理论下控股股东为维护自身利益而干预公司现金持有决策的能力越强，越可能使上市公司的现金持有水平偏离正常经营需要的现金水平。股东一般通过两个途径影响公司的经营决策，一是股东大会投票，二是董事会投票。在股权集中度较高时，大股东在股东大会投票中掌握着绝对的主导权，焦健等（2017）研究发现，也可以通过委派董事的方式来决定董事会成员的构成，促使董事会的决策更多地服务于大股东的利益追求。所以，集中的股权结构使上市公司的股东会和董事会决策在很大程度上受控于大股东，大股东有能力操纵现金持有政策的制定，尤其是股权质押后控股股东在"掏空"动机和规避控制权转移风险动机的驱使下，更有可能干预公司的现金持有决策。股权质押会加大控股股东的现金流权和控制权的分离度，两权分离会激化控股股东的掏空动机，高度集权的控股股东会通过占用、挪用公司自由现金以谋求控制权私利，加剧公司的现金不足程度。同时，股权质押后控制权稳定性与股价变化息息相关，股权集中度越高，控股股东利用控股地位能够获得的控制权收益越大。出于规避控制权转移风险的动机，控股股东有能力和动机将现金留在公司内部，以便将来实施股票回购、审计意见购买和策略性慈善捐赠等拉升股价的手段，从而加剧上市公司的现金冗余程度。

公司对不同现金偏离状态的风险态度不同，连玉君和苏冶（2008）指出上市公司能够敏锐地察觉出公司现金不足或现金冗余状态下隐匿的风险会威胁公司经营发展，但不同状态下风险的威胁性大小存在差异，上市公司更可能对易诱发财务风险的现金持有不足现象保持高度的警惕性。现金持有量过少不仅会增加公司的财务风险，也会使公司在面对风险时处于被动地位，更可能陷入财务危机，而过多的现金持有量会产生主要是公司内部治理效率的问题，如资金持有成本、代理成本等。因此，随着股权集中度的不断提高，控股股东的利益与公司稳定性的关系更加密切，控股股东股权质押后，考虑到未来可能需要追加担保和融资约束程度加剧等因素，控股股东更倾向于持

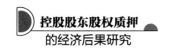
有更多的现金来避免出现因资金流不足产生的财务危机。

总之，随着股权集中度的提高，股权质押后控股股东的预防性动机和代理动机都会增强，但考虑到公司对不同超额现金持有状态的风险敏感性不同，控股股东更倾向持有较多的现金来降低财务风险，反映在公司超额现金持有问题上主要表现为现金冗余现象的加剧。基于上述分析，本章提出研究假设（4-3a）和假设（4-3b）。

假设（4-3a）：随着股权集中度的提高，控股股东股权质押与超额现金持有水平的正相关关系越显著。

假设（4-3b）：随着股权集中度的提高，控股股东股权质押会加剧现金冗余程度。

4.3.4 市场竞争度对股权质押与超额现金持有水平的调节机理分析

市场竞争主要通过标杆评估机制和淘汰机制来发挥其在公司财务行为决策中的外部治理作用。

一方面，激烈的外部市场竞争可以降低管理层和外部信息使用者之间的信息不对称程度，在外部市场竞争充分的条件下，市场发挥着信息汇集平台的作用，公司绩效水平的可比性增强。控股股东股权质押后外部投资者会提高对公司业绩的关注以降低投资风险，投资者可以观察和比较本企业的利润水平与行业平均利润或标杆企业利润的差距来评价管理层是否尽职，增强管理层的业绩压力，进而约束管理层掠夺资金构建个人商业帝国的行为。同时，投资者比较公司业绩水平所做出的公司价值判断会通过股票交易行为直观地反映出来，为维护和提升股权质押后公司的股价，控股股东会降低谋取控制权私利的动机，减少公司资金的占用，将持有的超额现金以现金股利方式分配给投资者，从而向市场传递利好信号。

另一方面，由于市场竞争淘汰机制的存在，在竞争激烈的行业中，企业面临被清算或被兼并的可能性加大，会直接威胁控股股东的控制权稳定性和经理的职业安全性，且这种威胁在进行了控股股东股权质押的上市公司中更明显。出于市场声誉的考虑，为避免在市场竞争中被淘汰，控股股东和经理人都会更加努力提高公司的竞争力，将公司持有的超额现金更多用于公司的投资发展以扩大市场份额和提高公司业绩。综上，控股股东股权质押后，产品市场竞争不仅能发挥"隐性"的监督作用抑制上市公司持有超额现金的代理动机，也能够激励控股股东和管理层提高公司现金的利用效率，即产品市场竞争程度能够抑制控股股东股权质押对超额现金持有水平的正向影响。

此外，当产品市场竞争程度较高时，行业内的公司可能面临着市场份额小、成长性低、投资机会少等发展困境，外部投资者和银行等金融机构会相应减少投资和信贷规模，尤其是进行了控股股东股权质押的企业会有更显著的融资约束问题。外部投资难度加大、融资约束加剧等因素会进一步弱化市场竞争对控股股东股权质押后上市公司现金冗余现象的抑制作用。与之相比，在激烈的产品市场竞争条件下，努力解决现金短缺问题是公司防范市场掠夺风险的有效手段。控股股东可以通过减少自身和管理层的机会主义行为来改善上市公司现金持有不足的现象，不断调整公司现金持有量，使之趋于目标现金持有水平。即市场竞争的外部治理作用主要体现为缓解控股股东股权质押后公司的现金不足程度。基于上述分析，本章提出研究**假设（4-4a）**和**假设（4-4b）**。

假设（4-4a）：市场竞争度对控股股东股权质押与超额现金持有水平的关系起负向调节作用。即市场竞争越激烈，控股股东股权质押对超额现金持有水平的正向影响越不显著。

假设（4-4b）：市场竞争度对控股股东股权质押与现金不足程度的关系起负向调节作用。

4.4　研究设计

4.4.1　样本选取与数据来源

本章以 2015—2019 年我国 A 股上市公司的数据作为初始研究样本，并对样本数据进行以下处理：①剔除 ST、* ST 及 PT 类上市公司；②剔除金融类上市公司；③剔除房地产上市公司；④剔除数据存在缺失样本；⑤剔除资产负债率大于 1 和上市年限小于 1 年的样本；⑥为消除极端值的影响，对本章所涉及的主要连续变量，在 1% 和 99% 的水平上进行 Winsorize 处理。经过上述处理，本章共得到 13341 个研究样本。本章所用到的相关数据主要来源于 Wind 数据库和 CSMAR 数据库。部分数据在原始数据的基础上进行计算得到，数据处理软件为 Excel 2019 和 Stata 15.0。

4.4.2 变量选取与定义

4.4.2.1 被解释变量

超额现金持有（*ABSexcash*）是指公司实际现金持有水平与正常现金持有水平偏差数值的绝对值，即偏离正常现金持有水平的程度大小。本章借鉴 Opler 等（1999）的方法来估计公司的超额现金持有水平，首先利用会影响公司现金持有量的相关财务指标构建估算模型，估计出公司的目标现金持有水平，即正常的现金持有量；然后将估算模型的回归残差取绝对值，用来衡量超额现金持有水平。

（1）正常现金持有水平的估计

参考 Dittmar 等（2003）、辛宇和徐莉萍（2006）、黄珍和李婉丽（2019）及相关学者的观点，本章用 $CASH_{it}$ 衡量公司的现金持有水平，如**模型（4－1）**所示。考虑到处于运营状态的资产对公司创造利润和价值的能力具有更明显影响，因此，在度量公司的现金持有水平时，本章将未处于运营状态的现金和现金等价物等资产从总资产中剔除。

$$CASH_{it} = \ln \frac{现金及现金等价物}{总资产 - 现金及现金等价物} \qquad 模型（4－1）$$

行业属性决定了公司的资产结构类型、未来风险以及潜在的资金需求量，因此行业的差异性会显著影响公司的现金持有水平，行业因素是研究现金持有问题时值得关注的要素之一，本章将对**模型（4－1）**中计算的现金持有水平进行行业调整，如**模型（4－2）**所示：

$$iaCASH_{it} = CASH_{it} - CASH_{jt} \qquad 模型（4－2）$$

其中 $iaCASH_{it}$ 是指经过行业调整后的现金持有水平，$CASH_{it}$ 是指公司 i

在 t 年末的现金持有水平，$CSAH_{jt}$ 是指公司 i 所在行业 j 在 t 年末的现金持有水平的中位数。

以行业调整后的实际现金持有水平 $iaCASH_{it}$ 为因变量，以相关的财务特征为自变量，在此基础上，本章还控制了年度和行业虚拟变量，进而得到基于财务特征的现金持有水平估计**模型（4-3）**：

$$iaCASH_{it} = \alpha_0 + \alpha_1 Size_{it} + \alpha_2 CF_{it} + \alpha_3 Lev_{it} + \alpha_4 GR_{it} + \alpha_5 NWC_{it} + x_6 Capex_{it} + \alpha_7 Div_{it} + \sum Year + \sum Industry + \varepsilon \qquad 模型（4-3）$$

模型（4-3） 中各变量的具体定义如表4-1所示。

表4-1 正常现金持有估计模型中各变量的定义

变量符号	变量名称	变量定义
$Size$	公司规模	期末总资产的自然对数
CF	经营性现金流量	经营性现金净流量/总资产
Lev	财务杠杆	总负债/总资产
GR	投资机会	总资产增长率
NWC	现金替代物	净营运资本/总资产
$Capex$	资本性支出	购建固定资产、无形资产和其他长期资产支付的现金/总资产
Div	股利支付	当年是否分配现金股利，分配则赋值为1，否则为0
$Year$	年份	2015—2019年，设置4个虚拟变量
$Industry$	行业	以"中国证监会行业代码与分类"为标准进行划分，其中，制造业按三级子行业划分，共设置45个行业虚拟变量。

经过多元线性回归处理完上述估计模型后，**模型（4-3）** 中的可解释部分就表示公司目前的正常现金持有量。

（2）超额现金持有量的计算

上述的估计模型预测了公司正常现金持有水平，公司的超额现金持有即为该模型计算得出的残差 ε 值，即公式中的不可解释部分。由于在公司中，超额现金持有水平指的是相比于正常现金持有量的一种偏离程度，所以残差 ε 可能为正数或负数，这也就意味着超额现金持有现象可能是现金冗余，也可能是现金不足。因此，在本章的研究中，先取残差 ε 的绝对值

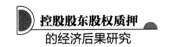
衡量超额现金持有水平（*ABSexcash*），即 $ABSexcash = |\varepsilon|$，再用 $\varepsilon > 0$ 的值衡量现金冗余程度（*Zexcash*），用 $\varepsilon < 0$ 的绝对值衡量现金不足程度（*Fexcash*）。

4.4.2.2 解释变量

本章借鉴李常青等（2018）、夏常源和贾凡胜（2019）对股权质押的相关研究，用控股股东是否存在股权质押（*Pledgedum*）和控股股东股权质押比例（*Pratio*）来衡量控股股东的股权质押情况。若控股股东当年期末存在股权质押，取值为 1，否则取值为 0。控股股东股权质押比例以控股股东期末处于质押状态的股份数量占其所持公司总股份的比例来度量。

4.4.2.3 调节变量

本章分别从产权性质、股权集中度和市场竞争程度来考虑控股股东股权质押与超额现金持有水平的影响。

（1）产权性质（*SOE*）

在不同所有权性质的企业中，控股股东股权质押与超额现金持有水平的关系可能存在差异，本章依据企业的产权性质进行划分，将国有企业的产权性质赋值为 1，非国有企业的产权性质赋值为 0。

（2）股权集中度（*H5*）

股权集中度是公司股权分布状态的体现，一定程度上体现公司大股东在公司现金持有决策中的影响力以及反映公司面临的代理问题类型。本章参考柯艳蓉等（2020）的研究，选取前五大股东持股比例之和来衡量公司的股权集中度。

（3）市场竞争程度（*Com*）

本章参考汪琼等（2020）运用赫芬达尔指数的倒数（1/*HHI*）来衡量产业的市场竞争程度（*Com*），该指标数值越大，市场竞争越激烈。赫芬达尔指数是指一个行业中所有企业市场份额的平方和，具体公式为：$HHI = \sum \left(X_i / \sum X_i \right)^2$。其中 X_i 表示某一行业中第 i 家企业的销售额，用主营业务收入来衡量。

4.4.2.4 控制变量

公司超额现金持有水平的影响因素众多，公司财务特征仅是一部分因素，内部治理结构、外部监督环境等因素也会对公司超额现金持有行为产生影响。由于前文中在计算被解释变量超额现金持有水平时已选取了部分财务特征指标，为了降低内生性问题对研究结果准确性产生的不利影响，本章在后面的控制变量选取上会避免重复前文的已选指标。因此，本章在进一步借鉴已有相关文献的基础上，考虑在公司内部财务特征方面选取营业收入增长率、总资产周转率和净资产收益率指标，在公司治理特征方面选取了是否两职合一、股权制衡度、机构投资者持股比例和董事会规模指标，同时，选取了年份虚拟变量进行控制。

综上所述，本章具体变量定义及说明见表 4 - 2。

表 4 - 2　变量定义

变量类型	变量符号	变量名称	变量含义
被解释变量	ABSexcash	超额现金持有水平	现金持有水平估计模型（4 - 3）的残差的绝对值
	Zexcash	现金冗余	模型（4 - 3）中大于 0 的回归残差值
	Fexcash	现金不足	模型（4 - 3）中小于 0 的回归残差的绝对值
解释变量	Pledgedum	控股股东是否存在股权质押	期末控股股东是否存在股权质押，是则取 1，反之则取 0
	Pratio	控股股东股权质押比例（股权质押程度）	期末控股股东股权质押股份/自身所持有的上市公司总股份
调节变量	SOE	产权性质	国有企业取值为 1，非国有企业取值为 0
	H5	股权集中度	前五大股东持股数量/上市公司总股数
	Com	市场竞争程度	赫芬达尔指数的倒数，$1/HHI = 1/\sum\left(X_i/\sum X_i\right)^2$
控制变量	Growth	营业收入增长率	（当期营业收入 - 上期营业收入）/上期营业收入
	TAT	总资产周转率	营业收入净额/平均资产总额
	ROE	净资产收益率	利润总额/净资产平均余额
	Dual	两职合一	当年公司董事长与总经理两职由同一人担任时取值 1，否则为 0

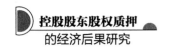
续表

变量类型	变量符号	变量名称	变量含义
控制变量	Z5	股权制衡度	期末公司第二大至第五大股东持有股份之和与第一大股东持有股份的比值
	Insti	机构投资者持股	期末机构投资者持股比例
	BS	董事会规模	期末公司董事会总席位数的对数
	Year	年份	以2015年为基数，设置4个年度虚拟变量

4.4.3 模型构建

为了检验在全样本中，控股股东股权质押对超额现金持有水平的影响，构建**模型（4-4）**：

$$ABSexcash_{it} = \beta_0 + \beta_1 Pledgedum_{it}(Pratio_{it}) + \beta_2 Growth_{it} + \beta_3 TAT_{it} +$$
$$\beta_4 ROE_{it} + \beta_5 Dual_{it} + \beta_6 Z5_{it} + \beta_7 Insti_{it} + \beta_8 BS_{it} + \sum Year + \varepsilon_{it} \quad \textbf{模型（4-4）}$$

此外，为了更深层次地探讨控股股东股权质押与超额现金持有之间的关系，本章还从现金冗余与现金不足两个角度进行了检验，建立如下回归**模型（4-5）**和**模型（4-6）**：

$$Zexcash_{it} = \beta_0 + \beta_1 Pledgedum_{it}(Pratio_{it}) + \beta_2 Growth_{it} + \beta_3 TAT_{it} +$$
$$\beta_4 ROE_{it} + \beta_5 Dual_{it} + \beta_6 Z5_{it} + \beta_7 Insti_{it} + \beta_8 BS_{it} + \sum Year + \varepsilon_{it} \quad \textbf{模型（4-5）}$$

$$Fexcash_{it} = \beta_0 + \beta_1 Pledgedum_{it}(Pratio_{it}) + \beta_2 Growth_{it} + \beta_3 TAT_{it} +$$
$$\beta_4 ROE_{it} + \beta_5 Dual_{it} + \beta_6 Z5_{it} + \beta_7 Insti_{it} + \beta_8 BS_{it} + \sum Year + \varepsilon_{it} \quad \textbf{模型（4-6）}$$

为了检验产权性质、股权集中度和市场竞争程度是否具有调节作用。首先，本章在**模型（4-4）~ 模型（4-6）**的基础上进行分组回归，以验证控股股东股权质押对超额现金持有水平的影响是否因产权性质不同而存在差异。另外，构建**模型（4-7）~ 模型（4-10）**，以检验公司股权集中度、市场竞争程度对控股股东股权质押与超额现金持有水平是否存在调节效应。

$$ABSexcash_{it}/Zexcash_{it}/Fexcash_{it} = \beta_0 + \beta_1 Pledgedum_{it} + \beta_2 H5_{it} + \beta_3 H5_{it} \times$$

$$Pledgedum_{it} + \beta_4 Growth_{it} + \beta_5 TAT_{it} + \beta_6 ROE_{it} + \beta_7 Dual_{it} + \beta_8 Z5_{it} + \beta_9 Insti_{it} +$$

$$\beta_{10} BS_{it} + \sum Year + \varepsilon_{it} \qquad\qquad\qquad\qquad 模型（4-7）$$

$$ABSexcash_{it}/Zexcash_{it}/Fexcash_{it} = \beta_0 + \beta_1 Pratio_{it} + \beta_2 H5_{it} + \beta_3 H5_{it} \times$$

$$Pratio_{it} + \beta_4 Growth_{it} + \beta_5 TAT_{it} + \beta_6 ROE_{it} + \beta_7 Dual_{it} + \beta_8 Z5_{it} + \beta_9 Insti_{it} +$$

$$\beta_{10} BS_{it} + \sum Year + \varepsilon_{it} \qquad\qquad\qquad\qquad 模型（4-8）$$

$$ABSexcash_{it}/Zexcash_{it}/Fexcash_{it} = \beta_0 + \beta_1 Pledgedum_{it} + \beta_2 Com_{it} +$$

$$\beta_3 Com_{it} \times Pledgedum_{it} + \beta_4 Growth_{it} + \beta_5 TAT_{it} + \beta_6 ROE_{it} + \beta_7 Dual_{it} + \beta_8 Z5_{it} +$$

$$\beta_9 Insti_{it} + \beta_{10} BS_{it} + \sum Year + \varepsilon_{it} \qquad\qquad\qquad 模型（4-9）$$

$$ABSexcash_{it}/Zexcash_{it}/Fexcash_{it} = \beta_0 + \beta_1 Pratio_{it} + \beta_2 Com_{it} + \beta_3 Com_{it} \times$$

$$Pratio_{it} + \beta_4 Growth_{it} + \beta_5 TAT_{it} + \beta_6 ROE_{it} + \beta_7 Dual_{it} + \beta_8 Z5_{it} + \beta_9 Insti_{it} + \beta_{10} BS_{it} +$$

$$\sum Year + \varepsilon_{it} \qquad\qquad\qquad\qquad\qquad\qquad 模型（4-10）$$

温忠麟等（2005）将调节变量定义为会对因变量与自变量之间的关系产生影响的变量，即如果因变量 Y 与自变量 X 的关系受到变量 M 的影响，那么 M 变量则为调节变量，调节变量可以影响因变量与自变量之间的关系正或负和强或弱。根据调节变量的性质可将其分为类别变量和连续变量，并针对调节变量的类型提出了不同的调节效应检验方法。

当调节变量为类别变量时，通过将原模型进行分组回归来检验是否存在调节效应，即检验分组回归中自变量的回归系数是否存在显著差异，来判断调节效应的显著性和方向性。当调节变量为连续变量时，学者们多采用带有交乘项的回归模型，做层次回归分析来检验该变量是否具有调节效应，然后根据**模型（4-11）**中交乘项的回归系数 β_3 是否显著来判断调节作用是否成立。若回归系数 β_3 与 β_1 的符号一致，则说明对主效应有加强作用，若回归系数 β_3 与 β_1 的符号相反，则说明对主效应有削弱作用。

$$Y = \alpha + \beta_1 X + \beta_2 M + \beta_3 XM + \varepsilon \qquad 模型（4-11）$$

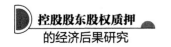

4.5 实证结果及分析

4.5.1 描述性统计分析

本章分别对全样本、现金冗余以及现金不足样本进行描述性统计，统计结果包括样本数、均值、中位数、标准差、最小值和最大值，如表 4 - 3 所示。

表 4 - 3　描述性统计分析

样本	变量	样本数	均值	中位数	标准差	最小值	最大值
全样本	*ABSexcash*	13341	0.008	- 0.024	0.145	- 0.255	0.866
	Pledgedum	13341	0.439	0	0.496	0	1
	Pratio	13341	0.243	0	0.333	0	1
	SOE	13341	0.326	0	0.469	0	1
	H5	13341	0.533	0.533	0.148	0.213	0.880
	Com	13341	0.134	0.108	0.092	0.013	0.360
	Growth	13341	0.156	0.101	0.337	- 0.502	1.866
	TAT	13341	0.639	0.546	0.421	0.0770	2.512
	ROE	13341	0.066	0.070	0.117	- 0.548	0.364
	Dual	13341	0.274	0	0.446	0	1
	Z5	13341	0.769	0.611	0.617	0.036	2.900
	Insti	13341	5.214	2.155	7.266	0	34.80
	BS	13341	2.121	2.197	0.198	1.609	2.708
现金冗余样本	*Zexcash*	5096	0.124	0.061	0.171	0	0.866
	Pledgedum	5096	0.493	0	0.500	0	1
	Pratio	5096	0.262	0	0.330	0	1
	SOE	5096	0.287	0	0.453	0	1
	H5	5096	0.545	0.545	0.147	0.213	0.880
	Com	5096	0.133	0.106	0.093	0.013	0.360

样本	变量	样本数	均值	中位数	标准差	最小值	最大值
现金冗余样本	Growth	5096	0.298	0.211	0.380	− 0.502	1.866
	TAT	5096	0.696	0.590	0.450	0.077	2.512
	ROE	5096	0.108	0.097	0.086	− 0.548	0.364
	Dual	5096	0.288	0	0.453	0	1
	Z5	5096	0.816	0.663	0.615	0.036	2.900
	Insti	5096	7.718	4.591	8.631	0	34.80
	BS	5096	2.123	2.197	0.199	1.609	2.708
现金不足样本	Fexcash	8245	− 0.064	− 0.055	0.048	− 0.255	0
	Pledgedum	8245	0.406	0	0.491	0	1
	Pratio	8245	0.232	0	0.335	0	1
	SOE	8245	0.351	0	0.477	0	1
	H5	8245	0.526	0.526	0.147	0.213	0.880
	Com	8245	0.134	0.109	0.092	0.013	0.360
	Growth	8245	0.069	0.049	0.273	− 0.502	1.866
	TAT	8245	0.604	0.517	0.398	0.077	2.512
	ROE	8245	0.039	0.054	0.126	− 0.548	0.364
	Dual	8245	0.265	0	0.441	0	1
	Z5	8245	0.740	0.570	0.616	0.036	2.900
	Insti	8245	3.667	1.282	5.756	0	34.80
	BS	8245	2.119	2.197	0.197	1.609	2.708

2015—2019 年共有样本 13341 个，其中现金冗余和现金不足的样本量分别是 5096 和 8245 个。全样本超额现金持有的均值为 0.008，最小值和最大值分别为 − 0.255 和 0.866，表明我国 A 股上市公司实际持有现金水平普遍偏离最优水平，且不同公司的超额现金持有水平存在较大差距。现金不足样本数为 8245，平均值为 − 0.064；现金冗余样本数为 5096，平均值为 0.124，可见，当前我国上市公司现金持有不足现象比现金持有冗余现象更普遍，但从均值来看，公司现金冗余程度高于现金不足程度。全样本中控股股东是否股权质押和控股股东股权质押比例的均值分别为 0.439

和 0.243，其中，现金冗余样本中是否进行质押和质押比例的均值分别为 0.493 和 0.262；现金不足样本中二者的均值分别为 0.406 和 0.232。这说明控股股东进行股权质押在我国 A 股市场中已成为较普遍的现象，且控股股东股权质押情境下上市公司更易产生现金冗余现象，控股股东股权质押比例越高，现金冗余现象越显著。

全样本中产权性质的均值为 0.326，现金冗余样本和现金不足样本的产权性质变量的均值分别为 0.287 和 0.351。这表明全样本中国有企业占比为 32.6%，现金冗余样本中国有企业占比 28.7%，现金不足样本中国有企业占比 35.1%，反映出国有企业中现金不足的现象比非国有企业更严重。

全样本、现金冗余以及现金不足样本中股权集中度的均值分别为 53.3%、54.5% 和 52.6%，说明现金冗余样本中的公司股权结构更为集中。而市场竞争程度在三个样本中无明显的特征差异。

4.5.2 比较分析

（1）未质押样本与质押样本的比较分析

本章将未进行控股股东股权质押的样本企业与进行了控股股东股权质押的样本企业的超额现金持有水平、现金冗余水平和现金不足水平进行均值比较，并进行独立样本 t 检验，结果如表 4 - 4 所示，不难发现，控股股东股权质押样本中超额现金持有水平均值为 0.101，显著高于非质押样本的 0.076，其 t 值为 - 0.024，在 1% 的水平上显著。上述结果从整体上初步验证了控股股东股权质押行为会加剧上市公司的超额持有现金的现象。

表 4 - 4 未质押样本与质押样本的比较分析

变量	未质押样本		质押样本		*MeanDiff* t 检验
	样本数	均值	样本数	均值	
ABSexcash	7478	0.076	5863	0.101	- 0.024 ***
Zexcash	2584	0.106	2512	0.142	- 0.036 ***
Fexcash	4894	0.061	3351	0.070	- 0.009 ***

（2）现金不足公司与现金冗余公司的比较分析

本章将正常现金持有水平估算模型中涉及的变量、控股股东股权质押对超额现金持有水平影响研究中引入的控制变量进行均值比较分析，以进一步分析现金不足公司和现金冗余公司的特征，比较结果如表 4 – 5 所示。

表 4 – 5　现金不足公司与现金冗余公司的比较分析

特征	变量	现金不足样本均值	现金冗余样本均值	$MeanDiff$ t 检验
财务特征	$Size$	22. 01	22. 68	– 0. 668 ***
	CF	0. 052	0. 047	0. 004 ***
	Lev	0. 383	0. 456	– 0. 073 ***
	GR	0. 011	0. 379	– 0. 368 ***
	NWC	0. 233	0. 196	0. 037 ***
	$Capex$	0. 039	0. 055	– 0. 017 ***
	Div	0. 694	0. 854	– 0. 160 ***
	$Growth$	0. 069	0. 298	– 0. 229 ***
	TAT	0. 604	0. 696	– 0. 091 ***
	ROE	0. 039	0. 108	– 0. 069 ***
治理特征	SOE	0. 350	0. 287	0. 063 ***
	$H5$	0. 526	0. 545	– 0. 019 ***
	Com	0. 134	0. 133	0. 001
	$Dual$	0. 265	0. 288	– 0. 023 ***
	$Z5$	0. 740	0. 816	– 0. 075 ***
	$Insti$	3. 667	7. 718	– 4. 051 ***
	BS	2. 119	2. 123	– 0. 004
	N	8245	5096	—

从财务特征来看，现金冗余公司的企业规模为 22.68，显著大于现金不足企业，企业的规模优势有利于公司现金的积累。现金不足公司的经营性现金流量显著高于现金冗余公司，这说明当公司的现金流量较大且预计未来产生的现金流风险较小，公司可能会保持较低的现金持有水平。现金冗余公司的平均资产负债率为 0.456，显著大于现金不足企业的 0.383，可以看出企业的现金持有水平受外部融资环境的影响，外部融资约束越大公司产生现金短缺问题的可能性越大。现金冗余公司的投资机会均值 0.379 远大于现金不足公司的 0.011，这表明公司持有现金的目的可能是为了更好地抓住投资机会，体现了现金持有的投机需求。现金冗余公司的现金替代物均值 0.196 显著小于现金不足公司的 0.233，说明现金不足公司更倾向于持有更多的现金替代物来应对未来现金需求。现金冗余公司的资本支出均值为 0.055，大于现金不足公司的 0.039，说明资本支出规模的大小与公司现金持有水平密切相关，持有充足的资金才能满足企业的扩张发展。现金冗余公司的平均现金股利支付为 0.854，大于现金不足公司的 0.694，这说明现金分红虽会降低公司的现金持有水平，但这并不是造成公司现金短缺的原因，其真正缘由值得进一步探究。现金冗余公司的营业收入增长率均值 0.298 大于现金不足公司的 0.069，这说明现金短缺更容易制约企业的成长。现金冗余公司的总资产周转率均值和净资产收益率均值都大于现金不足公司，反映出企业的营运能力和盈利能力都会显著影响公司的现金持有水平。

从治理特征来看：①现金持有不足在国有企业中更显著，这反映出国有企业中的代理成本更高，在所有者缺位的情形下，管理层侵占公司资金、盲目扩大投资的动机更强烈。②现金冗余公司的股权集中度均值 0.545 和两职合一均值 0.288 均明显大于现金不足公司，反映出现金冗余的公司具有权力高度集中的特征，意味着大股东有足够的能力干预公司的现金持有决策。然而现金冗余公司中股权制衡度也明显高于现金不足公司，这在一定程度上反映出股权制衡对治理公司现金冗余现象的作用不大，甚至会因股权过度制衡导致控股股东无力对管理层代理动机下高额现金持有行为进行约束。③现金冗余公司的机构投资者持股比例的平均值

7.718 显著大于现金不足公司的 3.667，机构投资者作为一种监督力量引入公司治理机制中，并未缓解上市公司大量持有现金的偏好，但从影响公司现金持有的方向来看，机构投资者的引入能够使公司现金持有量增多。④市场竞争程度和董事会规模在现金冗余和现金不足企业中并不存在显著差别。

综上，从财务特征来看，现金不足的上市公司公司规模较小，资产负债率低，持有较多的现金替代物，对外扩张能力、营运能力和盈利能力均有待提高，股利支付率较低。从治理特征来看，现金冗余的上市公司具有权力高度集中，且权力制衡机制作用不佳的特点。

4.5.3 相关性分析

本章分别对全样本、现金冗余样本和现金不足样本进行了 Pearson 检验，对解释变量和控制变量间的相关性进行了初步判断，结果分别列示在表 4-6、表 4-7 和表 4-8 中。

从表 4-6~表 4-8 的结果可以看出：一方面，无论是在全样本，还是在现金冗余和现金不足样本中，解释变量与被解释变量均存在显著的相关关系，相关性较好。控股股东是否存在股权质押和控股股东股权质押比例与超额现金持有水平、现金冗余和现金不足均呈正相关关系，相关系数分别为 0.104 和 0.108、0.105 和 0.104、0.093 和 0.154，且在 1% 的水平上显著。与本章的预期一致，研究**假设（4-1）**得到初步验证。另一方面，在控制变量中，除少数变量与超额现金持有水平、现金冗余程度和现金不足程度之间不存在显著的相关关系，大部分控制变量存在显著的相关性，从一定程度上说明，加入前述的控制变量可以提高模型的拟合度，能够更合理地说明解释变量与被解释变量之间的关系。此外，通常情况下认为，当相关系数的绝对值大于 0.8 时，变量之间会存在较为严重的共线性问题。表 4-6~表 4-8 中解释变量与控制变量之间的相关系数均小于 0.5，这反映出本章的研究所涉及的各变量之间不存在严重的共线性问题。

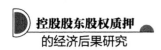
表 4 - 6　全样本相关系数矩阵

变量	ABSexcash	Pledgedum	Pratio	SOE	H5	Com	Growth	TAT	ROE	Dual	Z5	Insti	BS
ABSexcash	1												
Pledgedum	0.104***	1											
Pratio	0.108***	0.823***	1										
SOE	-0.143***	-0.443***	-0.403***	1									
H5	-0.039***	-0.109***	-0.146***	0.082***	1								
Com	-0.010	0.041***	0.020**	-0.117***	-0.076***	1							
Growth	0.309***	0.106***	0.079***	-0.141***	0.015*	0.027***	1						
TAT	-0.054***	-0.043***	-0.071***	0.046***	0.079***	-0.048***	0.117***	1					
ROE	-0.061***	-0.051***	-0.133***	-0.037***	0.184***	0.037***	0.242***	0.209***	1				
Dual	0.059***	0.141***	0.098***	-0.289***	0.016*	0.071***	0.053***	-0.032***	0.017**	1			
Z5	0.100***	0.064***	0.092***	-0.266***	-0.132***	0.025***	0.093***	-0.052***	-0.031***	0.032***	1		
Insti	0.118***	0.009	-0.050***	-0.080***	0.002	0.034***	0.164***	0.089***	0.263***	0.040***	0.046***	1	
BS	-0.083***	-0.143***	-0.121***	0.256***	0.022***	-0.051***	-0.035***	0.016	0.034***	-0.190***	0.015*	-0.006	1

表4-7 现金冗余样本相关系数矩阵

变量	Zexcash	Pledgedum	Pratio	SOE	H5	Com	Growth	TAT	ROE	Dual	Z5	Insti	BS
Zexcash	1												
Pledgedum	0.105***	1											
Pratio	0.104***	0.805***	1										
SOE	-0.188***	-0.466***	-0.409***	1									
H5	-0.023	-0.138***	-0.157***	0.127***	1								
Com	-0.003	0.050***	0.018	-0.124***	-0.086***	1							
Growth	0.434***	0.133***	0.139***	-0.190***	-0.041***	0.025*	1						
TAT	-0.091***	-0.034**	-0.071***	0.036**	0.077***	-0.066***	0.068***	1					
ROE	-0.011	-0.011	-0.079***	-0.086***	0.158***	0.039***	0.112***	0.249***	1				
Dual	0.076***	0.150***	0.095***	-0.293***	0.008	0.068***	0.064***	-0.022	0.058***	1			
Z5	0.131***	0.041***	0.077***	-0.226***	-0.186***	0.014	0.107***	-0.052***	-0.038***	-0.006	1		
Insti	0.126***	0.009	-0.054***	-0.128***	-0.038***	0.062***	0.099***	0.072***	0.271***	0.082***	0.038***	1	
BS	-0.088***	-0.147***	-0.105***	0.273***	-0.012	-0.036***	-0.071***	-0.009	-0.031***	-0.184***	0.029**	-0.056***	1

表4-8 现金不足样本相关系数矩阵

变量	Fexcash	Pledgedum	Pratio	SOE	H5	Com	Growth	TAT	ROE	Dual	Z5	Insti	BS
Fexcash	1												
Pledgedum	0.093***	1											
Pratio	0.154***	0.835***	1										
SOE	-0.091***	-0.426***	-0.398***	1									
H5	-0.161***	-0.101***	-0.145***	0.062***	1								
Com	-0.023**	0.036***	0.021*	-0.114***	-0.069***	1							
Growth	-0.239***	0.041***	0.011	-0.080***	0.025**	0.038***	1						
TAT	-0.107***	-0.065***	-0.080***	0.065***	0.071***	-0.035***	0.107***	1					
ROE	-0.469***	-0.110***	-0.185***	0.007	0.184***	0.043***	0.210***	0.165***	1				
Dual	0.038***	0.132***	0.099***	-0.286***	0.018*	0.074***	0.034***	-0.043***	-0.009	1			
Z5	0.045***	0.071***	0.098***	-0.285***	-0.105***	0.033***	0.054***	-0.064***	-0.057***	0.054***	1		
Insti	-0.172***	-0.038***	-0.077***	-0.013	0.006	0.016	0.060***	0.055***	0.182***	-0.008	0.026**	1	
BS	-0.142***	-0.143***	-0.131***	0.249***	0.043***	-0.061***	-0.015	0.031**	0.060***	-0.194***	0.005	0.035***	1

4.5.4　回归分析

4.5.4.1　控股股东股权质押对超额现金持有水平影响的回归分析

根据**模型（4-4）~模型（4-6）**，本节首先对全样本企业、现金冗余和现金不足样本企业进行回归分析，分别检验控股股东股权质押对企业超额现金持有水平的影响，回归结果见表 4-9。

表 4-9　控股股东股权质押对企业超额现金持有水平的影响

变量	模型（4-4）		模型（4-5）		模型（4-6）	
	ABSexcash	ABSexcash	Zexcash	Zexcash	Fexcash	Fexcash
Pledgedum	0.0155***	—	0.0165***	—	0.0035***	—
	(8.0652)		(3.8801)		(3.6753)	
Pratio	—	0.0242***	—	0.0191***	—	0.0088***
		(8.4606)		(2.9525)		(6.2397)
Growth	0.1130***	0.1130***	0.1876***	0.1880***	-0.0258***	-0.0258***
	(38.8334)	(38.8728)	(33.3677)	(33.3547)	(-14.8112)	(-14.8692)
TAT	-0.0156***	-0.0154***	-0.0350***	-0.0349***	-0.0013	-0.0011
	(-6.9198)	(-6.8273)	(-7.3485)	(-7.3183)	(-1.0944)	(-0.9691)
ROE	-0.1371***	-0.1322***	-0.0584**	-0.0562**	-0.1544***	-0.1518***
	(-16.1258)	(-15.4489)	(-2.2530)	(-2.1627)	(-40.5270)	(-39.5469)
Dual	0.0059***	0.0065***	0.0129***	0.0140***	0.0012	0.0012
	(2.7935)	(3.0768)	(2.7482)	(2.9993)	(1.1680)	(1.1314)
Z5	0.0121***	0.0117***	0.0241***	0.0239***	0.0024***	0.0022***
	(8.0322)	(7.7422)	(7.1176)	(7.0241)	(3.2344)	(2.9577)
Insti	0.0011***	0.0012***	0.0011***	0.0011***	-0.0007***	-0.0007***
	(8.3724)	(8.7242)	(4.2141)	(4.3701)	(-9.1149)	(-8.9971)
BS	-0.0346***	-0.0350***	-0.0440***	-0.0461***	-0.0267***	-0.0262***
	(-7.2481)	(-7.3531)	(-4.1364)	(-4.3375)	(-11.3292)	(-11.1359)
Constant	0.1667***	0.1678***	0.1981***	0.2040***	0.1317***	0.1302***
	(15.5282)	(15.6855)	(8.1860)	(8.4630)	(24.8787)	(24.7032)

续表

变量	模型（4-4）		模型（4-5）		模型（4-6）	
	ABSexcash	*ABSexcash*	*Zexcash*	*Zexcash*	*Fexcash*	*Fexcash*
Year	控制	控制	控制	控制	控制	控制
N	13341	13341	5096	5096	8245	8245
R^2	0.1624	0.1628	0.2629	0.2620	0.2641	0.2663
$adj-R^2$	0.1616	0.1620	0.2611	0.2602	0.2630	0.2652
F	215.31***	215.96***	151.07***	150.36***	246.13***	249.01***

注：括号中的数字为双尾检验的 *t* 值，*表示 $p<0.1$、**表示 $p<0.05$、***表示 $p<0.01$。模型中各变量的方差膨胀因子 *VIF* 的取值范围为 [1.03, 2.12]。

由表4-9的回归结果可以看出，**模型（4-4）~模型（4-6）**中所有连续变量的方差膨胀因子的取值范围介于1.03~2.12，远小于10，也再次验证了模型中不存在多重共线性问题。以上模型调整后的 R^2 均大于0.16，且所有模型的 *F* 值通过1%的显著性水平检验，说明模型具有一定的解释力和拟合度。对上述模型的回归结果进行具体分析，可得到以下实证结果。

模型（4-4）的回归结果显示：在全样本中，控股股东股权质押与超额现金持有水平呈正相关关系，回归系数分别为0.0155和0.0242，在1%的水平上显著，说明控股股东股权质押会加大上市公司实际现金持有水平与目标持有水平的偏离度，降低企业现金持有水平的合理性。**模型（4-5）和模型（4-6）**的回归结果显示：在现金过度持有的情况下，控股股东股权质押与现金持有冗余呈显著正相关关系，回归系数0.0165和0.0191在1%的水平上显著；在现金持有不足的情形下，控股股东股权质押与现金持有不足呈显著正相关关系，回归系数0.0035和0.0088在1%的水平上显著。这说明无论对现金持有过度还是对现金持有不足行为，控股股东股权质押均产生了显著的影响，使上市公司的现金持有水平偏离最优现金持有水平。另外，现金过度持有模型中的控股股东是否进行股权质押的回归系数0.0165大于现金持有不足模型的回归系数0.0035，且控股股东股权质押增加一个标准差，现金冗余程度会提高4.82%，现金不足程度会提高3.58%，相比之下，现金冗余程度多提高了34.64%。这表明控股股东股权质押后，上市公司现金过度持有现象比现金不足现象更严重，也从一定程度上反映出控股股东股权质押后控股股东更关注控制权转移风险，故而更倾向于持有高额现金，防患于未然。本章的**假设（4-1）**得到验证。

4.5.4.2　不同产权性质下股权质押对超额现金持有水平影响的分析

由于企业产权性质的不同，企业内部治理结构和面临的外部环境必然存在差异。国有企业的内部治理过程中股东与管理者的代理问题较为突出，而在非国有企业中代理问题更多地凸显为控股股东与中小股东之间的利益冲突。同时，不同的产权性质下企业所面临的融资约束和控制权转移风险也不同。考虑这些因素，为进一步研究控股股东股权质押对超额现金持有水平的影响在不同产权性质企业中是否存在不同，本章将样本企业分为国有企业和非国有企业两个子样本进行分类回归，其回归结果见表4-10和表4-11。

表4-10　国有企业回归结果分析

变量	模型（4-4）		模型（4-5）		模型（4-6）	
	ABSexcash	*ABSexcash*	*Zexcash*	*Zexcash*	*Fexcash*	*Fexcash*
Pledgedum	-0.0001	—	-0.0095	—	0.0047 **	—
	（-0.0274）		（-1.1691）		（2.0182）	
Pratio	—	0.0045	—	-0.0074	—	0.0091 *
		（0.6249）		（-0.4104）		（1.8684）
Growth	0.0578 ***	0.0577 ***	0.1505 ***	0.1501 ***	-0.0254 ***	-0.0253 ***
	（13.5182）	（13.5143）	（15.9958）	（15.9602）	（-7.8411）	（-7.8109）
TAT	-0.0035	-0.0034	-0.0155 ***	-0.0158 ***	0.0016	0.0016
	（-1.4475）	（-1.4239）	（-2.8357）	（-2.8824）	（0.9290）	（0.9172）
ROE	-0.0822 ***	-0.0818 ***	-0.0243	-0.0226	-0.0906 ***	-0.0904 ***
	（-7.7379）	（-7.6949）	（-0.7206）	（-0.6703）	（-13.3764）	（-13.3413）
Dual	0.0037	0.0037	0.0083	0.0082	0.0019	0.0019
	（0.9588）	（0.9662）	（0.8363）	（0.8257）	（0.7262）	（0.7233）
Z5	0.0111 ***	0.0109 ***	0.0225 ***	0.0226 ***	0.0009	0.0008
	（4.9249）	（4.8585）	（4.2119）	（4.2110）	（0.5630）	（0.4885）

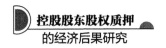

续表

变量	模型 (4-4)		模型 (4-5)		模型 (4-6)	
	ABSexcash	*ABSexcash*	*Zexcash*	*Zexcash*	*Fexcash*	*Fexcash*
Insti	-0.0006***	-0.0006***	-0.0006	-0.0006	-0.0011***	-0.0011***
	(-3.0918)	(-3.0729)	(-1.3951)	(-1.3693)	(-7.0557)	(-7.0429)
BS	-0.0403***	-0.0403***	-0.0534***	-0.0541***	-0.0315***	-0.0315***
	(-7.0067)	(-7.0217)	(-3.8558)	(-3.9060)	(-7.9391)	(-7.9208)
Constant	0.1664***	0.1664***	0.1953***	0.1962***	0.1382***	0.1382***
	(12.7648)	(12.7682)	(6.1244)	(6.1532)	(15.3901)	(15.3865)
Year	控制	控制	控制	控制	控制	控制
N	4354	4354	1465	1465	2889	2889
R^2	0.0790	0.0791	0.1953	0.1947	0.1534	0.1533
$adj-R^2$	0.0765	0.0765	0.1887	0.1880	0.1499	0.1497
F	31.03***	31.07***	29.38***	29.25***	43.44***	43.38***

注：括号中的数字为双尾检验的 *t* 值，* 表示 $p<0.1$、** 表示 $p<0.05$、*** 表示 $p<0.01$。模型中各变量的方差膨胀因子 *VIF* 的取值范围为 [1.01，1.80]。

表 4-11 非国有企业回归结果分析

变量	模型 (4-4)		模型 (4-5)		模型 (4-6)	
	ABSexcash	*ABSexcash*	*Zexcash*	*Zexcash*	*Fexcash*	*Fexcash*
Pledgedum	0.0133***	—	0.0122**	—	-0.0005	—
	(5.1207)		(2.1602)		(-0.4427)	
Pratio	—	0.0190***	—	0.0080**	—	0.0038
		(5.2560)		(2.3732)		(1.0063)
Growth	0.1256***	0.1256***	0.1909***	0.1913***	-0.0261***	-0.0262***
	(34.2139)	(34.2120)	(28.0704)	(28.0528)	(-12.7995)	(-12.8714)
TAT	-0.0221***	-0.0218***	-0.0429***	-0.0431***	-0.0029*	-0.0028*
	(-6.7184)	(-6.6460)	(-6.4971)	(-6.5122)	(-1.8770)	(-1.7977)
ROE	-0.1606***	-0.1556***	-0.0717**	-0.0724**	-0.1838***	-0.1811***
	(-14.1470)	(-13.5578)	(-2.1195)	(-2.1300)	(-40.1979)	(-39.0781)

续表

变量	模型 (4-4)		模型 (4-5)		模型 (4-6)	
	ABSexcash	*ABSexcash*	*Zexcash*	*Zexcash*	*Fexcash*	*Fexcash*
Dual	0.0037	0.0042	0.0098*	0.0100*	-0.0005	-0.0004
	(1.4157)	(1.5917)	(1.7526)	(1.7895)	(-0.3882)	(-0.3073)
Z5	0.0102***	0.0097***	0.0212***	0.0205***	0.0008	0.0010
	(5.1158)	(4.8916)	(4.9329)	(4.7697)	(0.9560)	(1.1746)
Insti	0.0015***	0.0015***	0.0013***	0.0013***	-0.0006***	-0.0006***
	(8.7264)	(8.9966)	(4.1234)	(4.1459)	(-6.7881)	(-6.7574)
BS	-0.0206***	-0.0213***	-0.0227	-0.0237*	-0.0191***	-0.0188***
	(-3.0984)	(-3.2038)	(-1.5847)	(-1.6553)	(-6.4204)	(-6.3386)
Constant	0.1496***	0.1518***	0.1739***	0.1807***	0.1233***	0.1215***
	(10.2403)	(10.4267)	(5.5029)	(5.7460)	(18.9138)	(18.6891)
Year	Yes	Yes	Yes	Yes	Yes	Yes
N	8987	8987	3631	3631	5356	5356
R^2	0.1730	0.1731	0.2530	0.2522	0.3287	0.3294
$adj-R^2$	0.1719	0.1720	0.2505	0.2497	0.3272	0.3279
F	156.43***	156.57***	102.09***	101.69***	218.03***	218.71***

注：括号中的数字为双尾检验的 t 值，*表示 $p < 0.1$、**表示 $p < 0.05$、***表示 $p < 0.01$。模型中各变量的方差膨胀因子 *VIF* 的取值范围为 [1.02，2.36]。

在国有企业样本和非国有企业样本中各模型的所有连续变量的方差膨胀因子取值范围分别为 $1.01 \sim 1.80$ 和 $1.02 \sim 2.36$，远低于 10，说明模型中不存在多重共线性问题。国有企业中除全样本回归的调整后 R^2 较小，究其缘由，可能在于国有企业超额现金持有水平的影响因素较为复杂，在模型中未能充分体现，但其余样本中各模型调整后的 R^2 均大于 0.14。非国有企业中各样本和模型下的调整后的 R^2 都大于 0.17。国有企业和非国有企业样本的所有模型的 F 值均通过了 1% 的显著性水平检验，说明模型中的回归方程具有一定的解释力和拟合度。

根据表 4-10 可得到以下实证结果：在国有企业样本中，控股股东股权质押对超额现金持有水平、现金冗余程度的回归系数均不显著，但控股股东是否进行股权质押与现金不足程度的回归系数 0.0047 在 5% 的水平上通过显著性检验，控股股东股权质押比例与现金不足程度的回归系数 0.0091 在 10% 的水平上通过显著性检验，说明国有企业缺少控制权市场竞争机制和外部融资门槛的约束，更容易诱发管理层的机会主义动机，使上市公司资金被侵占和无效利用的现象加剧。相较于国有企业，如表 4-11 所示，非国有企业中控股股东股权质押对超额现金持有水平回归系数分别为 0.0133 和 0.019，在 1% 的水平上显著，说明非国有企业控股股东股权质押后，控股股东出于不同的动机，可能会使上市公司的实际持有现金向上或向下偏离目标现金持有水平。从非国有企业中的现金冗余样本可以看出，控股股东股权质押对现金冗余程度的正向影响更显著，回归系数 0.0122 和 0.008 在 5% 的水平上通过显著性检验，表明非国有企业的控股股东进行股权质押后，出于规避控制权转移风险动机，使上市公司持有过多现金的可能性更大。

综上所述，国有企业中，控股股东股权质押对现金不足程度的正向影响更显著，而在非国有企业中，控股股东股权质押对现金冗余水平的正向影响更显著。符合研究**假设（4-2a）**和**假设（4-2b）**的预期：控股股东股权质押后，非国有企业面临的融资约束加剧，且激烈的控制权市场竞争加大了控制权转移的风险，从而使这类公司的控股股东在进行现金持有决策时预防性动机占据主导地位，其更倾向于将更多的现金留存在上市公司中，以避免未来筹资不足或外部融资成本过高，且保证股价下跌时有能力追加担保。另外，在国有企业中，控股股东股权质押会加剧上市公司的现金短缺现象。这种现象产生的原因可能在于，一是股权质押后国有企业面临的融资约束和控制权转移风险较低，会减弱控股股东对管理层行为的监督动力，为管理层进行在职消费或腐败提供机会。二是国有企业存在"所有者缺位"的情况，管理层与股东之间的代理问题更突出，委托代理理论下企业的现金持有决策更容易受管理层操控。

4.5.4.3　股权集中度对股权质押与超额现金持有水平的调节效应分析

根据前文研究**假设（4－3a）**和**假设（4－3b）**的理论分析，以及在**模型（4－7）、模型（4－8）**的基础上，对股权集中度对控股股东股权质押与超额现金持有水平的调节效应进行回归分析，回归结果见表4－12。

表4－12　股权集中度的调节效应回归结果

变量	模型（4－7）			模型（4－8）		
	ABSexcash	*Zexcash*	*Fexcash*	*ABSexcash*	*Zexcash*	*Fexcash*
Pledgedum	0.0161***	0.0186***	0.0031***	—	—	—
	(8.2836)	(4.3219)	(3.1775)			
Pratio	—	—	—	0.0266***	0.0241***	0.0080***
				(9.0713)	(3.6914)	(5.4491)
H5	0.0102	0.0616***	−0.0230***	0.0121*	0.0618***	−0.0222***
	(1.5733)	(4.2090)	(−7.2067)	(1.8604)	(4.2049)	(−6.9785)
H5 × Pledgedum	0.0385***	0.0684**	0.0099	—	—	—
	(2.9798)	(2.3858)	(1.5519)			
H5 × Pratio	—	—	—	0.0682***	0.1183***	0.0087
				(3.4313)	(2.6420)	(0.8925)
Growth	0.1127***	0.1873***	−0.0259***	0.1126***	0.1875***	−0.0259***
	(38.7424)	(33.3348)	(−14.9447)	(38.7290)	(33.2767)	(−14.9834)
TAT	−0.0159***	−0.0361***	−0.0010	−0.0156***	−0.0355***	−0.0009
	(−7.0669)	(−7.5763)	(−0.8877)	(−6.9294)	(−7.4639)	(−0.7581)
ROE	−0.1392***	−0.0735***	−0.1498***	−0.1346***	−0.0703***	−0.1477***
	(−16.1446)	(−2.8100)	(−38.9392)	(−15.5404)	(−2.6849)	(−38.1483)
Dual	0.0056***	0.0121***	0.0015	0.0062***	0.0134***	0.0015
	(2.6616)	(2.5833)	(1.4460)	(2.9581)	(2.8706)	(1.4134)
Z5	0.0123***	0.0264***	0.0019**	0.0119***	0.0261***	0.0017**
	(8.1085)	(7.6895)	(2.5186)	(7.8319)	(7.5861)	(2.3012)

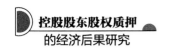

变量	模型（4-7）			模型（4-8）		
	ABSexcash	Zexcash	Fexcash	ABSexcash	Zexcash	Fexcash
Insti	0.0011***	0.0012***	-0.0008***	0.0012***	0.0012***	-0.0007***
	(8.4833)	(4.5283)	(-9.2651)	(8.8618)	(4.7291)	(-9.1692)
BS	-0.0343***	-0.0427***	-0.0261***	-0.0347***	-0.0449***	-0.0256***
	(-7.1822)	(-4.0218)	(-11.0742)	(-7.2800)	(-4.2407)	(-10.9200)
Constant	0.1609***	0.1623***	0.1424***	0.1607***	0.1678***	0.1408***
	(14.2988)	(6.3242)	(25.8890)	(14.3140)	(6.5674)	(25.6541)
Year	控制	控制	控制	控制	控制	控制
N	13341	5096	8245	13341	5096	8245
R^2	0.1630	0.2662	0.2694	0.1637	0.2653	0.2710
$adj-R^2$	0.1622	0.2642	0.2681	0.1628	0.2633	0.2697
F	185.41***	131.65***	216.72***	186.26***	131.06***	218.50***

注：括号中的数字为双尾检验的 t 值，＊表示 $p<0.1$、＊＊表示 $p<0.05$、＊＊＊表示 $p<0.01$。模型中各变量的方差膨胀因子 VIF 的取值范围为 $[1.02, 2.12]$。

在**模型（4-7）**和**模型（4-8）**中所有连续变量的方差膨胀因子取值范围为 1.02～2.12，远低于10，说明模型中不存在多重共线性问题。模型的调整后的 R^2 均大于0.16，F 值均通过了 1% 的显著性水平检验，说明模型中的回归方程具有一定的解释力和拟合度。

根据表 4-12 可得到如下实证结果：在全样本回归中，**模型（4-7）**和**模型（4-8）**结果显示，控股股东是否存在股权质押与股权集中度的交乘项的系数为 0.0385，且通过了 1% 显著性水平检验，控股股东股权质押比例与股权集中度的交乘项系数 0.0682，在 1% 的水平上显著，由此得出，股权集中度在全样本中发挥着调节效应，支持了研究**假设（4-3a）**。这说明股权集中度在控股股东股权质押与超额现金持有水平的关系中起显著的正向调节作用，即股权集中度越高，控股股东股权质押后上市公司的超额现金持有水平更高。当上市公司的股权结构表现为高度集中时，出于维护自身权益最大化的目的，控股股东更有能力和动机干预上市公司的现金持有决策。在现金冗余的分样本中，控股股东是否存在股权质押和控股股东股权质押比例与股权集中度的交乘项的系数分别为 0.0684 和 0.1183，分别通过了 5% 和 1% 的显著性水平检验；在现金不足的分样本中，控股股东是否存在股权质押和控股股东股权质押比例与股权集中度的交乘项的系数分别为 0.0099 和 0.0087，但未通过 10% 显著性水平检验，符合研究**假设（4－3b）**的预期。上述结果表明，股权集中度越高，控股股东股权质押后越有能力干预公司的财务决策，且规避控制权转移风险的动机更强烈，导致其更有可能通过使上市公司正向增持大量的现金来预防未来的风险。

4.5.4.4　市场竞争度对股权质押与超额持有现金水平的调节效应分析

根据前文研究**假设（4－4a）**和**假设（4－4b）**的理论分析，并且在**模型（4－9）**和**模型（4－10）**的基础上，对市场竞争程度对控股股东股权质押与超额现金持有水平的调节效应进行回归分析。回归结果如表 4－13 所示。

表 4－13　市场竞争程度的调节效应回归结果

变量	模型（4－9）			模型（4－10）		
	ABSexcash	*Zexcash*	*Fexcash*	*ABSexcash*	*Zexcash*	*Fexcash*
Pledgedum	0.0157***	0.0168***	0.0036***	—	—	—
	(8.1525)	(3.9438)	(3.7302)			
Pratio	—	—	—	0.0243***	0.0190***	0.0089***
				(8.4905)	(2.9439)	(6.2872)
Com	− 0.0286***	− 0.0463**	− 0.0046	− 0.0274***	− 0.0463**	− 0.0042
	(− 2.8311)	(− 2.0235)	(− 0.9188)	(− 2.7117)	(− 2.0453)	(− 0.8413)
Com × Pledgedum	− 0.0394**	− 0.0661	− 0.0178*	—	—	—
	(− 1.9719)	(− 1.4827)	(− 1.7964)			
Com × Pratio	—	—	—	− 0.0690**	− 0.0984	− 0.0358**
				(− 2.3459)	(− 1.4717)	(− 2.4935)
Growth	0.1130***	0.1876***	− 0.0257***	0.1130***	0.1879***	− 0.0258***
	(38.8620)	(33.3826)	(− 14.7872)	(38.8830)	(33.3434)	(− 14.8528)

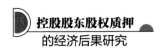
续表

变量	模型 (4-9)			模型 (4-10)		
	ABSexcash	*Zexcash*	*Fexcash*	*ABSexcash*	*Zexcash*	*Fexcash*
TAT	-0.0161***	-0.0360***	-0.0014	-0.0158***	-0.0357***	-0.0012
	(-7.1212)	(-7.5386)	(-1.1663)	(-7.0068)	(-7.4736)	(-1.0402)
ROE	-0.1359***	-0.0561**	-0.1541***	-0.1314***	-0.0552**	-0.1516***
	(-15.9767)	(-2.1620)	(-40.4083)	(-15.3426)	(-2.1225)	(-39.4550)
Dual	0.0062***	0.0134***	0.0013	0.0069***	0.0146***	0.0012
	(2.9431)	(2.8595)	(1.2037)	(3.2426)	(3.1248)	(1.1839)
Z5	0.0121***	0.0241***	0.0024***	0.0117***	0.0239***	0.0022***
	(8.0332)	(7.0989)	(3.2098)	(7.7404)	(7.0212)	(2.9120)
Insti	0.0011***	0.0011***	-0.0007***	0.0012***	0.0011***	-0.0007***
	(8.4190)	(4.2908)	(-9.1272)	(8.7872)	(4.4712)	(-9.0023)
BS	-0.0349***	-0.0442***	-0.0267***	-0.0353***	-0.0461***	-0.0262***
	(-7.3086)	(-4.1505)	(-11.3154)	(-7.3979)	(-4.3453)	(-11.1045)
Constant	0.1712***	0.2050***	0.1323***	0.1721***	0.2108***	0.1308***
	(15.7640)	(8.3921)	(24.6807)	(15.8850)	(8.6569)	(24.4769)
Year	控制	控制	控制	控制	控制	控制
N	13341	5096	8245	13341	5096	8245
R^2	0.1632	0.2640	0.2644	0.1636	0.2630	0.2669
$adj-R^2$	0.1623	0.2620	0.2632	0.1628	0.2610	0.2657
F	185.61***	130.18***	211.31***	186.24***	129.51***	214.06***

注：括号中的数字为双尾检验的 t 值，*表示 $p<0.1$、**表示 $p<0.05$、***表示 $p<0.01$。模型中各变量的方差膨胀因子 *VIF* 的取值范围为 [1.00, 2.12]。

在**模型 (4-9) 和模型 (4-10)** 中所有连续变量的方差膨胀因子取值范围为 1.00~2.12，远低于 10，说明模型中不存在多重共线性问题。模型的调整后的 R^2 大于 0.16，F 值均通过了 1% 的显著性水平检验，说明模型中的回归方程具有一定的解释力和拟合度。

由**模型 (4-9)** 可得，在全样本中，控股股东是否存在股权质押的回归系数为 0.0157，在 1% 的水平上显著为正，控股股东是否存在股权质押与市场竞争程度之间的交乘项系数为 -0.0394 在 5% 的水平上显著为负。

由模型（4 - 10）可得，控股股东股权质押比例的回归系数为 0. 0243，通过了 1% 的显著性水平检验，控股股东股权质押比例与市场竞争程度的交乘项系数为 - 0. 069 在 5% 的水平上显著为负。这说明市场竞争程度在控股股东股权质押与超额现金持有水平之间的关系中存在显著的负向调节作用，即市场竞争越激烈，控股股东股权质押后上市公司会降低超额现金持有水平。从侧面反映出市场竞争在股权质押后上市公司的现金持有决策过程中具有外部治理的作用。激烈的市场竞争能够提供充分的信息和发挥市场淘汰机制的作用来约束公司大股东和管理层的机会主义动机，提高现金决策的合理性。进一步分析，在现金不足样本中，控股股东是否存在股权质押与市场竞争程度的交乘项系数为 - 0. 0178 在 10% 的水平上显著为负，控股股东股权质押比例与市场竞争程度的交乘项系数为 - 0. 0358 在 5% 的水平上显著为负，而在现金冗余样本中交乘项的回归系数均未通过 10% 的显著性水平检验。可以看出，控股股东股权质押后，市场竞争程度主要通过抑制公司现金不足现象，来发挥对上市公司超额现金持有现象的外部治理作用。

4.5.5　稳健性检验

为检验回归分析结果的稳健性，本节采取了两种方法方式进行稳健性检验：第一，替换被解释变量。借鉴黄珍和李婉丽（2019）的研究，利用现金及现金等物/总资产来衡量公司层面的现金持有量，然后再依据前文所述估计模型计算公司的超额现金持有水平，接着将估计结果的数值带入实证检验模型中进行回归，测试结果的稳健性，所得回归结果如表 4 - 14 ~ 表 4 - 18 所示。第二，重新选择样本，借鉴李常青等（2018）的研究，剔除定向增发的样本。考虑到现有关于股权质押资金投向的规定并未禁止融入方将资金用于认购上市公司定向增发，而股东可以通过股份质押来参与定向增发，定向增发会增加上市公司的现金持有量。为了避免定向增发对本节实证结果的影响，剔除当年进行了定向增发的样本公司来检验本章的研究假设，回归结果证实了前文的研究假设，在此省略具体的数据表格。根据稳健性回归结果的显著性水平以及回归系数的大小和方向的变化，均可以得出如下结论：①控股股东股权质押会提高上市公司的超额现金持有水平，既加重了现金不足程度，又加剧了现金冗余现象。②在非国有企业中，控股股东股权质押对现金冗余现象的正向影响更显著；在国有企业中，控股股东股权质押对现金不足程度的正向影响更明显。③随着股权集中度的提高，控股股东股权质押与超额现金持有水平的正相关关系越显著，且主要体现为加剧现金冗余程度。④市场竞争程度对控股股东股权质押与超额现金持有水平之间的关系发挥着负向的调节作用，且市场竞争程度越高，控股股东股权质押对公司现金不足程度的正向影响越弱。与前文的研究结果一致，故本节的研究结论具有可靠性。

表 4 - 14   控股股东股权质押与超额现金持有水平的稳健性检验结果

变量	模型 （4 - 4）		模型 （4 - 5）		模型 （4 - 6）	
	ABSexcash	ABSexcash	Zexcash	Zexcash	Fexcash	Fexcash
Pledgedum	0.0138 ***	—	0.0146 ***	—	0.0032 ***	—
	(8.0570)		(3.8499)		(3.7025)	
Pratio	—	0.0216 ***	—	0.0170 ***	—	0.0079 ***
		(8.4534)		(2.9477)		(6.2263)
Growth	0.1007 ***	0.1007 ***	0.1672 ***	0.1676 ***	- 0.0230 ***	- 0.0231 ***
	(38.8156)	(38.8549)	(33.3659)	(33.3504)	(- 14.8327)	(- 14.8899)
TAT	- 0.0139 ***	- 0.0137 ***	- 0.0312 ***	- 0.0311 ***	- 0.0011	- 0.0010
	(- 6.9229)	(- 6.8305)	(- 7.3532)	(- 7.3241)	(- 1.1084)	(- 0.9841)
ROE	- 0.1224 ***	- 0.1180 ***	- 0.0522 **	- 0.0503 **	- 0.1376 ***	- 0.1353 ***
	(- 16.1401)	(- 15.4635)	(- 2.2611)	(- 2.1699)	(- 40.4820)	(- 39.5089)
Dual	0.0053 ***	0.0058 ***	0.0116 ***	0.0126 ***	0.0011	0.0010
	(2.7959)	(3.0789)	(2.7760)	(3.0250)	(1.1491)	(1.1142)
Z5	0.0108 ***	0.0104 ***	0.0215 ***	0.0212 ***	0.0022 ***	0.0020 ***
	(8.0326)	(7.7428)	(7.1027)	(7.0074)	(3.2507)	(2.9769)
Insti	0.0010 ***	0.0011 ***	0.0010 ***	0.0010 ***	- 0.0007 ***	- 0.0007 ***
	(8.3554)	(8.7068)	(4.2085)	(4.3643)	(- 9.1428)	(- 9.0240)
BS	- 0.0309 ***	- 0.0312 ***	- 0.0391 ***	- 0.0409 ***	- 0.0239 ***	- 0.0234 ***
	(- 7.2547)	(- 7.3595)	(- 4.1266)	(- 4.3211)	(- 11.3291)	(- 11.1437)

续表

变量	模型（4-4）		模型（4-5）		模型（4-6）	
	ABSexcash	*ABSexcash*	*Zexcash*	*Zexcash*	*Fexcash*	*Fexcash*
Constant	0.1487***	0.1497***	0.1764***	0.1815***	0.1175***	0.1163***
	（15.5415）	（15.6985）	（8.1807）	（8.4495）	（24.8854）	（24.7201）
Year	控制	控制	控制	控制	控制	控制
N	13341	13341	5094	5094	8247	8247
R^2	0.1623	0.1627	0.2630	0.2621	0.2639	0.2661
$adj - R^2$	0.1615	0.1619	0.2613	0.2604	0.2628	0.2650
F	215.16***	215.80***	151.11***	150.42***	245.97***	248.81***

注：括号中的数字为双尾检验的 t 值，＊表示 $p < 0.1$、＊＊表示 $p < 0.05$、＊＊＊表示 $p < 0.01$。模型中各变量的方差膨胀因子 *VIF* 的取值范围为 [1.03, 2.12]。

表4-15　国有企业回归结果的稳健性检验结果

变量	模型（4-4）		模型（4-5）		模型（4-6）	
	ABSexcash	*ABSexcash*	*Zexcash*	*Zexcash*	*Fexcash*	*Fexcash*
Pledgedum	-0.0001	—	-0.0085	—	0.0042**	—
	（-0.0301）		（-1.1738）		（2.0468）	
Pratio	—	0.0040	—	-0.0067	—	0.0081*
		（0.6220）		（-0.4186）		（1.8708）
Growth	0.0515***	0.0514***	0.1340***	0.1337***	-0.0227***	-0.0226***
	（13.5081）	（13.5041）	（15.9903）	（15.9550）	（-7.8574）	（-7.8258）
TAT	-0.0031	-0.0030	-0.0139***	-0.0141***	0.0014	0.0014
	（-1.4497）	（-1.4261）	（-2.8435）	（-2.8884）	（0.9106）	（0.8990）
ROE	-0.0733***	-0.0729***	-0.0221	-0.0206	-0.0805***	-0.0803***
	（-7.7421）	（-7.6991）	（-0.7343）	（-0.6852）	（-13.3177）	（-13.2846）
Dual	0.0033	0.0033	0.0073	0.0072	0.0017	0.0017
	（0.9594）	（0.9668）	（0.8254）	（0.8150）	（0.7355）	（0.7324）
Z5	0.0099***	0.0098***	0.0199***	0.0200***	0.0008	0.0007
	（4.9227）	（4.8565）	（4.1890）	（4.1905）	（0.5643）	（0.4924）

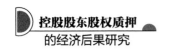
续表

变量	模型（4－4）		模型（4－5）		模型（4－6）	
	ABSexcash	ABSexcash	Zexcash	Zexcash	Fexcash	Fexcash
Insti	− 0. 0006 ***	− 0. 0006 ***	− 0. 0005	− 0. 0005	− 0. 0010 ***	− 0. 0010 ***
	（ − 3. 1005）	（ − 3. 0816）	（ − 1. 3549）	（ − 1. 3305）	（ − 7. 1141）	（ − 7. 1037）
BS	− 0. 0359 ***	− 0. 0360 ***	− 0. 0473 ***	− 0. 0479 ***	− 0. 0281 ***	− 0. 0280 ***
	（ − 7. 0137）	（ − 7. 0287）	（ − 3. 8389）	（ − 3. 8945）	（ − 7. 9037）	（ − 7. 8885）
Constant	0. 1485 ***	0. 1485 ***	0. 1734 ***	0. 1744 ***	0. 1232 ***	0. 1232 ***
	（12. 7755）	（12. 7789）	（6. 1132）	（6. 1470）	（15. 3549）	（15. 3551）
Year	控制	控制	控制	控制	控制	控制
N	4354	4354	1465	1465	2889	2889
R^2	0. 0790	0. 0791	0. 1956	0. 1949	0. 1531	0. 1529
$adj - R^2$	0. 0765	0. 0765	0. 1890	0. 1883	0. 1496	0. 1494
F	31. 03 ***	31. 07 ***	29. 43 ***	29. 30 ***	43. 33 ***	43. 26 ***

注：括号中的数字为双尾检验的 t 值，＊表示 $p < 0.1$、＊＊表示 $p < 0.05$、＊＊＊表示 $p < 0.01$。模型中各变量的方差膨胀因子 VIF 的取值范围为［1.01，1.80］。

表4－16　非国有企业回归结果的稳健性检验结果

变量	模型（4－4）		模型（4－5）		模型（4－6）	
	ABSexcash	ABSexcash	Zexcash	Zexcash	Fexcash	Fexcash
Pledgedum	0. 0119 ***	—	0. 0109 **	—	− 0. 0005	—
	（5. 1119）		（2. 1476）		（ − 0. 4473）	
Pratio		− 0. 0169 ***		0. 0072 **		0. 0034
		（5. 2483）		（2. 3420）		（1. 0139）
Growth	0. 1119 ***	0. 1119 ***	0. 1703 ***	0. 1706 ***	− 0. 0233 ***	− 0. 0234 ***
	（34. 1995）	（34. 1975）	（28. 0721）	（28. 0535）	（ − 12. 8263）	（ − 12. 8983）
TAT	− 0. 0197 ***	− 0. 0195 ***	− 0. 0383 ***	− 0. 0385 ***	− 0. 0026 *	− 0. 0025 *
	（ − 6. 7212）	（ − 6. 6488）	（ − 6. 5053）	（ − 6. 5201）	（ − 1. 8711）	（ − 1. 7926）
ROE	− 0. 1433 ***	− 0. 1389 ***	− 0. 0638 **	− 0. 0643 **	− 0. 1639 ***	− 0. 1616 ***
	（ − 14. 1609）	（ − 13. 5720）	（ − 2. 1145）	（ − 2. 1233）	（ − 40. 1985）	（ − 39. 0861）

续表

变量	模型（4-4）		模型（4-5）		模型（4-6）	
	ABSexcash	ABSexcash	Zexcash	Zexcash	Fexcash	Fexcash
Dual	0.0033	0.0037	0.0089*	0.0091*	-0.0004	-0.0004
	(1.4168)	(1.5925)	(1.7858)	(1.8237)	(-0.4181)	(-0.3389)
Z5	0.0091***	0.0086***	0.0189***	0.0183***	0.0008	0.0009
	(5.1149)	(4.8912)	(4.9327)	(4.7714)	(0.9587)	(1.1761)
Insti	0.0013***	0.0014***	0.0011***	0.0011***	-0.0006***	-0.0006***
	(8.7125)	(8.9823)	(4.1009)	(4.1238)	(-6.7819)	(-6.7514)
BS	-0.0184***	-0.0190***	-0.0201	-0.0210*	-0.0171***	-0.0168***
	(-3.1008)	(-3.2060)	(-1.5802)	(-1.6506)	(-6.4373)	(-6.3571)
Constant	0.1335***	0.1354***	0.1549***	0.1609***	0.1102***	0.1085***
	(10.2490)	(10.4351)	(5.4962)	(5.7369)	(18.9460)	(18.7247)
Year	控制	控制	控制	控制	控制	控制
N	8987	8987	3629	3629	5358	5358
R^2	0.1729	0.1730	0.2530	0.2522	0.3288	0.3295
$adj-R^2$	0.1718	0.1719	0.2505	0.2497	0.3273	0.3279
F	156.31***	156.45***	102.04***	101.64***	218.19***	218.84***

注：括号中的数字为双尾检验的 t 值，＊表示 $p<0.1$、＊＊表示 $p<0.05$、＊＊＊表示 $p<0.01$。模型中各变量的方差膨胀因子 VIF 的取值范围为 [1.02, 2.36]。

表4-17　股权集中度调节效应的稳健性检验结果

变量	模型（4-7）			模型（4-8）		
	ABSexcash	Zexcash	Fexcash	ABSexcash	Zexcash	Fexcash
Pledgedum	0.0143***	0.0164***	0.0028***	—	—	—
	(8.2751)	(4.2866)	(3.2066)			
Pratio	—	—	—	0.0237***	0.0214***	0.0071***
				(9.0637)	(3.6856)	(5.4352)
H5	0.0091	0.0547***	-0.0204***	0.0108*	0.0550***	-0.0198***
	(1.5704)	(4.1947)	(-7.1800)	(1.8572)	(4.1975)	(-6.9609)

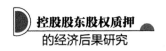
续表

变量	模型 (4-7)			模型 (4-8)		
	ABSexcash	*Zexcash*	*Fexcash*	*ABSexcash*	*Zexcash*	*Fexcash*
H5 × *Pledgedum*	0.0343*** (2.9814)	0.0609** (2.3858)	0.0089 (1.5635)	—	—	—
H5 × *Pratio*	—	—	—	0.0608*** (3.4306)	0.1056*** (2.6472)	0.0077 (0.8809)
Growth	0.1005*** (38.7246)	0.1670*** (33.3338)	-0.0232*** (-14.9647)	0.1003*** (38.7110)	0.1671*** (33.2723)	-0.0232*** (-15.0022)
TAT	-0.0142*** (-7.0700)	-0.0321*** (-7.5778)	-0.0009 (-0.9019)	-0.0139*** (-6.9325)	-0.0317*** (-7.4683)	-0.0008 (-0.7721)
ROE	-0.1242*** (-16.1582)	-0.0657*** (-2.8174)	-0.1335*** (-38.9012)	-0.1201*** (-15.5543)	-0.0628*** (-2.6915)	-0.1316*** (-38.1151)
Dual	0.0050*** (2.6641)	0.0109*** (2.6119)	0.0013 (1.4260)	0.0056*** (2.9603)	0.0121*** (2.8965)	0.0013 (1.3959)
Z5	0.0110*** (8.1085)	0.0235*** (7.6741)	0.0017** (2.5391)	0.0106*** (7.8321)	0.0232*** (7.5688)	0.0015** (2.3243)
Insti	0.0010*** (8.4663)	0.0010*** (4.5207)	-0.0007*** (-9.2951)	0.0011*** (8.8444)	0.0011*** (4.7222)	-0.0007*** (-9.1988)
BS	-0.0306*** (-7.1887)	-0.0380*** (-4.0198)	-0.0233*** (-11.0792)	-0.0309*** (-7.2863)	-0.0399*** (-4.2277)	-0.0229*** (-10.9344)
Constant	0.1435*** (14.3122)	0.1447*** (6.3312)	0.1271*** (25.8853)	0.1434*** (14.3273)	0.1493*** (6.5607)	0.1257*** (25.6662)
Year	控制	控制	控制	控制	控制	控制
N	13341	5094	8247	13341	5094	8247
R^2	0.1629	0.2663	0.2692	0.1636	0.2655	0.2707
$adj-R^2$	0.1621	0.2643	0.2679	0.1627	0.2634	0.2695
F	185.28***	131.68***	216.55***	186.13***	131.11***	218.30***

注：括号中的数字为双尾检验的 t 值，*表示 $p<0.1$、**表示 $p<0.05$、***表示 $p<0.01$。模型中各变量的方差膨胀因子 *VIF* 的取值范围为 [1.02, 2.12]。

表4-18 市场竞争调节效应的稳健性检验结果

变量	模型（4-9）			模型（4-10）		
	ABSexcash	Zexcash	Fexcash	ABSexcash	Zexcash	Fexcash
Pledgedum	0.0140***	0.0149***	0.0032***	—	—	—
	(8.1442)	(3.9146)	(3.7564)			
Pratio	—	—	—	0.0216***	0.0169***	0.0079***
				(8.4832)	(2.9407)	(6.2719)
Com	−0.0255***	−0.0417**	−0.0039	−0.0244***	−0.0417**	−0.0036
	(−2.8295)	(−2.0418)	(−0.8836)	(−2.7103)	(−2.0647)	(−0.8042)
Com × Pledgedum	−0.0351**	−0.0592	−0.0159*			
	(−1.9729)	(−1.4889)	(−1.7933)			
Com × Pratio	—	—	—	−0.0615**	−0.0888	−0.0317**
				(−2.3463)	(−1.4895)	(−2.4783)
Growth	0.1007***	0.1672***	−0.0230***	0.1007***	0.1675***	−0.0230***
	(38.8442)	(33.3816)	(−14.8097)	(38.8650)	(33.3398)	(−14.8748)
TAT	−0.0143***	−0.0321***	−0.0012	−0.0141***	−0.0319***	−0.0011
	(−7.1243)	(−7.5454)	(−1.1789)	(−7.0099)	(−7.4814)	(−1.0535)
ROE	−0.1213***	−0.0501**	−0.1373***	−0.1172***	−0.0494**	−0.1351***
	(−15.9910)	(−2.1692)	(−40.3652)	(−15.3572)	(−2.1292)	(−39.4193)
Dual	0.0056***	0.0121***	0.0011	0.0061***	0.0132***	0.0011
	(2.9455)	(2.8892)	(1.1822)	(3.2446)	(3.1531)	(1.1633)
Z5	0.0108***	0.0214***	0.0021***	0.0104***	0.0212***	0.0019***
	(8.0335)	(7.0839)	(3.2252)	(7.7410)	(7.0040)	(2.9307)
Insti	0.0010***	0.0010***	−0.0007***	0.0011***	0.0010***	−0.0007***
	(8.4020)	(4.2854)	(−9.1550)	(8.7699)	(4.4659)	(−9.0290)
BS	−0.0311***	−0.0392***	−0.0239***	−0.0315***	−0.0409***	−0.0234***
	(−7.3151)	(−4.1406)	(−11.3137)	(−7.4041)	(−4.3280)	(−11.1112)
Constant	0.1527***	0.1825***	0.1181***	0.1535***	0.1875***	0.1167***
	(15.7769)	(8.3895)	(24.6813)	(15.8976)	(8.6458)	(24.4875)
Year	控制	控制	控制	控制	控制	控制

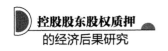
续表

变量	模型（4-9）			模型（4-10）		
	ABSexcash	Zexcash	Fexcash	ABSexcash	Zexcash	Fexcash
N	13341	5094	8247	13341	5094	8247
R^2	0.1631	0.2641	0.2642	0.1635	0.2632	0.2667
$adj - R^2$	0.1622	0.2621	0.2630	0.1627	0.2611	0.2655
F	185.47***	130.22***	211.17***	186.11***	129.58***	213.88***

注：括号中的数字为双尾检验的 t 值，* 表示 $p < 0.1$、** 表示 $p < 0.05$、*** 表示 $p < 0.01$。模型中各变量的方差膨胀因子 VIF 的取值范围为 $[1.01, 2.12]$。

4.5.6　进一步研究

当前我国学者研究关于超额现金持有水平主要基于权衡理论和代理理论两方面展开。权衡理论认为，在权衡成本和收益的基础上，理性的公司会确定一个最优的现金持有水平。同时，现金持有的边际市场价值会随着现金持有量的增加而递减，公司持有的现金水平如果偏离最优水平，可能会造成资源的浪费或流动性风险。代理理论视角下，"自由现金流假说"提出控股股东或管理层为了满足其固守职位、扩大"商业版图"等动机会使上市公司高额持有现金，而"耗散假说"提出控股股东或管理者的风险偏好以及过度投资等挥霍现金的行为会导致上市公司出现现金持有不足的现象。

根据前文实证检验可知，当控股股东股权质押后上市公司会产生超额现金持有的现象，即可能产生现金冗余，也可能产生现金不足。那么是否确如前文理论分析所述，无论是预防性动机还是代理动机下，股权质押后控股股东都会出于追求自身利益的角度，人为干预上市公司现金持有决策，忽视公司实际资金需求，进而降低了公司价值？这是一个需要进一步检验的重要问题。

基于此，本章参考李常青等（2018）和罗进辉等（2019）用 $TobinQ$ 作为被解释变量来衡量公司的市场价值，它等于流通股市值、非流通股账面价值和负债账面价值之和除以总资产。控股股东是否存在股权质押、控股股东股权质押比例与超额现金持有水平、现金冗余、现金不足分别做交乘来检验股权质押后控股股东干预上市公司超额现金持有水平对公司价值的影响。构建**模型（4－12）**和**模型（4－13）**：

$$TobinQ_{it} = \beta_0 + \beta_1 ABSexcash_{it} + \beta_2 Pledgedum_{it} \times ABSexcash_{it} +$$
$$\beta_3 Pledgedum_{it} + \beta_4 Growth_{it} + \beta_5 TAT_{it} + \beta_6 ROE_{it} + \beta_7 Dual_{it} + \beta_8 Z5_{it} + \beta_9 Insti_{it} +$$
$$\beta_{10} BS_{it} + \sum Year + \varepsilon_{it} \qquad\qquad \textbf{模型（4－12）}$$

$$TobinQ_{it} = \beta_0 + \beta_1 ABSexcash_{it} + \beta_2 Pratio_{it} \times ABSexcash_{it} + \beta_3 Pratio_{it} +$$
$$\beta_4 Growth_{it} + \beta_5 TAT_{it} + \beta_6 ROE_{it} + \beta_7 Dual_{it} + \beta_8 Z5_{it} + \beta_9 Insti_{it} + \beta_{10} BS_{it} +$$
$$\sum Year + \varepsilon_{it} \qquad\qquad \textbf{模型（4－13）}$$

表 4－19 和表 4－20 是控股股东股权质押、超额现金持有水平和企业价值的回归结果。其中，**模型（4－12a）**、**模型（4－13a）**是控股股东股权质押对超额现金持有水平与企业价值关系影响的回归结果，**模型（4－12b）**和**模型（4－13b）**、**模型（4－12c）**和**模型（4－13c）**是区分现金冗余和现金不足后的回归结果。

表 4－19　控股股东股权质押、超额现金持有水平与企业价值的回归结果（1）

变量	TobinQ		
	模型（4－12a）	模型（4－12b）	模型（4－12c）
ABSexcash	0.2559 ** (2.4244)	—	—
Pledgedum × ABSexcash	−1.0014 *** (−5.2311)	—	—
Pledgedum	0.0482 ** (2.1020)	—	—
Zexcash	—	−0.3082 *** (−2.7847)	—
Pledgedum × Zexcash	—	−0.6240 *** (−3.3053)	—
Pledgedum	—	0.0936 *** (2.7849)	—
Fexcash	—	—	8.0847 *** (24.1226)

变量	TobinQ		
	模型 (4-12a)	模型 (4-12b)	模型 (4-12c)
$Pledgedum \times Fexcash$	—	—	-1.9660***
			(-3.3515)
$Pledgedum$	—	—	0.0262
			(0.8093)
$Growth$	-0.0211	0.2337***	0.3360***
	(-0.5787)	(4.8811)	(6.2680)
TAT	-0.1912***	-0.2513***	-0.1867***
	(-7.1364)	(-6.8135)	(-5.2812)
ROE	0.8019***	3.6975***	1.5199***
	(7.8600)	(18.4958)	(11.8285)
$Dual$	0.1524***	0.1460***	0.1313***
	(6.0535)	(4.0349)	(4.1063)
$Z5$	0.0646***	0.0661**	0.0734***
	(3.5929)	(2.5141)	(3.2485)
$Insti$	0.0191***	0.0234***	0.0242***
	(11.8202)	(11.8530)	(9.6871)
BS	-0.9820***	-0.5091***	-1.0195***
	(-17.2764)	(-6.1912)	(-14.1070)
$Constant$	4.9485***	3.3792***	4.6557***
	(38.4300)	(17.9640)	(27.9105)
$Year$	控制	控制	控制
N	13341	5096	8245
R^2	0.1756	0.2317	0.2542
$adj-R^2$	0.1748	0.2296	0.2530
F	202.81***	109.46***	200.39***

注：括号中的数字为双尾检验的 t 值，*表示 $p<0.1$、**表示 $p<0.05$、***表示 $p<0.01$。模型中各变量的方差膨胀因子 VIF 的取值范围为 $[1.03, 2.13]$。

表4-20 控股股东股权质押、超额现金持有水平与企业价值的回归结果（2）

变量	TobinQ		
	模型（4-13a）	模型（4-13b）	模型（4-13c）
ABSexcash	0.2205**	—	—
	(2.1002)		
Pratio×ABSexcash	-0.9345***	—	—
	(-3.4799)		
Pratio	0.0011	—	—
	(0.0320)		
Zexcash	—	-0.3236***	—
		(-2.9441)	
Pratio×Zexcash	—	-0.6555**	—
		(-2.4610)	
Pratio	—	0.0128	—
		(0.2486)	
Fexcash	—	—	8.1493***
			(24.1443)
Pratio×Fexcash	—	—	1.6822**
			(-2.1653)
Pratio	—	—	-0.0121
			(-0.2688)
Growth	-0.0152	0.2456***	0.3443***
	(-0.4151)	(5.1118)	(6.4217)
TAT	-0.1930***	-0.2534***	-0.1898***
	(-7.1950)	(-6.8580)	(-5.3647)
ROE	0.7808***	3.6732***	1.5212***
	(7.5954)	(18.3182)	(11.7366)

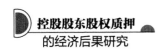
续表

变量	TobinQ		
	模型（4-13a）	模型（4-13b）	模型（4-13c）
Dual	0.1580*** (6.2898)	0.1560*** (4.3246)	0.1376*** (4.3130)
Z5	0.0672*** (3.7333)	0.0691*** (2.6242)	0.0753*** (3.3246)
Insti	0.0191*** (11.8541)	0.0234*** (11.8372)	0.0244*** (9.7445)
BS	−0.9989*** (−17.5888)	−0.5353*** (−6.5222)	−1.0354*** (−14.3285)
Constant	4.9987*** (38.8964)	3.4651*** (18.4844)	4.6884*** (28.1575)
Year	控制	控制	控制
N	13341	5096	8245
R^2	0.1744	0.2303	0.2531
$adj-R^2$	0.1736	0.2282	0.2518
F	201.11***	108.58***	199.21***

注：括号中的数字为双尾检验的 t 值，＊表示 $p<0.1$、＊＊表示 $p<0.05$、＊＊＊表示 $p<0.01$。模型中各变量的方差膨胀因子 VIF 的取值范围为 [1.03，2.12]。

从表4-19和表4-20的回归结果可以看出，**模型（4-12a）**和**模型（4-13a）**中，控股股东是否存在股权质押与超额现金持有水平的交乘项和控股股东股权质押比例与超额现金持有水平的交乘项的回归系数显著为负，分别为−1.0014和−0.9345，表明控股股东股权质押后，公司超额现金持有行为会损害公司价值，即控股股东股权质押后上市公司的超额现金持有水平可能不是根据公司实际经营需要决定的，而是由控股股东出于自身利益考虑进行了干预，这也意味着控股股东股权质押会增加现金持有成本和代理成本，进而降低了公司现金持有价值。

进一步区分现金冗余和现金不足后，在现金冗余样本中，**模型（4－12b）和模型（4－13b）**的回归结果显示，控股股东是否存在股权质押与现金冗余的交乘项的回归系数为 －0.624，在 1% 的水平上显著，控股股东股权质押比例与现金冗余的交乘项的回归系数为 －0.6555，在 5% 的水平上显著。这也验证了前文所述，控股股东股权质押后出于维护股价稳定，规避控制权转移风险的动机，会将大量资金留存在公司内部，进而错失一些投资机会，降低资金的使用效率，不利于公司长远发展，降低了企业价值。在现金不足样本中，**模型（4－12c）和模型（4－13c）**的回归结果显示，控股股东是否存在股权质押与现金不足的交乘项的回归系数为 －1.966，在 1% 的水平上显著，控股股东股权质押比例与现金不足的交乘项的回归系数为 －1.6822，在 5% 的水平上显著。这表明控股股东股权质押后现金不足的原因更多地体现为控股股东在"掏空"动机下挥霍资金或盲目扩张，公司资金的支出与公司发展需求相脱离，从而导致流出企业的资金并未带来相应的收益流入企业。这与前文分析相吻合：股权质押后控股股东存在"掏空"动机，加剧上市公司现金不足程度。

4.6　研究结论与启示

4.6.1　研究结论

（1）控股股东股权质押与超额现金持有水平存在显著的正相关关系

控股股东股权质押会提高上市公司的超额现金持有水平，即与未进行股权质押的上市公司相比，控股股东股权质押后上市公司更容易出现超额现金持有的现象。其原因可能在于股权质押后控股股东存在"掏空"和规避控制权转移风险的动机，会干预上市公司的现金持有决策，使得上市公司的实际现金持有水平会偏离目标现金持有水平。进一步分析发现，不同的行为动机会影响公司的超额现金持有方向。一方面，控股股东股权质押加大了市场股价波动对公司控制权稳定性的影响，为规避控制权转移，上市公司和控股股东需要进行市值管理、股票回购等行为来维持股价，这会

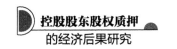

使上市公司的实际现金持有水平高于正常经营活动所需的现金水平，从而产生现金冗余的现象。另一方面，控股股东股权质押后会加深控股股东的控制权和现金流权的分离程度，控股股东"掏空"上市公司的动机更强烈，如可能利用关联交易、提供担保等方式来转移和占用资金，从而降低上市公司现金持有水平。在此过程中，为了获得高管的配合，控股股东也会降低对管理层的约束，增加管理层掠夺公司资金的可能性，加剧现金短缺现象。

（2）在国有企业中，控股股东股权质押与现金不足程度的正相关关系更显著，在非国有企业中，控股股东股权质押与现金冗余程度的正相关关系更显著

产权性质的不同导致国有企业和非国有企业在融资环境和内部治理环境方面存在差别。国有企业的控股股东进行股权质押后，企业面临的弱融资约束和低控制权转移风险，其应对未来投资需求和不确定性风险的资金储备量较少，且控股股东的股权质押行为会影响公司的稳定性，促使管理者通过侵占公司资金或盲目扩大投资来满足其在职消费或职位晋升等个人需求，从而加大公司产生现金短缺的风险。相比之下，高融资约束和激烈的控制权竞争的市场环境使非国有企业的预防性动机更强烈，其更倾向于将大量的现金留存在公司，从而加剧现金冗余现象。

（3）股权集中度在控股股东股权质押与超额现金持有水平之间存在显著的正向调节作用

股权结构越集中，控股股东股权质押对超额现金持有水平的正向作用越强，且主要体现为加剧现金冗余现象。股权质押行为会影响公司控制权的稳定性，控股股东有动机干预公司财务决策，当股权越集中时，控股股东越有能力干预公司现金持有决策，易导致上市公司的实际现金持有水平与目标现金持有水平的偏离度加大。为降低股权质押后公司因现金持有不足产生的财务风险，控股股东更倾向于保持高额的现金持有水平，以消除对公司流动性风险的担忧。

（4）市场竞争度在控股股东股权质押与超额现金持有水平之间存在显著的负向调节作用

市场竞争越激烈，控股股东股权质押对超额现金水平的正向作用越

弱，且主要体现为缓解现金不足问题。控股股东股权质押后，市场竞争通过发挥外部治理机制，能够降低信息不对称程度、监督和约束控股股东和管理者行为，使其做出的财务决策更有利于公司价值最大化。在现金持有决策上，表现为降低了公司的超额现金持有水平。控股股东进行股权质押后，随着市场竞争程度的增加，能够有效抑制公司控股股东和高管通过挪用和侵占公司资金以谋求私利的动机，即市场竞争能够抑制控股股东股权质押后上市公司现金不足现象的产生。

（5）股权质押后控股股东干预上市公司超额现金持有水平会损害公司价值

股权质押后上市公司的现金持有决策受控股股东的个人意愿影响，往往会偏离公司的实际经营需要，增加公司现金的持有成本和代理成本。股权质押后控股股东为了未来有充足的资金进行资本运作来维持控制权稳定，会使上市公司将过多的现金留存在公司内部，从而可能导致公司错失良好的投资机会，降低了资金的配置效率，抑制公司价值的提升。同时，股权质押后控股股东可能占用和挪用上市公司资金，削弱了公司利用现金创造价值的能力，导致公司发展后劲不足，进而损害公司价值。

4.6.2　启示

（1）加强控股股东股权质押情形下公司现金持有管理

现金持有决策容易受到控股股东的干预，企业需要高度关注控股股东股权质押后上市公司的超额现金持有水平。一是根据不同超额持有现金类型进行分类管理。针对存在现金冗余的企业，公司应当减少现金持有量，一方面，可以将现金进行创新投入，推动企业由短期获利模式向注重长期价值模式转变；另一方面，可以将现金用于股利分配，提振市场信心，稳定股价。针对存在现金不足的企业，企业应当加强对控股股东盲目投资、挥霍资金等行为的监督，保证企业的每一分钱都能实现"好钢用在刀刃上"。二是对股权质押的控股股东进行权力约束。一方面，在控股股东股权质押期间，对企业资金使用的审批、用途等标准做出明确规定，确保每一个审批环节落实到责任人，每一笔资金开支有迹可循，保证现金持有和

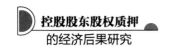
使用的规范合理，让控股股东的行为和现金使用可以随时受到其他股东和外部投资者的监督。尤其是国有企业，更要加大资金使用期限和用途的监督，避免出现在职消费、高管腐败和"政绩工程"等浪费国有资产的行为。另一方面，应当更加科学地构建公司的股权构成比例，降低控股股东的个人行为可能给公司带来的风险，并通过建立中小股东委托人责任制度，将中小股东的分散力量联合起来，更好地制约和监督大股东行为，弱化大股东"以权谋私"干预上市公司现金持有决策的行为，促进全体股东利益一致化。

（2）加大对股权质押行为的监管力度

股权质押前，资金融出方应当加强对股权质押品质量的甄别力度，可以要求出质方提供关于股权质押品质量的相关信息，比如，该笔质押质押前控股股东是否已存在质押且是否属于高比例质押，以及前期质押的股权能否如期解押、质押期间是否存在不能按合同要求追加担保、补充质押等情形。根据前期的质押情况，质权人可以制定出不同松紧程度的质押贷款政策。股权质押后，监管机构应当加大对质押资金流向的监管，逐步规范上市公司对股权质押资金流向的披露事项和要求，尤其是针对大规模质押资金未服务于实体经济的企业，可以通过发放问询函的形式来要求其披露更多的资金流动信息。同时，监管部门也可以要求上市公司在重大投融资决策的说明书中对控股股东或实际控制人的股权质押情况进行披露，从而增加市场对此类公司的关注度。这一方面能规范大股东的股权质押行为，加大其通过股权质押的方式将股票"变现"来谋求私利的成本和难度，减弱大股东的代理动机，降低大股东与高管合谋的可能性，从而抑制公司现金不足现象的产生。另一方面，当质押资金流向上市公司时，也能让投资者"看得见"大股东对公司的支持行为，能够增强市场信心，降低投资者对风险溢价的要求，缓解公司融资约束程度，进而削弱公司高额现金持有的预防性动机。

（3）建立健全市场竞争机制，发挥市场竞争的外部治理作用

任何企业都存在于特定的竞争环境之中，激烈市场竞争能够增强企业信息的透明度，监督公司决策者以股东利益最大化做出财务决策。同时，市场竞争能使决策者产生危机意识，能够抑制其牺牲公司利益以谋求自身

利益的动机，激发其提升公司价值的动力。股权质押行为会激化资本市场对控制权的争夺，面临激烈市场竞争的企业股权质押后会更加注重提升公司业绩来维持公司股价的稳定，规避股价崩盘引发的控制权转移。那么，在这个过程中，作为决策者的控股股东在现金持有决策时会更加关注现金使用的合理性，降低其随意侵占公司现金的动机。因此，监管部门应完善相关的法律法规，创造公平的市场竞争环境，对易出现垄断现象的行业进行严格管理和监督，将市场竞争维持在合理水平上，发挥市场竞争对企业超额现金持有现象的治理作用。

（4）拓宽控股股权质押后上市公司的融资渠道

控股股东股权质押后会加剧公司的融资约束，控股股东更倾向于使上市公司持有高额现金来预防不确定性因素，从而错失能够为股东创造更多财富的投资机会。这种现象在非国有企业中更加明显，缓解非国有企业因高融资约束而高额持有现金的问题，需要政府采取有效措施为企业搭建良好的外部融资平台，合理配置社会资源。首先，政府可以加大对金融市场不发达地区的扶持力度，如降低金融市场准入门槛，通过鼓励银行和中小金融机构的发展来缓解企业资金匮乏的现象。其次，不断提高金融服务水平，实现地区中小金融机构的差异化定位服务，健全授信机制，引导更多资金流向民营企业。

第5章 控股股东股权质押与企业高管薪酬：理论分析与实证检验

5.1 引言

随着我国股权质押融资业务的迅速发展，股权质押行为已经成为我国资本市场普遍发生的现象。控股股东股权质押后并不改变其控制权，质押期间的现金流权收益归属于质权人，因此控股股东的股权质押行为加大了两权分离度，两权分离度的加大弱化了激励效应，强化了侵占效应，使其更容易掏空上市公司和侵占中小股东利益，而掏空行为的实施降低了公司价值，使得股价低于警戒线和质押平仓线的可能性增加，最终加剧了控制权转移风险。现代股份制企业所有权与经营权分离，作为委托人的控股股东并不直接参与公司的日常经营管理活动，而是将其委托给作为代理人的高管。高管作为直接参与公司日常经营管理活动的内部人员，更了解公司的实际经营状况，还掌握着公司大量的私有信息。因此发生股权质押行为的控股股东无论是为了谋取私利还是规避控制权转移风险，都需要高管的密切配合，否则难以实施，而作为高管参与合谋的补偿，控股股东更倾向于选择提高高管显性薪酬水平还是选择提高隐性薪酬水平？高管显性薪酬对隐性薪酬的替代程度是否有所增加？

本章以控股股东与高管合谋为出发点，研究控股股东股权质押对高管显隐性薪酬水平及显性薪酬对隐性薪酬替代性的影响，为我国控股股东股权质押后上市公司高管薪酬变动的监管提供理论支撑。研究的意义体现在以下四个方面。

（1）丰富了控股股东股权质押经济后果的相关研究

现有对于股权质押的研究主要集中于盈余管理、市值管理、企业创新、审计行为、税收规避等角度，并得出控股股东股权质押后出于掏空或者规避控制权转移风险的动机，对上市公司带来的消极影响。本章从控股股东与高管合谋为出发点，对控股股东股权质押后可能对高管显隐性薪酬水平及高管显性薪酬对隐性薪酬的替代性进行分析，以期得到控股股东股权质押后高管薪酬的变化特征，其研究是对股权质押经济后果的补充。

（2）丰富了高管显隐性薪酬影响因素方面的研究

现有对于高管显隐性薪酬的研究主要从公司内外部治理结构、公司经营特征和管理层特征几个方面研究了高管显隐性薪酬的影响因素。本章以控股股东股权质押这一大股东行为为切入点，研究这一行为可能对高管薪酬产生的影响。

（3）为发生控股股东股权质押行为的上市公司的监管提供理论支持

控股股东股权质押后，为了达到掏空或者规避控制权转移风险的目的，可能会选择提高高管显隐性薪酬水平的方式作为高管参与合谋的补偿，这可能加剧控股股东与中小股东之间的第二类委托代理问题。研究结论在一定程度上可以为今后加强对发生股权质押行为的上市公司的监管提供参考依据。

5.2　理论基础与文献综述

5.2.1　理论基础

（1）高管薪酬

高管人员的界定有广义和狭义之分，具体来看，广义高管是指公司中担任经营决策和管理职责的关键人员，包括董事长、董事、监事、总经理、首席执行官（CEO）和总裁（陈震和丁忠明，2011；陈冬华等，2005）；狭义高管是指包含总经理、CEO 和总裁在内的人员，即核心高管（权小锋等，2010；刘星等，2012），本章对高管的定义采用广义高管的概念。

高管薪酬作为一种激励的主要形式，按照是否公开可以分为显性薪酬和隐性薪酬，按时间长短可以分为短期薪酬和长期薪酬。一般来说，显性薪酬较为常见，主要包括基本薪酬、业绩薪酬、年终奖、权益薪酬等，是管理层通过公开形式获得的薪酬总额。隐性薪酬主要包含在职消费、职位晋升和投资扩张的内部租金等，是管理层通过非公开形式获得的薪酬总额。为了对高管薪酬进行全面深入的研究，本章兼顾长期薪酬和短期薪酬、显性薪酬和隐性薪酬，对高管薪酬界定为：高管薪酬是显性薪酬（短期货币性薪酬和长期权益性薪酬）和隐性薪酬（在职消费）的有机整合。

高管显性薪酬主要包括短期货币性薪酬和长期权益性薪酬两部分。

短期货币性薪酬是指以货币形式表现和计量的薪酬，通常是一个会计年度，是一种短期显性激励形式，主要包括基本薪酬、绩效薪酬、职工福利费、社会保险、公积金等，是对高管人力资本进行的基本补偿。对于高管短期货币性薪酬的计量，本章以广义高管的概念为基础，采用所有董事、监事和高管年薪总额作为高管短期货币性薪酬的代理变量。

长期权益性薪酬是指以股票形式表现的薪酬，是一种长期显性激励方式，权益性薪酬的多少是以高管所拥有股份的数量与股价计算出来的，即高管的持股市值。主要包括限制性股票、股票期权和股票增值权，管理层持股使得高管与股东的目标趋于一致，二者共担风险同时共享收益，有助于激发高管人员努力工作的积极性，缓解了股东与高管间的委托代理冲突，对高管起到了很好的激励与约束作用。本章以广义高管的概念为基础，采用管理层持股数量和公司年末股票收盘价作为高管持股市值的代理变量。

高管隐性薪酬是指特定管理者因其在公司中处于特定地位而享有的权利，一般以非货币形式表示。主要包括福利薪酬与精神激励两个方面，福利薪酬是指高管在履行工作职务时发生的消费性支出或享受到的福利，如交通补助、超豪华办公室、免费的早午餐和其他与职务有关的隐性消费，即通常所说的在职消费。精神激励主要包括高管声誉、职位晋升等激励，其有效弥补了物质激励的不足。本章仅从在职消费角度研究控股股东股权质押对高管显隐性薪酬水平及显性薪酬对隐性薪酬替代性的影响。

在职消费即职务消费，是指上市公司管理层利用职务便利获取的私人控制权收益。Jensen 和 Meckling（1976）最早把"在职消费"定义为企业高管在履行职务过程中所享受到的待遇，如超豪华办公室、私人飞机等。陈冬华等（2005）使用加总法将公司高管人员在职消费的计量确定为财务报表附注"支付的其他与经营活动有关的现金流出"中列支的以下八项费用之和：办公费、差旅费、业务招待费、通信费、出国培训费、董事会费、小车费和会议费。权小锋等（2010）使用扣除法以管理费用为计量基础，将高管在职消费定义为从管理费用中扣除董事、监事和高管人员薪酬、计提的存货跌价准备、计提的坏账准备和当年的无形资产摊销等明显不属于在职消费的项目后的金额。此外，还有学者直接使用"支付的与其他经营活动有关的现金流出"作为在职消费的衡量标准（肖星和陈婵，2013）。由于在职消费的隐形化和非货币化的特征，因此其属于高管的一种隐性薪酬激励，对于高管隐性薪酬（在职消费）的测量，本章采用权小锋的做法。

（2）委托代理理论

随着公司规模的不断扩大，两权分离成为现代股份制企业的显著特点。在这种情况下，作为委托方的所有者并不直接参与公司的日常经营管理活动，而是将其委托给作为代理方的管理者，但由于二者的利益目标不一致，由此引发了委托代理问题。作为委托方，其主要目标是实现股东财富最大化；作为受托方的高管，其主要目标是实现个人利益最大化，且由于其可以直接参与企业的日常经营管理活动，具有明显的信息优势，因此可能利用这一优势来获取个人利益最大化，而股东却无法获取有关公司日常经营管理的全部信息，处于信息劣势。在这种信息不对称背景下，管理者极有可能利用信息优势违背股东的意愿来谋取私利，从而产生由"道德风险"和"逆向选择"行为所引发的股东与高管之间的委托代理问题。股东为了防止经营者背离股东财富最大化这一目标，必须对经营者进行监督与激励来约束代理人的行为，以达到降低代理成本的目的。

控股股东的股权质押行为可能会引发三种委托代理问题，一是控股股东与管理者之间；二是控股股东与中小股东之间；三是出质人与质权人之间。针对第一类委托代理问题，在信息不对称环境下，经营者可能会为了自身利益最大化做出损害股东利益最大化的决策。因此，股东要完善内外部公司治理机制，要制定使激励成本和监督成本之和最低的激励监督机制，以此来实现公司长远发展。针对第二类委托代理问题，控股股东的股权质押行为加大了两权分离度，从而弱化了激励效应，强化了侵占效应，使其更容易对上市公司进行掏空或者为规避控制权转移风险而采取市值管理等行为，而这些行为的实施需要高管的密切配合，因此其可能会与高管合谋以达到掏空上市公司、侵占中小股东利益的目的。针对第三类委托代理问题，控股股东股权质押后可能面临股价跌至警戒线或平仓线的风险，但控股股东却没有能力补充质押物或者追加保证金，此时质权人将有权抛售股票，股票抛售行为容易引发股价崩盘风险，进而损害了中小股东的利益。

综上所述，随着上市公司控股股东股权质押后普遍面临的三类委托代理问题，如何通过制定有效的薪酬激励机制来缓解第一类委托代理问题；如何通过加强对控股股东的监督管理来缓解第二类委托代理问题；如何通过完善股权质押制度，规范股权质押条款来解决第三类委托代理问题，上市公司必须采取有效措施去解决这些问题，从而实现制度优化，以促进股权资本市场的稳定发展。

（3）信息不对称理论

信息不对称最早来源于西方经济学中的有效市场理论，是指在市场经济活动中，买卖双方对相关交易信息的了解是有差异的，信息的不公开透明造成了这种信息的不对称性。一般来说，卖方由于掌握更多的关于商品的各种信息而拥有比较优势，并尽可能利用这一信息优势为自身谋取私利，而买方由于缺乏交易中的各种信息处于比较劣势，因此相较于卖方而言，买方一定会努力从卖方获取信息来降低其可能产生的损失。

信息不对称现象普遍存在于我国资本市场，根据信息不对称发生时间的不同，该现象可以分为事前信息不对称和事后信息不对称。其中，事前信息不对称发生在交易双方签订合同之前，主要表现为，资本市场中上市公司的控股股东或管理层由于掌握大量内幕信息，因此处于信息优势地位，为了吸引投资者或者获得更多贷款，会通过故意隐瞒私有信息或提供虚假信息的手段来粉饰公司业绩，给投资者营造一种公司拥有较高盈利能力和较大发展空间的假象，从而诱导处于信息劣势的中小投资者进行投资，以此来获取超额收益的行为，即逆向选择行为。事后信息不对称发生在交易双方签订合同之后，主要表现为，处于信息优势的卖方在提前获取了关于交易行为的内幕信息后，可能会采取违背合同约定等一系列行为，从而给处于信息劣势的买方带来经济利益遭受损失的行为，即道德风险。为了尽可能地避免信息不对称现象所带来的道德风险和逆向选择行为，交易双方需要在合同中对激励惩罚措施做出明确规定，从而维护了处于信息劣势一方的利益。

在我国资本市场中，企业中控股股东和中小股东的代理问题也源于信息不对称，由于中小股东及债权人等外部利益相关者无法知悉企业全部的内部信息且相关的监管成本过高，因而给公司大股东及管理层创造了通过合谋行为侵占契约他方利益的空间，从而为自身创造更多利益侵占的机会。控股股东股权质押后可能会面临股价下跌至质押平仓线引发的控制权转移风险，因此其很可能利用盈余管理、市值管理等方式稳定股价，此时处于信息劣势的中小股东在决策过程中会因被动接受经过粉饰的信息而做出错误决策。此外，银行等质权人与控股股东之间也存在明显的信息不对称，信息不对称的存在降低了质权人对抵押品甄别的能力，为控股股东与高管合谋干预上市公司财务与经营决策提供了空间。最后，投资者与上市公司之间也存在明显的信息不对称，控股股东发生股权质押行为后，一方面，为了实现掏空或为规避控制权转移风险而进行盈余操纵等目的，其可能会选择与高管合谋，最终会对投资者利益造成严重损害；另一方面，其可能会选择与高管合谋并通过市值管理等方式降低股价波动幅度以稳定投资者情绪，以避免股价崩盘风险的发生。

（4）控制权私利理论

1988 年，Grossman 和 Hart 提出了控制权私利理论，认为控制权私利是指控股股东借助其掌握的控制权来使个人利益得到满足的权利。控制权私利产生的直接原因是：控股股东以损害其他股东利益为代价，借助其掌握的控制权绝对优势来实现个人利益最大化。一般来说，控制权由控制权共享收益以及控制权私利两大部分组成。控制权共享收益是指上市公司所有股东以其所持有上市公司的股份对公司的利润进行分配，这种利润分配行为与之所拥有的现金流权相对应；控制权私利是指上市公司治理结构从高度分散到高度集中这一演进过程中控股股东的出现所形成的，对控股股东来说，控制权为其参与公司决策所带来的收益远大于其实际持股所获得的收益，进而出现了控股股东为了实现个人利益最大化而损害中小股东切

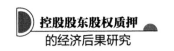

身利益的情况，即控制权私利。控股股东之所以可以通过侵占中小股东利益来攫取控制权私有收益，是因为其掌握的实际控制权和现金流权不匹配。

在我国上市公司中，控股股东在金字塔式、交叉持股等治理结构下，借助不同层级的控制链条通过持有少量股份就可以拥有极大的控制权。这样一来，控股股东的实际控制权远远高于现金流权，两权分离度的加大增加了控股股东侵占上市公司利益的动机。而控股股东的股权质押行为进一步加大了两权分离度，两权分离度的加大弱化了激励效应，强化了侵占效应，其掏空上市公司和侵占中小股东利益的动机大大增强，而掏空行为的实施加剧了股价崩盘引发的控制权转移风险。因此，发生股权质押行为的控股股东一方面存在对上市公司掏空而进行的资金占用等行为；另一方面存在为了规避控制权转移风险而进行的市值管理等行为，而这些行为的发生需要高管的密切配合，由此引发了控股股东与高管间的合谋行为，合谋行为的实施严重损害了其他大股东及中小股东的核心利益。其他大股东为了确保自己的利益不受损害，在控股股东发生股权质押行为后，可能会对控股股东与高管合谋来攫取控制权私利的行为进行监督和约束，从而降低控股股东与高管合谋对上市公司实施掏空行为或者市值管理等规避控制权转移风险的行为所引致的危害，进而减缓控股股东股权质押行为对公司价值造成的不利影响。

5.2.2　文献综述

5.2.2.1　高管显隐性薪酬及薪酬替代效应的相关研究

（1）国外研究现状

国外对于高管显隐性薪酬影响因素的研究起步较早。学者们分别从公司经营特征、公司内外部治理和管理层特征等角度研究了高管显隐性薪酬的影响因素。

从公司经营特征来看，已有研究主要从公司规模、公司业绩、市场环境等角度研究了高管显隐性薪酬的影响因素。Gabaix 和 Landier（2008）、Frydman 和 Saks（2010）、Gabaix 等（2014）认为公司规模是影响高管薪酬的主要因素。

从管理层特征来看，已有研究主要从高管能力、社会关系、专业技能等角度研究了高管显隐性薪酬的影响因素。Brockman 等（2016）认为通过外部聘用的 CEO 获得的薪酬水平最高，其次是通过内部晋升的 CEO。Falato 等（2015）研究发现，管理层能力越强，CEO 货币性薪酬水平就越高。Engelberg（2013）研究发现，与拥有较小社会关系网的 CEO 相比，拥有较大社会关系网的 CEO 获得的货币性薪酬水平更高。Kohlbeck 和 He（2019）研究发现，有良好社会关系的 CEO 从薪酬中获得较低的超额回报对公司未来绩效有积极影响。

从公司内部治理特征来看，已有研究主要从所有权结构、董事会规模、薪酬委员会等方面研究了高管显隐性薪酬的影响因素。Hambrick 和 Finkelstein（1995）研究了所有权配置对高管薪酬的影响。发现当公司存在多个所有者时，CEO 薪酬相对较高；当公司存单一所有者时，CEO 的薪酬相对较低。Abdalkrim（2019）研究发现，以两职合一表示的公司内部治理特征对 CEO 薪酬和公司绩效之间有正向调节作用。Patel（2019）研究发现，巴基斯坦上市公司董事会规模大于平均规模的上市公司高管薪酬也更高。Kanapathippillai 等（2019）认为薪酬委员会的存在和有效性与 CEO 薪酬和公司绩效呈正相关关系。

从公司外部治理特征来看，已有研究主要从机构投资者持股、媒体报道等方面研究了高管显隐性薪酬的影响因素。Kuhnen 和 Niessen – Ruenzi（2009）研究了媒体报道对美国上市公司高管薪酬的影响，认为公众态度和社会规范的变化对高管薪酬水平和薪酬结构的影响十分显著。Dicks（2012）研究发现，当上市公司的外部监管较为严格时，高管的激励性报酬就会有所下降。Maharani 和 Utami（2019）认为机构投资者持股不直接影响高管薪酬，公司绩效在投资者持股与高管薪酬的关系中起到中介作用。

国外学者对高管薪酬替代效应的研究较少，主要从高管薪酬结构的视角展开。Mehran（1995）研究发现，高管股票期权在薪酬结构中占比越大，公司绩效越好。Matolcsy 和 Wright（2011）研究发现，偏离有效 CEO 薪酬结构的公司绩效比拥有有效 CEO 薪酬结构的公司绩效更低。Karim 等

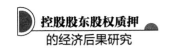

（2018）研究发现，企业社会责任绩效与现金薪酬比例呈负相关，与股权薪酬比例呈正相关。

（2）国内研究现状

国内学者对于高管显隐性薪酬影响因素的研究，主要从公司经营特征、管理层特征、公司内部治理和外部治理四个角度展开。

从公司经营特征来看，已有研究主要从企业产权性质、公司规模、资本结构、并购绩效和财务重述、企业历史亏损等角度研究了高管显隐性薪酬的影响因素。蒋涛和徐悦（2017）研究发现，与国有企业相比，民营企业高管基本薪酬更高、绩效薪酬更低。李增泉（2000）发现，我国上市公司高管薪酬与企业绩效并不相关，而与企业规模关系密切，且存在明显的地区差异性。李兴江和何晓艳（2013）认为民营上市公司高管薪酬和资本结构存在显著的正相关关系。王晓红（2019）研究发现，在企业并购收益较低的情况下，高管薪酬呈现负增长的缓慢增长态势，此时高管会采用财务重述手段维护自身利益。刘红霞和孙雅男（2019）认为与非历史亏损企业相比，存在历史亏损企业的高管超额薪酬支付水平更高。

从管理层特征来看，已有研究主要从年龄、政治关联、管理层权利、高管团队、高管团队异质性等角度研究了高管显隐性薪酬的影响因素。唐松和孙铮（2014）研究了政治关联对高管薪酬及企业未来绩效的影响。发现无论是国企还是民企，存在政治关联的高管薪酬水平较高。徐伟和叶陈刚（2016）研究了管理层权利与高管薪酬结构之间的关系，发现管理层权利与高管薪酬呈正相关关系。

从公司内部治理来看，已有研究主要从治理结构、独立董事比例、董事会规模、两职合一、内部控制等角度研究了高管显隐性薪酬的影响因素。应惟伟（2011）研究发现，第一大股东力量越强，上市银行高管薪酬越高；董事会规模对高管薪酬没有影响。韩天熙（2012）研究发现，在具有政府控制类型和国有控制类型的上市公司中，股权制衡度越高，高管薪酬越高。但在民营上市公司中，股权制衡度对高管薪酬却没有显著影响。胡玲等（2012）发现，两职合一的高管可以获得较高的薪酬契约，其他公司内部治理机制并不能对经理权利形成有效约束。王冰和尤晨（2013）发现，我国 A 股上市公司高管薪酬总额与股权集中度呈负相关关系，但与公司绩效和公司规模呈正相关关系。李辰颖（2019）认为内部控制可以强化高管薪酬与财务绩效的敏感性。

从公司外部治理来看，已有研究主要从媒体监督、投资者治理、市场环境等角度研究了高管显隐性薪酬的影响因素。伊志宏等（2011）认为压力抵抗型机构投资者持股对上市公司高管薪酬业绩敏感性的促进作用只有在市场化进程相对较快的地区才显著。杨德明和赵璨（2012）、张璇和李雅兰（2017）研究发现，媒体监督职能的发挥能够促使高管薪酬水平更加合理。褚剑和方军雄（2016）研究发现，政府审计对央企控股上市公司高管的超额在职消费行为起到了治理效应。郝颖等（2018）研究发现，外部监管政策对企业过高的在职消费有明显抑制作用，特别是在地方国有企业。

对于高管薪酬替代效应的研究，学者们主要研究了货币薪酬与在职消费之间的替代关系。陈冬华等（2010）认为高管货币薪酬和在职消费（隐性薪酬）随着市场化水平的提高而提高，但在职消费（隐性薪酬）更多地被货币薪酬所替代。树友林（2011）认为高管货币薪酬与在职消费不存在显著的替代关系。傅颀和汪祥耀（2013）研究发现，相较于民营企业，国有企业倾向于采取货币薪酬代替在职消费。王新等（2015）研究发现，经理人权力越大时，越倾向于选择高额货币性薪酬代替在职消费。蒋涛和廖歆欣（2020）研究发现，隐性薪酬（在职消费）与显性薪酬（货币薪酬）既存在替代关系又存在互补关系。此外，还有少数学者研究了管理者持股比例与在职消费（冯根福和赵珏航，2012）、超控制权薪酬与货币性薪酬（陈炟等，2013）之间的替代关系。

5.2.2.2　控股股东股权质押与高管薪酬关系的相关研究

由于关于控股股东股权质押与高管薪酬关系的国外文献较少，因此本章仅对国内文献进行综述。从股权质押对高管薪酬的影响来看，李常青等（2018）认为控股股东股权质押后，出于掏空或者规避控制权转移风险的动机，会对上市公司的经营业绩产生负面影响，严重影响了以业绩为基础的高管薪酬，因此控股股东会选择降低高管薪酬业绩敏感性的方法对高管进行拉拢。此外，研究发现，在控股股东股权质押的上市公司高管薪酬的

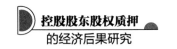

增幅更大，且薪酬增幅高的公司掏空程度和盈余管理水平也更严重。

王新红和白倩（2020）以控股股东的股权质押行为为切入点，实证检验控股股东股权质押对高管薪酬的影响，研究结果表明：从高管短期货币性薪酬来看，控股股东股权质押降低了高管短期货币性薪酬水平；从高管长期权益性薪酬来看，控股股东股权质押提高了高管长期权益性薪酬水平；从高管总体薪酬水平来看，控股股东股权质押提高了高管总体薪酬水平；从替代效应来看，控股股东股权质押后高管的短期货币性薪酬更多地被长期权益性薪酬所替代。

池国华和郭芮佳（2020）认为高管的超额在职消费是诱发股价崩盘的重要因素，而且还会占用企业大量的现金，加剧了发生控股股东股权质押行为的上市公司的控制权转移风险。因此，为了规避控制权转移风险，控股股东发生股权质押行为后会加强对高管的监督，高管的超额在职消费水平有所降低。

张俊（2020）研究发现，控股股东股权质押后为了降低控制权转移风险，会对公司的财务行为进行一定程度的干预，以确保股价维持在质押平仓线以上。而控股股东这种对财务进行不利干预的行为，有可能会恶化公司的业绩，进一步影响以业绩为基础的高管薪酬。因此，控股股东出质股权的行为会弱化高管薪酬业绩敏感度，扭曲原有的薪酬契约。

5.2.2.3　文献评述

通过对股权质押行为、高管显隐性薪酬及替代效应和股权质押与高管薪酬关系的国内外文献回顾发现，在高管显隐性薪酬影响因素方面，主要从公司内外部治理、公司经营特征和管理层特征几个角度研究了高管显隐性薪酬的影响因素，虽然目前取得了许多研究成果，但仍然还存在以下一些不足之处。

①国内外文献对于股权质押行为的研究主要集中在股权质押的动因和经济后果方面，并且主要从市值管理、盈余管理、创新投入和股价波动等角度研究了控股股东股权质押对以上因素产生的影响，但鲜有文献研究控股股东股权质押行为对高管显隐性薪酬水平及显性薪酬对隐性薪酬替代性的影响。

②在影响高管薪酬的因素中，大多考虑的是公司内外部治理、高管特征和公司经营特征等角度，但是鲜有文献考虑控股股东股权质押这一大股东行为对高管显隐性薪酬水平及显性薪酬对隐性薪酬替代性的影响。

基于以上分析，本章以控股股东股权质押行为为切入点，研究控股股东股权质押行为对高管显性薪酬水平和隐性薪酬水平的影响，以期验证控股股东的股权质押行为对不同形式的高管薪酬水平产生的影响；在此基础上，考虑到治理结构的不同可能对控股股东股权质押后高管薪酬的变化产生不同程度的影响，本章将从股权制衡度和内部控制质量两个角度进一步分析不同治理结构下控股股东股权质押对高管显隐性薪酬水平的影响是否存在差异，以期得出不同治理结构下发生控股股股东股权质押行为的上市公司高管薪酬所表现出的差异性特征。

5.3 研究假设

本章以控股股东与高管之间的合谋行为为出发点，从"掏空"与"规避控制权转移风险"两个视角研究了控股股东股权质押对高管显隐性薪酬水平产生的影响。从"掏空"视角来看，控股股东的股权质押行为加大了两权分离度，弱化了激励效应，强化了侵占效应，使其掏空上市公司的动机加强；从"规避控制权转移风险"视角来看，控股股东股权质押后，由于控股股东的控制权与公司的股价波动密切相关，因此其会对公司股价做出特别关注，为了降低股价跌至质押平仓线所引发的控制权转移风险，控股股东可能会采取一系列财务干预活动来进行市值管理。但由于现代企业所有权与经营权的分离，控股股东并不直接参与公司的日常经营管理活动，而是将其委托给高管，控股股东在"掏空"和"规避控制权转移风险"的双重动机下，这些行为的实施均需要高管的密切配合，出于合谋动机，控股股东股权质押后会选择增加高管显隐性薪酬水平的方式作为高管参与合谋所承担风险的补偿。此外，本章还进一步分析了股权制衡度和内部控制质量对控股股东股权质押与高管显隐性薪酬水平的影响，本章的理论分析框架如图5-1所示。

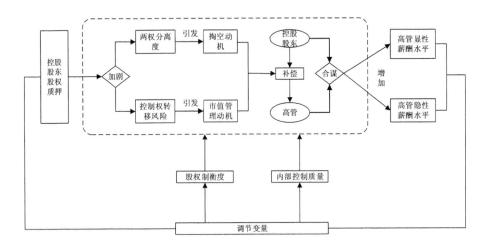

图 5 - 1　理论分析框架

5.3.1　控股股东股权质押对高管显性薪酬水平的影响机理与研究假设

控股股东进行股权质押后，其对上市公司的控制权、经营权、表决权并不发生变化，但由于股权质押期间产生的股息、红利等现金流权收益由控股股东转移至质权方，导致其所拥有的实际现金流权下降（郝项超等，2009），由此减弱了其提高公司价值的动机，弱化了激励效应，而实际现金流权和控制权分离度的加大，增加了控制权的杠杆效应，强化了侵占效应，使其更容易掏空上市公司和侵占中小股东利益（李永伟等，2007；Anderson & Puleo，2015）。掏空行为的实施损害了公司价值及其经营绩效，增加了导致股价低于预警线和平仓线的可能性，最终加剧了控制权转移风险。因此，发生股权质押行为的控股股东，一方面存在对上市公司掏空而进行的关联交易、资金占用等行为；另一方面存在为了规避控制权转移风险所进行的一系列盈余管理（王斌等，2015；徐宗宇等，2019）、市值管理（谢德仁等，2016）等方式提升股价的行为。

但随着现代股份企业规模的不断增大，其所有权与经营权逐渐分离，专业化分工管理成为上市公司的显著特征，控股股东虽然掌握着公司高管的人事任命权，但由于并不直接参与公司的日常经营管理活动，而是将其委托给高级管理人员。公司高管作为公司内部人，不仅负责公司的主要经营管理活动，还掌握着大量内幕信息。因此，进行股权质押的控股股东无论是因陷入财务困境而通过关联交易、资金占用等手段掏空上市公司，还是通过盈余管理、市值管理、信息披露等手段干预上市公司财务决策来维持或者提升股价以规避控制权转移风险，都离不开高管的密切配合，否则难以顺利实施。基于此，控股股东股权质押后可能存在与高管合谋干预上市公司财务与经营决策的行为，来达到掏空或者规避控制权转移风险的目的。但自2002年证监会要求上市公司建立经理人员的薪酬与公司绩效和个人业绩相联系的激励机制以来，我国上市公司薪酬制度改革的逐渐深入，高管薪酬已经呈现明显的薪酬业绩敏感性。而高管与控股股东的合谋行为具有一定的风险性，可能会对其产生一系列消极影响，如降低公司业绩、损害自身职业声誉、增加公司违规后被稽查的概率等。因此作为对高管参与合谋的回报，高管会要求控股股东给予其一定的收益作为其风险承担的补偿，具体表现为增加高管显性薪酬水平，高管显性薪酬水平的增加是控股股东对高管给予的风险补偿与利益引诱，李常青等（2018）研究发现，发生控股股东股权质押行为的上市公司高管薪酬的增幅更大，且薪酬增幅高的公司掏空程度和盈余管理水平也更严重。基于以上分析，本章提出研究假设（5-1）：

假设（5-1）：控股股东股权质押提高了高管的显性薪酬水平。

5.3.2 控股股东股权质押对高管隐性薪酬水平的影响机理与研究假设

控股股东股权质押行为是其面临融资约束、陷入财务困境的重要体现，由于股权质押融资具有时间短、成本低、融得资金用途不受限制等优点而深受控股股东的青睐。但与此同时，控股股东的股权质押行为加剧了控制权转移风险，即股价一旦下跌至警戒线或者质押平仓线，而控股股东没有充足的可动用自由现金流及时进行补仓，质权人就会采取强制平仓的措施以维护自身利益，此时发生股权质押行为的控股股东丧失控制权的可能性增加。因此，出于防范股价下跌所带来的控制权转移风险的动机，控股股东有动机采取信息披露（李常青和幸伟，2017）、股利政策选择（廖珂等，2018）等手段提升股价，而这些行为的实施均需要高管的配合。由于高管是公司的实际经营管理者，其熟知公司的内部管理和资金分配运用方式，既有能力通过完善内部治理抑制发生股权质押行为的控股股东掏空行为，也有可能与控股股东合谋，通过运用其自身的专业能力与信息优势降低掏空难度。但高管是否愿意与控股股东合谋主要取决于合谋成本与合谋收益，因为合谋行为可能存在违法问题，在高管参与合谋的过程中需要承担巨大风险，即合谋行为一旦暴露，高管不仅面临监管部门的处罚还会承担名誉受损的风险，从而降低经理人的市场价值。

为了实现维持或提升股价以规避控制权转移风险的目的，需征得高管参与合谋的同意，减轻和高管的利益冲突，控股股东股权质押后可能会通过调整薪酬契约对高管予以补偿，给予高管丰厚的收益，具体表现为可能会选择增加高管薪酬的方式作为高管风险承担的补偿。一方面可能会选择增加高管显性薪酬水平，另一方面可能会用隐性薪酬代替显性薪酬，给予高管超额在职消费。但相对于增加高管显性薪酬而言，近年来，在职消费形式的隐性薪酬由于具有隐蔽性、不易追踪性和可避税等特点，越来越多地成为我国上市公司高管凭借职位特权而获取私人享受的手段，如超豪华办公室、娱乐与私人飞机等，这些支出已经成为我国上市公司日常经营活动难以避免的支出。蒋弘和刘星（2012）研究认为，尽管控股股东为了使高管与自己合谋可以对管理者的贪污、受贿、挪用公司资产等行为进行选择性忽视，但高管却承受着较高的法律风险，如果高管以获取在职消费形式的隐性薪酬作为回报，这在一定程度上就可以规避法律风险。因为会计法规在某种程度上对在职消费（有些是隐性薪酬）是认可的，其也是企业的必要开支，如果合理利用费用报销上的制度漏洞，高管的过度在职消费（隐性薪酬）将不会受到质疑，同时由于信息不对称的存在，外界监管部门也很难察觉到高管在职消费（有些是隐性薪酬）是否与企业的规章制度相符。因此，一定的薪酬回报以及在职消费形式的隐性薪酬被认为是高管在合谋中获取利益的主要途径。基于此，出于合谋的动机，控股股东股权质押后出于掏空或者规避控制权转移风险的目的，可能会选择与高管合谋对上市公司的财务行为进行一定程度的干预，但高管参与合谋的行为一旦被监管机构或者利益相关者发现，会对其声誉和职业生涯造成不利影响，控股股东为了弥补股权质押中的合谋行为所带来的风险承担，可能会对高管给予在职消费形式的隐性薪酬等非业绩性报酬。因此，控股股东股权质押后在增加高管显性薪酬水平的同时可能还会在不同程度上增加高管在职消费形式的隐性薪酬水平作为高管参与合谋的收益。基于以上分析，本章提出研究假设（5-2）：

假设（5-2）：控股股东股权质押提高了高管隐性薪酬水平。

5.3.3　股权制衡度的调节作用分析与研究假设

股权制衡是指控股股东无法对公司重大事项的决策起到独自决定作用，而是由其他大股东共同决策，他们之间起到彼此牵制、互相监督的作用。控股股东的股权质押行为加大了两权分离度，使其更容易与高管发生合谋行为，并进一步掏空上市公司和侵占中小股东核心利益，最终加剧了第二类委托代理问题。从合谋动机来看，在缺乏股权制衡的情况下，进行股权质押的控股股东很可能利用其掌握的权利，以损害其他中小股东利益为代价最大限度地获取控制权私利。而有效的股权制衡在调整公司股权结构、完善公司内部治理方面起着非常重要的作用，因为"一股独大"的股权结构和中小股东"搭便车"行为给上市公司带来了更为严重的负面影响，但当上市公司股权制衡度较高时，意味着上市公司的控制权由多个大股东同时共享，任意一个股东都无法改变公司重大事项的最终决策结果，减少了控股股东的机会主义行为，对提高上市公司价值有着积极影响。受到利益驱动的影响，一方面，多个大股东之间的彼此牵制能够对控股股东与高管之间的合谋行为形成有效监督，其他大股东为了让自身利益不受损害，会对控股股东通过股权质押融得资金的用途进行表决，调动其参与公司经营决策的积极性，使控股股东融得资金有益于企业的长远发展；另一方面，多个大股东之间相互制衡对其他中小股东的核心利益起到保护作用，减少控股股东与中小股东之间的第二类委托代理冲突，防止控股股东为了自身利益，将更多的资金投向自身而提高股权质押比例，甚至出现连续质押的高风险行为，进而发生掏空或者规避控制权转移风险的行为，从

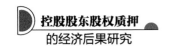

而完善公司治理结构。

因此在其他大股东既有动机又有能力对控股股东实施监督的情况下，控股股东股权质押后为了掏空或者规避控制权转移风险，通过与高管合谋采取的盈余管理、市值管理等行为是有成本的，因为防止合谋行为暴露需要耗费人力、物力和财力。随着股权制衡度的增大，其他大股东的监督制约能力变强，此时控股股东与高管合谋暴露的可能性也随之增加，为掩饰合谋行为所付出的成本也将提高（蒋弘和刘星，2012）。因此，在股权制衡度较高的上市公司，控股股东增加高管显性薪酬水平和隐性薪酬水平的行为容易引发其他大股东的警觉和质疑，也容易引起监管机构的关注，会对高管的职业声誉造成不利影响并加剧其被证监会处罚查处的法律风险，因此在股权制衡度较高的公司治理环境下，控股股东选择增加高管显隐性薪酬水平的方式作为高管参与合谋补偿的动机降低。基于以上分析，本章提出研究**假设（5－3a）**和**假设（5－3b）**：

假设（5－3a）：股权制衡度对控股股东股权质押与高管显性薪酬水平的关系起到负向调节作用。

假设（5－3b）：股权制衡度对控股股东股权质押与高管隐性薪酬水平的关系起到负向调节作用。

5.3.4 内部控制质量的调节作用分析与研究假设

自 2008 年财政部、证监会等五部委联合发布《企业内部控制基本规范》以来，我国上市公司已经建立起一套完整的内部控制规范体系。内部控制作为公司一种内部治理机制，是对企业内部不同层级间权利进行约束的重要制度安排，良好的内部控制很好地补充了外部监督的不足，能够控制企业各个经营环节可能出现的各种风险，以达到降低公司代理成本、提高公司经营业绩的目的。

控股股东股权质押导致其更容易对上市公司进行资金占用等掏空行为，而掏空行为的实施降低了公司绩效，增加了股价低于质押平仓线的可能性，从而加剧了控制权转移风险。金玉娜和张志平（2014）发现，高质量的内部控制能够有效遏制控股股东通过关联交易、资金占用、盈余管理等攫取控制权私利的行为。随着我国上市公司经营权与所有权的分离，作为公司所有者的控股股东虽然具有任命高管的权利，但其本身并不直接参与公司的日常经营活动，而是将其委托给公司的经营者。高管作为公司日常运作的实际负责人，拥有大量的私有信息，这为控股股东的掏空或盈余管理等市值管理行为提供了有利条件。因此，进行股权质押的控股股东无论是为了掏空，还是为了规避控制权转移风险而进行市值管理等对上市公司财务政策进行干预的行为，都需要高管的配合，否则难以实施。此时控股股东会与掌握公司管理权的高管进行合谋，并采取增加高管显性薪酬水平和在职消费形式的隐性薪酬水平对高管给予一定的补偿，使高管行为与自己达成一致，最终达到合谋目的。

然而，当上市公司的内部控制质量较高时，公司的利益相关者能够通过信息优势对控股股东与高管之间可能发生的合谋行为进行有效监督，减少因股权质押行为所带来的掏空或者为规避控制权转移风险而进行的一系列财务干预行为。首先，高质量的内部控制体系为了达到股权制衡的作用，要求企业设置合理的股权结构，从而减少控股股东与高管进行合谋来攫取控制权私利的行为（王新红等，2018）；其次，控制活动作为内部控制的核心，其中明确要求企业做到不相容岗位相分离，以实现高效的外部及内部监管，且当上市公司面临重大事项需要决策时，必须经过层层审批，此外，还受到监事会、审计委员会等具有内部监督职能机构的监督（曹廷求等，2009）。这些措施的实施对企业各个部门之间起到了内部牵制作用，约束了控股股东为攫取控制权私利而采取的机会主义行为，同时在一定程度上能够抑制控股股东股权质押后采取"消极策略"。再次，内部控制制度的实施对于解决企业存在的内部信息不对称问题发挥着重要作用，因为企业对外披露的财务会计报告及其他临时公告的质量取决于企业内部控制质量的高低，当企业的内部控制质量较高时，其披露信息的透明度也随之提高，这样一来，企业的投资者和中小股东所掌握信息的真实性和可靠性明显提高。因此，控股股东与高管合谋损害公司利益相关者核心利益的动机大大降低，由此缓解了控股股东股权质押引发的委托代理问题（王新红等，2018）。因此，发生股权质押行为的控股股东即使有与高管合谋掏空或者规避控制权转移风险的动机，在内部控制质量较高的公司治理环

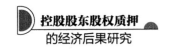

境下，控股股东选择增加高管显隐性薪酬水平的方式作为高管参与合谋补偿的动机降低。基于以上分析，本章提出研究**假设（5-4a）**和**假设(5-4b)**：

假设（5-4a）：内部控制质量对控股股东股权质押与高管显性薪酬水平的关系起到负向调节作用。

假设（5-4b）：内部控制质量对控股股东股权质押与高管隐性薪酬水平的关系起到负向调节作用。

5.3.5 控股股东股权质押对高管显隐性薪酬替代效应的理论分析与研究假设

控股股东股权质押后为了规避控制权转移风险而采取的一系列行为必须通过高管才能实现。而高管参与合谋可能面临被证监会处罚和自身声誉受损的风险，因此，基于理性经济人假设，高管会对其参与合谋取得的合谋收益与承担的风险进行比较、权衡利弊。近年来，我国上市公司的高管在职消费形式的隐性薪酬是显性薪酬的数倍之多，已有研究表明，高管的在职消费（大多是隐性薪酬）水平越高，公司股价的信息含量就越低（Gul F A，et al.，2011），而且随着在职消费水平的提高，股价崩盘风险也越高（Xu，et al.，2014）。因此，控股股东股权质押后会选择增加高管显性薪酬水平和在职消费形式的隐性薪酬水平作为高管参与合谋的利益补偿，但相较于在职消费形式的隐性薪酬契约，发生股权质押行为的控股股东为了规避在职消费形式的隐性薪酬所引发的股价崩盘风险，更倾向于选择增加显性薪酬的方式作为高管参与合谋所获取的合谋收益。综上所述，控股股东股权质押后会选择增加高管显性薪酬水平和在职消费形式的隐性薪酬水平作为高管风险承担的补偿，即高管的显隐性薪酬水平都有一定幅度的增长，但为了保持一定的可动用自由现金流和维持股票价格的稳定，高管的在职消费形式的隐性薪酬水平增长幅度较低，高管显性薪酬水平增长幅度更大，高管显性薪酬对隐性薪酬的替代程度增加。基于以上分析，本章提出研究**假设（5-5）**：

假设（5-5）：控股股东股权质押增加了高管显性薪酬对隐性薪酬的替代性。

5.4　实证结果及分析

5.4.1　样本选取与数据来源

（1）样本选取

本章以我国 A 股上市公司 2014—2019 年的数据为研究样本，在此基础上，为了保证研究结果的准确性，对初始样本进行如下筛选：第一步，剔除所有 ST 以及 * ST 上市公司；第二步，剔除金融、保险类上市公司；第三步，剔除相关变量观测值缺失的样本。此外，为了防止个别变量异常值对研究结果准确性产生影响，本章对所有连续变量进行了上下 1% 的 Winsorize 处理。经过上述处理，本章共得到 15850 个研究样本，其中 2014 年 2134 个、2015 年 2256 个、2016 年 2473 个、2017 年 2684 个、2018 年 3120 个、2019 年 3183 个，这些样本主要分布于制造业、建筑业、房地产业和农、林、牧、渔业等 18 个行业。

（2）数据来源

本章所用数据主要来源于 CSMAR 数据库、Wind 数据库和东方财富金融终端数据库，并进行了一定的手工整理所得。本章数据的删选与整理过程均通过 Excel 完成，实证分析和处理所用软件为 Stata 15.1。

5.4.2　变量选取与定义

（1）被解释变量

高管薪酬按照显隐性可以划分为显性薪酬和隐性薪酬，从长短期来看，可以划分为短期货币性薪酬和长期权益性薪酬。近年来，随着我国上市公司高管持股现象的不断增加，长期权益性薪酬已经成为高管显性薪酬契约的重要组成部分，因此，本章参考（赵健梅和任雪薇，2014；赵息和李粮，2012）的做法，将高管长期权益性薪酬也纳入高管显性薪酬的考虑范围。

高管显性薪酬水平（*Pay*）：根据现有文献，本章以广义高管的概念为基础，用所有董监高年度薪酬总额与董监高年末持股市值（持股数×年末股票收盘价）之和来衡量，并对其取自然对数以保证研究结果的可靠性与稳定性，用 *Pay* 表示。稳健性检验中以狭义高管的概念为基础，采用前三名高管年度薪酬总额与高管年末持股市值之和作为高管显性薪酬水平的替代指标。

高管隐性薪酬水平（*Perk*）：本章采用扣除法，即管理费用中扣除工资及福利费、折旧与摊销、研究开发费和税费等明显不属于在职消费的项目并对其取自然对数来衡量高管隐性薪酬水平及其稳定性与可靠性。现有研究主要形成了总额法、单项法、残差法和剥离法四种，总额法又可以分为加总法、扣除法两种比较常用的方法，加总法是将公司年报附注中披露的"支付的其他与经营活动有关的现金流量"项目中的管理费用明细项目收集，将可能与高管在职消费有关的八大费用：办公费、差旅费、业务招待费、通讯费、出国培训费、董事会费、小车费和会议费进行加总得到（例如：陈冬华等，2005）。扣除法是以管理费用为基础，从管理费用中扣除董监高薪酬、折旧及摊销、税费等明显不属于高管在职消费的项目（例如：权小锋等，2010），此外，还有学者直接采用"支付的其他与经营活动有关的现金流出"作为高管在职消费形式的隐性薪酬的衡量指标（肖星和陈婵，2013）。稳健性检验中采用"支付的其他与经营活动有关的现金流出"作为高管隐性薪酬水平的替代指标。

高管显性薪酬对隐性薪酬替代性（*Sub*）：陈东华等（2010）认为薪酬替代效应是指两种不同形式的薪酬水平均有一定幅度的增长，只是相较于一种薪酬形式而言，另一种薪酬形式的增长幅度更大；张玮倩等（2015）认为薪酬替代效应是指一种形式的薪酬水平上升，另一种形式薪酬水平下降，但一种薪酬的增长幅度大于另一种薪酬的下降幅度。本章认为高管显隐性薪酬替代效应是指高管显性薪酬和隐性薪酬水平均有一定幅度的增长，但显性薪酬水平的增长幅度大于隐性薪酬水平的增长幅度。借鉴陈冬华等（2010）对于薪酬替代效应的计量，本章采用高管显性薪酬自然对数与隐性薪酬（在职消费）自然对数之差和高管显性薪酬自然对数与隐性薪酬（在职消费）自然对数之商来衡量，分别用 $Sub1$ 和 $Sub2$ 来表示。

（2）解释变量

控股股东股权质押（$Pledgedum$）：参考谢德仁和廖珂（2018）的做法，本章采用当年年末控股股东是否存在股权质押行为作为衡量变量，若当年年末控股股东存在未解押的股份，取值为1，否则取值为0。

（3）调节变量

股权制衡度（S）：本章选取第一大股东持股比例与第二大股东持股比例之比作为股权制衡度的衡量指标。随着我国上市公司规模的不断发展壮大，除控股股东以外的其他中小股东已经成为我国上市公司内部治理机制的重要组成部分，发挥着重要的监督治理作用，而且随着其他中小股东持股比例的增加，其对上市公司的监督动机越强烈，股权制衡度的大小可能会对控股股东股权质押后对上市公司高管显性薪酬水平、隐性薪酬水平和高管显性薪酬对隐性薪酬替代性产生不同程度的影响。因此，本章选取第一大股东持股比例与第二大股东持股比例之比作为股权制衡度的衡量指标。

内部控制质量（IC）：本章选取迪博内部控制指数作为内部控制质量的衡量指标。内部控制质量作为上市公司内部治理机制的重要组成部分发挥着重要作用。一般来说，内部控制指数数值越大，表明企业内控质量越好，而良好的内部控制质量可以对控股股东与高管可能产生的合谋行为起到了监督作用。内部控制质量的高低可能会对控股股东股权质押后对上市公司高管显性薪酬水平、隐性薪酬水平和高管显性薪酬对隐性薪酬替代性产生不同程度的影响。因此，本章选取迪博内部控制与风险管理数据库中"中国上市公司内部控制指数"这一指标作为内部控制质量（IC）的衡量指标。

（4）控制变量

根据现有文献，考虑到影响上市公司高管显隐性薪酬水平的因素有很多，例如企业规模、资产负债率、独立董事比例等，因此在结合已有文献的基础上，将公司规模、资本结构、董事会规模、独立董事比例、两职合一、流动资产周转率、资产报酬率、营业收入增长率作为控制变量。其中，企业规模（*Size*）用总资产的自然对数来表示；资本结构（*Lev*）用企业负债总额与资产总额的比值来表示；董事会规模（*BS*）用董事会人数的自然对数来表示；独立董事比例（*Ind*）用独立董事人数与董事会总人数的比值来表示；两职合一（*Dual*）用董事长与总经理是否为同一人来表示；流动资产周转率（*Cat*）用营业收入与流动资产平均余额的比值来表示；资产报酬率（*ROA*）用公司利润总额与财务费用之和与公司平均资产总额的比值来表示；营业收入增长率（*Growth*）用营业收入增加额与上年营业收入发生额的比值来表示；此外，考虑到不同年度和不同行业企业所处的外部整体宏观环境的差异性对回归结果的影响，本章还设置了年度和行业虚拟变量，以提高研究结果的可靠性。对所有变量进行整理后，本章变量的具体定义见表 5 - 1。

表 5 - 1　变量定义

变量类型	变量名称	变量符号	变量测度
被解释变量	高管显性薪酬水平	*Pay*	ln（所有董事、监事和高管薪酬总额与年末持股市值之和）
	高管隐性薪酬水平	*Perk*	ln（管理费用 - 薪酬 - 折旧及摊销 - 研究开发费 - 税费等）
被解释变量	显性薪酬对隐性薪酬的替代性 1	*Sub*1	ln*Pay* - ln*Perk*
	显性薪酬对隐性薪酬的替代性 2	*Sub*2	ln*Pay*/ln*Perk*
解释变量	控股股东股权质押	*Pledgedum*	若当年年末控股股东存在未解押的股份，取值为 1，否则为 0
调节变量	股权制衡度	*S*	第一大股东持股比例与第二大股东持股比例之比
	内部控制质量	*IC*	ln（迪博内部控制指数 + 1）

变量类型	变量名称	变量符号	变量测度
控制变量	企业规模	*Size*	ln（总资产）
	资本结构	*Lev*	负债总额/资产总额
	董事会规模	*BS*	ln（董事会人数）
	独立董事比例	*Ind*	独立董事人数/董事会总人数
	两职合一	*Dual*	董事长与总经理为同一人取 1，否则取 0
	流动资产周转率	*Cat*	营业收入/流动资产平均余额
	资产报酬率	*ROA*	（利润总额 + 财务费用）/平均资产总额
	营业收入增长率	*Growth*	（营业收入本年发生额 − 营业收入上年发生额）/营业收入上年发生额
	年份	*Year*	设置 5 个年度虚拟变量
	行业	*Industry*	设置 17 个行业虚拟变量

5.4.3　模型构建

根据前文的理论分析与研究假设，本章构建以下四个回归模型。

首先，构建控股股东股权质押与高管显隐性薪酬水平的回归**模型（5 − 1）**：

$$Salary = \alpha_0 + \alpha_1 Pledgedum + \beta Controls + \varepsilon \quad 模型（5 − 1）$$

其次，构建股权制衡度及内部控制质量对控股股东股权质押与高管显隐性薪酬水平之间调节效应的回归**模型（5 − 2）**和模型（5 − 3）：

$$Salary = \alpha_0 + \alpha_1 Pledgedum + \alpha_2 ME + \beta Controls + \varepsilon$$

$$模型（5 − 2）$$

$$Salary = \alpha_0 + \alpha_1 Pledgedum + \alpha_2 ME + \alpha_3 Pledgedum \times ME + \beta Controls + \varepsilon$$

$$模型（5 − 3）$$

最后，构建控股股东股权质押与显性薪酬对隐性薪酬替代性的回归**模型（5 − 4）**：

$$Sub = \alpha_0 + \alpha_1 Pledgedum + \beta Controls + \varepsilon \quad 模型（5 − 4）$$

其中，高管显隐性薪酬水平 *Salary* 中分别包括高管显性薪酬水平 *Pay*

和高管隐性薪酬水平 *Perk*；*Pledgedum* 表示控股股东是否存在股权质押行为；*ME* 分别表示股权制衡度 *S* 和内部控制质量 *IC*；*Sub* 表示显性薪酬对隐性薪酬的替代性，分别用高管显性薪酬自然对数与隐性薪酬（在职消费）自然对数之差 *Sub*1 和高管显性薪酬自然对数与隐性薪酬（在职消费）自然对数之商 *Sub*2 来衡量；*Control* 表示控制变量，ε 为残差项。

5.4.4 描述性统计分析

为了初步了解各变量数值的初始特征，本章对全样本企业的所有变量进行了描述性统计分析，统计结果如表 5 - 2 所示。具体的统计量包括：平均值、标准差、中位数、最小值和最大值。

表 5 - 2 描述性统计分析

变量	样本数	平均值	标准差	中位数	最小值	最大值
Pay	15850	18. 30	2. 682	18. 13	14. 62	22. 32
Perk	15850	17. 66	1. 059	17. 55	15. 97	19. 86
*Sub*1	15850	0. 643	3. 022	0. 300	- 3. 863	5. 179
*Sub*2	15850	1. 041	0. 172	1. 017	0. 799	1. 312
Pledgedum	15850	0. 418	0. 493	0	0	1
S	15850	7. 207	8. 556	3. 506	1. 085	32. 99
IC	15850	6. 457	0. 149	6. 495	5. 942	6. 614
Size	15850	22. 26	1. 158	22. 12	20. 48	24. 70
Lev	15850	0. 421	0. 192	0. 413	0. 116	0. 774
BS	15850	2. 121	0. 166	2. 197	1. 792	2. 398
Ind	15850	0. 376	0. 0500	0. 364	0. 333	0. 500
Dual	15850	0. 271	0. 445	0	0	1
Cat	15850	1. 199	0. 735	1. 009	0. 290	3. 075
Growth	15850	0. 150	0. 269	0. 105	- 0. 265	0. 846
ROA	15850	0. 0582	0. 0471	0. 0526	- 0. 0365	0. 159

从表 5 - 2 的描述性统计分析结果可以看出：

①从高管显隐性薪酬水平来看，高管显性薪酬取自然对数后的最小值

为 14.62，最大值为 22.32，平均值为 18.30，高管隐性薪酬取自然对数后的最小值为 15.97，最大值为 19.86，平均值为 17.66，表明我国 A 股上市公司高管薪酬差距较大，隐性薪酬也越来越多地成为高管薪酬的重要组成部分。

②从高管显性薪酬对隐性薪酬的替代性来看，高管显性薪酬水平与隐性薪酬水平之差的最小值为 -3.863，最大值为 5.179，平均值为 0.643，表明我国 A 股上市公司高管显隐性薪酬之间的替代效应较为明显；高管显隐性薪酬之商的最小值为 0.799，最大值为 1.312，平均值为 1.041，表明随着市场化进程的不断提高，我国 A 股上市公司高管隐性薪酬更多地被显性薪酬所替代。

③从控股股东股权质押行为来看，样本期间内我国 A 股上市公司中有 41.80% 的控股股东发生了股权质押行为，这在一定程度上说明股权质押行为并不是控股股东的个别行为。股权质押行为，尤其是控股股东的股权质押行为已经成为我国资本市场一种普遍发生的现象。

④从控制变量来看，第一大股东持股比例与第二大股东持股比例之比的平均值为 7.207，表明样本企业的股权制衡度较低；企业规模最小值为 20.48，最大值为 24.70，平均值为 22.26，表明我国 A 股上市公司企业规模整体来说较大，且不同企业间还存在一定差距；资产负债率的最小值为 11.60%，最大值为 77.40%，平均值为 42.10%，表明我国 A 股上市公司整体财务风险适中，不存在较大的财务杠杆，但个别企业的财务风险过高，偿债能力较弱；董事会规模的最大值为 2.398，最小值为 1.792，平均值为 2.121，表明我国 A 股上市公司董事会规模不大，差异较小；独立董事占比的平均值为 37.6%，表明我国上市公司独立董事作为公司重要的监督机构对公司发挥着重要的治理作用；从两职合一情况来看，在我国上市公司中，有平均 27.10% 公司存在两职合一情况；流动资产周转率的平均值为 1.199，表明上市公司整体上流动资产周转率较快；营业收入增长率的最小值为 -26.50%，但整体上呈现正增长，平均值为 15%；资产报酬率的平均值为 5.82%，最小值为 -3.65%，说明部分企业的盈利能力呈现负增长趋势，但样本企业整体盈利呈现增长趋势。

5.4.5 相关性分析

相关性分析是指对两个或者多个具备相关性的变量元素进行分析，用来描述变量间相互依存关系的密切程度。运用相关性分析可以对所有变量之间是否存在相关关系、相关程度及相关方向等做出初步了解和判断，为后文的进一步回归分析做好铺垫。因此，本章对解释变量、被解释变量、调节变量及控制变量进行了相关性分析，具体分析结果见表 5 – 3。

从表 5 – 3 可以看出，整体上各变量之间均存在一定的相关关系。首先，从高管显性薪酬来看，控股股东股权质押与高管显性薪酬水平的相关系数为 0.3000，且在 1% 水平上显著正相关，说明控股股东股权质押与高管显性薪酬水平之间呈显著的正相关关系，初步验证了本章的**假设（5 – 1）**。其次，从高管隐性薪酬水平来看，控股股东股权质押与高管隐性薪酬水平的相关系数为 0.036，且在 1% 水平上显著正相关，说明控股股东股权质押与高管隐性薪酬水平之间呈显著的正相关关系，初步验证了本章的**假设（5 – 2）**。再次，从高管显性薪酬对隐性薪酬的替代性来看，控股股东股权质押与高管显性薪酬对隐性薪酬的替代性（$Sub1$、$Sub2$）的相关系数分别为 0.283 和 0.276，且均在 1% 水平上显著正相关，说明控股股东股权质押与高管显性薪酬对隐性薪酬的替代性之间呈显著的正相关关系，初步验证了本章的**假设（5 – 5）**。最后，从控制变量来看，所有控制变量基本上均与高管显性薪酬水平、隐性薪酬水平和显性薪酬对隐性薪酬的替代性存在显著的相关关系，表明在模型中加入这些控制变量，可以提高模型的拟合优度，使各回归模型更加稳定，能更好地说明自变量与因变量之间的关系。

由于相关性分析只是单纯地考查两个变量之间的相互关系，而忽略了其他因素对二者之间关系的影响，所以为了更准确地分析各变量之间的关系，在以下的回归分析中将加入控制变量来验证解释变量对被解释变量的影响方向及程度。

表 5 - 3　相关性分析

	Pay	Perk	Sub1	Sub2	Pledgedum	S	IC	Size	Lev	BS	Ind	Dual	Cat	Growth	ROA
Pay	1														
Perk	-0.133***	1													
Sub1	0.936***	-0.461***	1												
Sub2	0.936***	-0.459***	0.998***	1											
Pledgedum	0.300***	0.036	0.283***	0.276***	1										
S	-0.327***	0.073***	-0.312***	-0.311***	-0.120***	1									
IC	0.123***	0.05**	0.089***	0.092***	-0.043***	0.00700	1								
Size	-0.210***	0.810***	-0.465***	-0.463***	-0.078***	0.112***	0.094***	1							
Lev	-0.267***	0.434***	-0.390***	-0.393***	0.00100	0.106***	-0.091***	0.532***	1						
BS	-0.153***	0.213**	-0.211***	-0.210***	-0.136***	0.020**	0.00800	0.255**	0.136***	1					
Ind	0.045***	-0.030***	0.050***	0.053***	0.055***	-0.00400	0.00700	-0.032***	-0.0130	-0.645***	1				
Dual	0.252***	-0.152***	0.276***	0.277***	0.139***	-0.083***	0.018***	-0.190***	-0.124***	-0.195***	0.126***	1			
Cat	-0.155**	0.293***	-0.234***	-0.233***	-0.067***	0.081***	0.075***	0.208***	0.184***	0.121***	-0.052***	-0.095***	1		
Growth	0.186***	0.020**	0.159***	0.157***	0.099***	-0.087***	0.191***	0.034***	0.017**	-0.024***	0.00500	0.054***	0.079***	1	
ROA	0.230***	0.055***	0.188***	0.187***	-0.00700	-0.043***	0.336***	0.028***	-0.264***	0.0130	-0.025***	0.042***	0.181***	0.288***	1

注：*** 表示 $p < 0.01$，** 表示 $p < 0.05$，* 表示 $p < 0.1$。

5.4.6 多重共线性检验

通过相关性分析可以看出，本章中各个变量之间存在较为显著的相关关系，存在个别变量的相关系数较大，可能导致变量之间产生多重共线性问题，进而影响回归结果的准确性。为了保证回归结果更加准确，本章通过方差膨胀因子（VIF）和容差两个指标来检验各变量之间是否存在多重共线性问题，具体分析结果如表5-4所示。

表5-4　多重共线性检验结果

变量	方差膨胀因子（VIF）	容差
Pledgedum	1.13	0.887907
Size	1.73	0.578701
Lev	1.8	0.555809
BS	1.96	0.510197
Ind	1.79	0.557536
Dual	1.09	0.914494
Cat	1.38	0.723996
Growth	1.16	0.858846
ROA	1.31	0.914494

通过表5-4可以看出，解释变量与控制变量的方差膨胀因子均小于10，容差均大于0.1，说明在回归模型中，这些变量之间并不存在严重的多重共线性问题，因此可以将这些变量带入回归模型进行研究。

5.4.7 回归结果分析

5.4.7.1 控股股东股权质押对高管显性薪酬水平的影响

根据模型（5-1），本章对全样本企业进行回归分析，检验控股股东股权质押对高管显性薪酬水平的影响，回归结果如表5-5所示。

表 5－5　控股股东股权质押对高管显隐性薪酬水平的影响回归结果分析

变量	模型（5－1a）	模型（5－1b）
	Pay	*Perk*
Pledgedum	1. 238 ***	0. 0308 ***
	(32. 30)	(3. 14)
Size	－0. 0177	0. 757 ***
	(－0. 88)	(146. 49)
Lev	－1. 753 ***	0. 169 ***
	(－14. 11)	(5. 34)
BS	－0. 819 ***	0. 0556
	(－5. 46)	(1. 45)
Ind	－1. 789 ***	－0. 0187
	(－3. 75)	(－0. 15)
Cat	－0. 379 ***	－0. 00268
	(－13. 32)	(－0. 25)
Dual	0. 872 ***	0. 184 ***
	(20. 83)	(25. 29)
Growth	1. 064 ***	－0. 126 ***
	(14. 87)	(－6. 89)
ROA	10. 03 ***	0. 496 ***
	(23. 15)	(4. 47)
Year	控制	控制
Industry	控制	控制
Constant	20. 00 ***	0. 432 ***
	(35. 46)	(2. 99)
R^2	0. 303	0. 708
$adj-R^2$	0. 301	0. 707
F	221. 4 ***	1236. 3 ***
N	15850	15850

注：括号中的数字为双尾检验的 *t* 值，＊＊＊表示 $p<0.01$、＊＊表示 $p<0.05$、＊表示 $p<0.1$。

模型（5-1a）代表控股股东股权质押对高管显性薪酬水平的影响，其中被解释变量为高管显性薪酬水平，解释变量为控股股东股权质押，回归结果如表5-5所示。模型（5-1a）中调整后的 R^2 为0.301，且 F 值为221.4，通过了显著性检验，说明方程的拟合优度较好，有较强的解释力。从模型（5-1a）的回归结果可以看出，控股股东股权质押的回归系数为1.238，且在1%的水平上通过了显著性检验，表明控股股东股权质押与高管显性薪酬水平呈正相关关系，即与未发生控股股东股权质押行为的上市公司相比，控股股东的股权质押行为提高了高管显性薪酬水平，**假设（5-1）**得到验证。

在我国上市公司股权高度集中的背景下，一方面，控股股东作为公司的第一大股东掌握着公司的实际控制权，其不仅拥有对公司重大事项进行决策的权利，还拥有任免高管的大权，因此发生股权质押行为的控股股东可以通过派驻高管来配合自己的掏空或者盈余管理等规避控制权转移风险的行为。另一方面，随着现代企业所有权与经营权的分离，高管作为公司内部人，直接参与公司的经营管理活动，拥有绝对的信息优势，因此控股股东股权质押后出于合谋动机，可能会与高管合谋来进行一系列的财务干预活动。但高管参与合谋需要承担极大的风险，控股股东可能会选择增加高管福利性薪酬的方式对高管进行赎买，具体表现为增加高管显性薪酬水平。因此，控股股东的股权质押行为增加了高管显性薪酬水平。

5.4.7.2 控股股东股权质押对高管隐性薪酬水平的影响

根据**模型（5-2）**，本节对全样本企业进行回归分析，检验控股股东股权质押对高管隐性薪酬水平的影响。

模型（5-1b）代表控股股东股权质押对隐性薪酬水平的影响，其中被解释变量为高管隐性薪酬水平，解释变量为控股股东股权质押，回归结果如表5-5所示。模型（5-1b）中调整后的 R^2 为0.707，且 F 值为1236.3，通过了显著性检验，说明方程的拟合优度较好，有较强的解释力。从模型（5-1b）的回归结果可以看出，控股股东股权质押的回归系数为0.0308，且在1%的水平上通过了显著性检验，表明控股股东股权质押与高管隐性薪酬水平呈正相关关系，即与未发生控股股东股权质押行为的上市公司相比，控股股东的股权质押行为提高了高管隐性薪酬水平，**假设**

（5-2）得到验证。

虽然控股股东股权质押后会选择增加高管显性薪酬水平的方式作为高管参与合谋所承担风险的补偿。但与隐性薪酬相比，高管显性薪酬水平的非正常增加容易引发中小投资者及外部监管部门的注意，而在职消费由于具有隐蔽性及可避税等特点，使得股权质押后的控股股东会对高管在职消费（隐性薪酬）行为采取一定程度的准许和默认，具体表现为其会选择增加高管隐性薪酬水平作为其参与合谋的补偿。因此，控股股东的股权质押行为增加了高管隐性薪酬水平。

5.4.7.3 股权制衡度对控股股东股权质押与高管显隐性薪酬的调节效应分析

由于现代股份制企业股权制衡度的不同，控股股东股权质押后面临的掏空或者规避控制权转移风险的动机不同，因此本章在**模型（5-1）**的基础上，进一步加入衡量股权制衡度变量以及股权制衡度与股权质押的交乘项来研究不同股权制衡度下控股股东股权质押对高管显性薪酬水平和隐性薪酬水平的影响。

表5-6为不同股权制衡度下控股股东股权质押对高管显性薪酬水平和隐性薪酬水平影响的调节效应分析。

表5-6 股权制衡度对控股股东股权质押与高管显隐性薪酬水平的调节效应分析

变量	Pay		Perk	
	模型（5-2a）	模型（5-3a）	模型（5-2b）	模型（5-3b）
Pledgedum	1.142***	1.136***	0.0289***	0.0275***
	(30.84)	(30.59)	(2.94)	(2.80)
S	-0.0719***	-0.0690***	-0.00141**	-0.000765
	(-34.64)	(-28.17)	(-2.56)	(-1.18)
Pledgedum × S	—	-0.01000**	—	-0.00223*
		(-2.23)		(-1.87)
Size	0.00935	0.00891	0.757***	0.757***
	(0.48)	(0.46)	(146.50)	(146.49)
Lev	-1.652***	-1.647***	0.171***	0.172***
	(-13.79)	(-13.75)	(5.40)	(5.43)
BS	-1.000***	-0.998***	0.0520	0.0525
	(-6.92)	(-6.90)	(1.36)	(1.37)

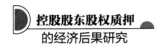
续表

变量	Pay		Perk	
	模型（5-2a）	模型（5-3a）	模型（5-2b）	模型（5-3b）
Ind	-1.975***	-1.959***	-0.0223	-0.0188
	（-4.29）	（-4.26）	（-0.18）	（-0.15）
Dual	0.821***	0.822***	-0.00368	-0.00348
	（20.33）	（20.35）	（-0.34）	（-0.32）
Cat	-0.321***	-0.323***	0.185***	0.185***
	（-11.68）	（-11.75）	（25.40）	（25.33）
Growth	0.889***	0.887***	-0.129***	-0.130***
	（12.86）	（12.83）	（-7.06）	（-7.09）
ROA	9.819***	9.834***	0.492***	0.495***
	（23.50）	（23.54）	（4.44）	（4.47）
Year	控制	控制	控制	控制
Industry	控制	控制	控制	控制
Constant	20.70***	20.67***	0.446***	0.439***
	（38.04）	（37.98）	（3.09）	（3.04）
R^2	0.352	0.352	0.708	0.708
$adj-R^2$	0.350	0.351	0.707	0.707
F	268.3***	260.4***	1198.4***	1162.3***
N	15850	15850	15850	15850

注：括号中的数字为双尾检验的 t 值，*** 表示 $p < 0.01$、** 表示 $p < 0.05$、* 表示 $p < 0.1$。

模型（5-2a）和模型（5-3a）研究了股权制衡度对控股股东股权质押与高管显性薪酬水平影响的回归模型，模型（5-2a）代表加入股权制衡度这一调节变量的回归结果，模型（5-3a）代表在模型（5-2a）的基础上加入控股股东股权质押与股权制衡度的交乘项的回归结果。从股权制衡度对控股股东股权质押与高管显性薪酬水平调节效应的回归结果来看，模型（5-2a）和模型（5-3a）中调整后的 R^2 分别为 0.350 和 0.351，且 F 值分别为 268.3 和 260.4，通过了显著性检验，说明方程的拟合优度较好，有较强的解释力。根据模型（5-3a）的回归结果可以看出，控股股东股权质押与股权制衡度的交乘项的回归系数为 -0.01，且在 5% 水平上通过了显著性检验，进一步观察**模型（5 - 2a）**，股权制衡度的回归系数在 1% 水平上通过了显著性检验，即**模型（5 - 1a）**、**模型（5 - 2a）**和**模型（5 - 3a）**均不同，表明股权制衡度在全样本企业中为半调节变量。由于控股股东股权质押与股权制衡度的交乘项系数为负，所以股权制衡度对控股股东股权质押与高管显性薪酬水平的关系起到了负向调节作用，**假设（5 - 3a）**得到验证。

模型（5 - 2b）和**模型（5 - 3b）**研究了股权制衡度对控股股东股权质押与高管隐性薪酬水平影响的回归模型，**模型（5 - 2b）**代表加入股权制衡度这一调节变量的回归结果，**模型（5 - 3b）**代表在**模型（5 - 2b）**的基础上加入控股股东股权质押与股权制衡度的交乘项的回归结果。从股权制衡度对控股股东股权质押与高管隐性薪酬水平的调节效应的回归结果来看，**模型（5 - 2b）**和**模型（5 - 3b）**中调整后的 R^2 均为 0.707，且 F 值分别为 1198.4 和 1162.3，通过了显著性检验，说明方程的拟合优度较好，有较强的解释力。**模型（5 - 3b）**为在**模型（5 - 2b）**的基础上加入了控股股东股权质押与股权制衡度的交乘项进行回归分析，根据**模型（5 - 3b）**的回归结果可以看出，控股股东股权质押与股权制衡度的交乘项的回归系数为 -0.00223，且在 10% 水平上通过了显著性检验，进一步观察**模型（5 - 2b）**，股权制衡度的回归系数在 5% 通过了显著性检验，表明股权制衡度在全样本企业中为半调节变量。由于控股股东股权质押与股权制衡度的交乘项系数为负，所以股权制衡度对控股股东股权质押与高管隐性薪酬水平的关系起到了负向调节作用，**假设（5 - 3b）**得到验证。

当上市公司股权制衡度较高时，此时的控股股东由于受到其他大股东的监督与制约，控股股东股权质押后与高管合谋来达到掏空或者规避控制权转移风险的动机减弱。因此，股权制衡度能够削弱控股股东股权质押与高管显性薪酬水平和隐性薪酬水平的正相关关系。

5.4.7.4　内部控制质量对控股股东股权质押与高管显隐性薪酬的调节效应分析

企业内部控制质量的高低对控股股东股权质押与高管显隐性薪酬水平之间的关系可能产生不同影响，因此本章在**模型（5 - 1）**的基础上，进一步加入衡量内部控制质量以及控股股东股权质押与内部控制质量的交乘项来研究不同内部控制质量下控股股东股权质押对高管显性薪酬水平和隐性薪酬水平的影响。

表 5 – 7 为不同内部控制质量下控股股东股权质押对高管显性薪酬水平和隐性薪酬水平影响的调节效应分析。

表 5 – 7　内部控制质量对控股股东股权质押与高管显隐性薪酬水平的调节效应分析

变量	Pay		Perk	
	模型 (5 – 2c)	模型 (5 – 3c)	模型 (5 – 2d)	模型 (5 – 3d)
Pledgedum	1. 248***	1. 247***	0. 0285***	0. 0282***
	(32. 61)	(32. 59)	(2. 91)	(2. 88)
IC	0. 951***	1. 134***	– 0. 202***	– 0. 158***
	(7. 36)	(6. 88)	(– 6. 12)	(– 3. 75)
Pledgedum × IC	—	– 0. 435*	—	– 0. 104*
		(– 1. 79)		(– 1. 68)
Size	– 0. 0347*	– 0. 0357*	0. 760***	0. 760***
	(– 1. 71)	(– 1. 76)	(146. 42)	(146. 31)
Lev	– 1. 672***	– 1. 666***	0. 152***	0. 154***
	(– 13. 43)	(– 13. 37)	(4. 78)	(4. 83)
BS	– 0. 810***	– 0. 817***	0. 0539	0. 0523
	(– 5. 41)	(– 5. 46)	(1. 41)	(1. 36)
Ind	– 1. 816***	– 1. 831***	– 0. 0128	– 0. 0162
	(– 3. 81)	(– 3. 84)	(– 0. 11)	(– 0. 13)
Dual	0. 867***	0. 867***	– 0. 00150	– 0. 00140
	(20. 73)	(20. 74)	(– 0. 14)	(– 0. 13)
Cat	– 0. 385***	– 0. 385***	0. 185***	0. 185***
	(– 13. 55)	(– 13. 53)	(25. 48)	(25. 50)
Growth	1. 004***	1. 008***	– 0. 113***	– 0. 113***
	(13. 97)	(14. 02)	(– 6. 17)	(– 6. 12)
ROA	9. 227***	9. 249***	0. 667***	0. 673***
	(20. 68)	(20. 72)	(5. 85)	(5. 89)
Year	控制	控制	控制	控制

变量	*Pay*		*Perk*	
	模型（5-2c）	模型（5-3c）	模型（5-2d）	模型（5-3d）
Industry	控制	控制	控制	控制
Constant	14.27 ***	13.12 ***	1.650 ***	1.376 ***
	(14.87)	(11.38)	(6.72)	(4.66)
R^2	0.305	0.305	0.709	0.709
$adj - R^2$	0.304	0.304	0.708	0.708
F	216.9 ***	210.5 ***	1201.7 ***	1165.5 ***
N	15850	15850	15850	15850

注：括号中的数字为双尾检验的 t 值，$* * *$ 表示 $p < 0.01$、$* *$ 表示 $p < 0.05$、$*$ 表示 $p < 0.1$。

模型（5-2c）和模型（5-3c）研究了内部控制质量对控股股东股权质押与高管显性薪酬水平影响的回归模型，模型（5-2c）代表加入内部控制质量这一调节变量的回归结果，模型（5-3c）代表在模型（5-2c）的基础上加入控股股东股权质押与内部控制质量的交乘项的回归结果。从股权制衡度对控股股东股权质押与高管显性薪酬水平调节效应的回归结果来看，模型（5-2c）和模型（5-3c）中调整后的 R^2 均为 0.304，且 F 值分别为 216.9 和 210.5，通过了显著性检验，说明方程的拟合优度较好，有较强的解释力。根据模型（5-3c）的回归结果可以看出，控股股东股权质押与内部控制质量的交乘项的回归系数为 -0.435，且在 10% 水平上通过了显著性检验，进一步观察模型（5-2c），内部控制质量的回归系数在 1% 水平上通过了显著性检验，即模型（5-1a）、模型（5-2c）和模型（5-3c）均不同，表明内部控制质量在全样本企业中为半调节变量。由于控股股东股权质押与内部控制质量的交乘项系数为负，所以内部控制质量对控股股东股权质押与高管显性薪酬水平的关系起到了负向调节作用，假设（5-4a）得到验证。

模型（5-2d）和模型（5-3d）研究了内部控制质量对控股股东股权质押与高管隐性薪酬水平影响的回归模型，模型（5-2d）代表加入内部控制质量这一调节变量的回归结果，模型（5-3d）代表在模型（5-

2d）的基础上加入控股股东股权质押与内部控制质量的交乘项的回归结果。从内部控制质量对控股股东股权质押与高管隐性薪酬水平的调节效应的回归结果来看，**模型（5－2d）**和**模型（5－3d）**中调整后的 R^2 均为0.708，且 F 值分别为1201.7和1165.5，通过了显著性检验，说明方程的拟合优度较好，有较强的解释力。根据**模型（5－3d）**的回归结果可以看出，控股股东股权质押与内部控制质量的交乘项的回归系数为－0.104，且在10%水平上通过了显著性检验，进一步观察**模型（5－2d）**，内部控制质量的回归系数在1%通过了显著性检验，表明内部控制质量在全样本企业中为半调节变量。由于控股股东股权质押与内部控制质量的交乘项系数为负，所以内部控制质量对控股股东股权质押与高管隐性薪酬水平的关系起到了负向调节作用，**假设（5－4b）**得到验证。

控股股东股权质押后出于掏空或者规避控制权转移风险的动机可能会与高管发生合谋行为，而合谋行为的实施损害了公司价值，并加剧了第二类委托代理问题，不利于公司长远发展。而一套高质量的内部控制系统可以控制企业经营环节出现的各种风险、提高上市公司的经营效率和内部治理水平，以达到增加企业价值的目的。因此当公司内部控制质量较高时，能够有效监督和规制控股股东与高管合谋对上市公司进行"隧道挖掘"的行为，即内部控制质量能够削弱控股股东股权质押与高管显性薪酬水平和隐性薪酬水平的正相关关系。

5.4.8　稳健性检验

为了保证研究结果的可靠性与准确性，本章进一步进行了稳健性检验。在稳健性检验中以狭义高管的概念为基础，采用前三名高管年度薪酬总额与高管年末持股市值之和作为高管显性薪酬水平的替代指标；采用"支付的其他与经营活动有关的现金流出"作为高管隐性薪酬水平的替代指标。具体稳健性检验的回归结果见表5－8～表5－11。

稳健性检验的回归结果显示：①与未发生控股股东股权质押行为的上市公司相比，控股股东股权质押行为增加了高管显性薪酬水平，与前文结论一致。②与未发生控股股东股权质押行为的上市公司相比，控股股东股权质押行为增加了高管隐性薪酬水平，与前文结论一致。③在以不同股权制衡度的调节效应回归中得出，股权制衡度削弱了控股股东股权质押与高管显性薪酬水平和隐性薪酬水平的正相关关系，与前文结论一致。④在以不同内部控制质量的调节效应回归中得出，股权制衡度削弱了控股股东股权质押与高管显性薪酬水平和隐性薪酬水平的正相关关系，与前文结论一致。⑤与未发生控股股东股权质押行为的上市公司相比，控股股东股权质押后提高了高管显性薪酬对隐性薪酬的替代程度，与前文结论一致。因此，本章的研究结论具有一定的可靠性。

5.4.8.1　控股股东股权质押对高管显性薪酬水平的影响

表 5 - 8 为控股股东股权质押对高管显性薪酬水平影响的回归结果，结果表明，控股股东股权质押增加了高管显性薪酬水平，与前文结论一致，**假设（5-1）**得到验证。

表 5 - 8　控股股东股权质押对高管显隐性薪酬水平的影响回归结果分析（稳健性检验）

变量	模型（5-1a）	模型（5-1b）
	Pay	*Perk*
Pledgedum	0.889 *** (23.21)	0.0637 *** (4.97)
Size	-0.0236 (-1.17)	0.822 *** (121.56)
Lev	-1.416 *** (-11.40)	0.376 *** (9.05)
BS	-0.384 ** (-2.56)	-0.0639 (-1.27)
Ind	-0.845 * (-1.77)	-0.0186 (-0.12)
Cat	1.776 *** (42.44)	0.0436 *** (3.11)

续表

变量	模型（5－1a）	模型（5－1b）
	Pay	*Perk*
Dual	− 0.347 *** （− 12.19）	0.125 *** （13.09）
Growth	0.951 *** （13.30）	− 0.0776 *** （− 3.24）
ROA	10.17 *** （23.48）	2.098 *** （14.47）
Year	控制	控制
Industry	控制	控制
Constant	17.46 *** （30.99）	0.360 * （1.91）
R^2	0.326	0.638
$adj - R^2$	0.324	0.637
F	246.6 ***	898.4 ***
N	15850	15850

注：括号中的数字为双尾检验的 *t* 值，＊＊＊表示 $p < 0.01$、＊＊表示 $p < 0.05$、＊表示 $p < 0.1$。

5.4.8.2 控股股东股权质押对高管隐性薪酬水平的影响

表5－8为控股股东股权质押对高管隐性薪酬水平影响的回归结果，其表明控股股东股权质押增加了高管隐性薪酬水平，与前文结论一致，**假设（5－2）** 得到验证。

5.4.8.3 股权制衡度对控股股东股权质押与高管显隐性薪酬的调节效应分析

表5－9为不同股权制衡度下控股股东股权质押对高管显隐性薪酬水平的调节效应分析，结果表明，股权制衡度能够削弱控股股东股权质押与高管显性薪酬水平和隐性薪酬水平之间的正相关关系，与前文结论一致，**假设（5－3a）** 和假设 **（5－3b）** 得到验证。

表 5 - 9　股权制衡度对控股股东股权质押与高管显隐性薪酬的调节效应回归分析

（稳健性检验）

变量	Pay		Perk	
	模型（5-2a）	模型（5-3a）	模型（5-2b）	模型（5-3b）
Pledgedum	0.806***	1.136***	0.0572***	0.0549***
	(21.57)	(30.59)	(4.45)	(4.26)
S	-0.0627***	-0.0690***	-0.00492***	-0.00381***
	(-29.96)	(-28.17)	(-6.84)	(-4.49)
Pledgedum × S	—	-0.01000**	—	-0.00381**
		(-2.23)		(-2.45)
Size	0.0000569	0.00891	0.824***	0.824***
	(0.00)	(0.46)	(121.91)	(121.90)
Lev	-1.327***	-1.647***	0.383***	0.385***
	(-10.99)	(-13.75)	(9.23)	(9.27)
BS	-0.542***	-0.998***	-0.0763	-0.0754
	(-3.72)	(-6.90)	(-1.52)	(-1.50)
Ind	-1.007**	-1.959***	-0.0312	-0.0252
	(-2.17)	(-4.26)	(-0.20)	(-0.16)
Dual	1.732***	0.822***	0.0401***	0.0404***
	(42.51)	(20.35)	(2.86)	(2.89)
Cat	-0.296***	-0.323***	0.129***	0.128***
	(-10.68)	(-11.75)	(13.50)	(13.42)
Growth	0.799***	0.887***	-0.0895***	-0.0903***
	(11.45)	(12.83)	(-3.73)	(-3.77)
ROA	9.984***	9.834***	2.084***	2.090***
	(23.70)	(23.54)	(14.39)	(14.43)
Year	控制	控制	控制	控制
Industry	控制	控制	控制	控制
Constant	18.07***	20.67***	0.408**	0.397**
	(32.94)	(37.98)	(2.16)	(2.10)

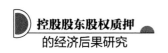

续表

变量	Pay		Perk	
	模型（5-2a）	模型（5-3a）	模型（5-2b）	模型（5-3b）
R^2	0.362	0.352	0.639	0.639
$adj - R^2$	0.361	0.351	0.638	0.638
F	280.5***	260.4***	874.3***	848.2***
N	15850	15850	15850	15850

注：括号中的数字为双尾检验的 t 值，$***$ 表示 $p<0.01$、$**$ 表示 $p<0.05$、$*$ 表示 $p<0.1$。

5.4.8.4 内部控制质量对控股股东股权质押与高管显隐性薪酬的调节效应分析

表 5-10 为不同内部控制质量下控股股东股权质押对高管显隐性薪酬水平的调节效应分析，结果表明，高质量的内部控制削弱了控股股东股权质押与高管显性薪酬水平和隐性薪酬水平的正相关关系，与前文结论一致，**假设（5-4a）**和**假设（5-4b）**得到验证。

表 5-10　内部控制质量对控股股东股权质押与高管显隐性薪酬的调节效应分析
（稳健性检验）

变量	Pay		Perk	
	模型（5-2c）	模型（5-3c）	模型（5-2d）	模型（5-3d）
Pledgedum	0.901*** (23.55)	0.900*** (23.53)	0.0632*** (4.92)	0.0625*** (4.87)
IC	1.045*** (8.10)	1.224*** (7.44)	-0.0485 (-1.12)	0.0752 (1.36)
Pledgedum × IC	—	-0.425* (-1.76)	—	-0.293*** (-3.61)
Size	-0.0422** (-2.08)	-0.0432** (-2.13)	0.823*** (120.91)	0.822*** (120.80)
Lev	-1.327*** (-10.66)	-1.320*** (-10.61)	0.372*** (8.91)	0.376*** (9.02)

续表

变量	Pay		Perk	
	模型（5－2c）	模型（5－3c）	模型（5－2d）	模型（5－3d）
BS	－0.375** （－2.50）	－0.381** （－2.55）	－0.0643 （－1.28）	－0.0687 （－1.37）
Ind	－0.875* （－1.84）	－0.889* （－1.87）	－0.0171 （－0.11）	－0.0266 （－0.17）
Dual	1.770*** （42.38）	1.771*** （42.39）	0.0438*** （3.13）	0.0441*** （3.15）
Cat	－0.353*** （－12.44）	－0.353*** （－12.42）	0.125*** （13.12）	0.125*** （13.16）
Growth	0.885*** （12.33）	0.889*** （12.37）	－0.0745*** （－3.09）	－0.0722*** （－3.00）
ROA	9.285*** （20.83）	9.306*** （20.87）	2.139*** （14.30）	2.154*** （14.40）
Year	控制	控制	控制	控制
Industry	控制	控制	控制	控制
Constant	11.17*** （11.65）	10.05*** （8.72）	0.652** （2.03）	－0.121 （－0.31）
R^2	0.329	0.329	0.638	0.638
$adj-R^2$	0.327	0.327	0.637	0.637
F	241.9***	234.7***	870.4***	845.0***
N	15850	15850	15850	15850

注：括号中的数字为双尾检验的 t 值，＊＊＊表示 $p < 0.01$、＊＊表示 $p < 0.05$、＊表示 $p < 0.1$。

5.4.9　进一步研究

根据前面的回归分析得出，控股股东股权质押后会选择增加高管显性薪酬水平和隐性薪酬水平的方式作为高管参与合谋的补偿，以实现掏空或者规避控制权转移风险的目的。那么，控股股东股权质押后高管显性薪酬水平和隐性薪酬水平的增长幅度是否有所差异？是否会因增长幅度的不同而产生一种薪酬对另一种薪酬产生替代性的现象？基于此，本章进行了进一步研究。

根据模型（5-4），本节对全样本企业进行回归分析，检验控股股东股权质押与高管显性薪酬对隐性薪酬替代性的影响，回归结果如表5-11所示。

表5-11　控股股东股权质押与高管显性薪酬对隐性薪酬替代性的影响回归分析

变量	模型（5-4）	
	Sub1	Sub2
Pledgedum	1.231*** (31.06)	0.0679*** (29.94)
Size	-0.754*** (-36.05)	-0.0423*** (-35.38)
Lev	-1.976*** (-15.38)	-0.117*** (-15.94)
BS	-0.939*** (-6.06)	-0.0502*** (-5.65)
Ind	-1.937*** (-3.92)	-0.0906*** (-3.21)
Cat	-0.547*** (-18.57)	-0.0311*** (-18.45)
Dual	1.189*** (16.07)	0.0674*** (15.91)
Growth	9.579*** (21.37)	0.541*** (21.08)
ROA	0.870*** (20.08)	0.0506*** (20.41)
Year	控制	控制

续表

变量	模型（5-4）	
	Sub1	Sub2
Industry	控制	控制
Constant	19. 35***	2. 078***
	（33. 17）	（62. 26）
R^2	0. 412	0. 409
$adj - R^2$	0. 411	0. 407
F	357. 9***	352. 5***
N	15850	15850

注：括号中的数字为双尾检验的 t 值，*** 表示 $p < 0.01$、** 表示 $p < 0.10$、* 表示 $p < 0.1$。

模型（5-4） 验证了控股股东股权质押与高管显性薪酬对隐性薪酬替代性的影响，其中被解释变量为高管显性薪酬对隐性薪酬的替代性 （Sub1） 和高管显性薪酬对隐性薪酬的替代性 （Sub2），解释变量为控股股东股权质押，回归结果如表 5-11 所示。**模型（5-4）** 中调整后的 R^2 分别为 0. 411 和 0. 407，且 F 值分别为 357. 9 和 352. 5，通过了显著性检验，说明方程的拟合优度较好，有较强的解释力。从**模型（5-4）** 的回归结果可以看出，控股股东股权质押与高管显性薪酬对隐性薪酬替代性的回归系数分别为 1. 231 和 0. 0679，且均在 1% 的水平上通过了显著性检验，表明控股股东股权质押与高管显性薪酬对隐性薪酬的替代性呈正相关关系，即与未发生控股股东股权质押行为的上市公司相比，控股股东的股权质押行为提高了高管显性薪酬对隐性薪酬的替代性。**假设（5-5）** 得到验证。

进行股权质押的控股股东出于掏空和规避控制权转移风险的动机，可能会选择增加高管显性薪酬水平和隐性薪酬（在职消费）水平的方式作为高管参与合谋，承担被证监会处罚、自身声誉受损等风险的补偿。但随着高管隐性薪酬（在职消费）水平的不断提高，上市公司股价信息含量越低，越容易引发公司的股价崩盘风险，此时发生了股权质押行为的控股股东所面临的控制权转移风险更大。因此，虽然控股股东股权质押后高管的显性薪酬水平和隐性薪酬（在职消费）水平都有一定程度的上升，但相较

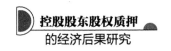
于隐性薪酬（在职消费）增加所加剧的控制权转移风险而言，控股股东股权质押后高管显性薪酬的增长对公司的消极影响较小，因此发生控股股东股权质押行为的上市公司高管显性薪酬增长幅度更大。基于以上分析，控股股东股权质押后增加了高管显性薪酬对隐性薪酬的替代性，隐性薪酬（在职消费）更多地被显性薪酬所替代。

5.5　研究结论与启示

5.5.1　研究结论

（1）与未发生控股股东股权质押行为的上市公司相比，控股股东股权质押后提高了高管显性薪酬水平

出于合谋动机，发生股权质押行为的控股股东为了达到掏空或者规避控制权转移风险的目的，都离不开作为掌管公司生产经营决策权的高管的密切配合，因此其可能会选择增加高管显性薪酬水平的方式作为高管参与合谋、承担风险的补偿。

（2）与未发生控股股东股权质押行为的上市公司相比，控股股东股权质押后提高了高管隐性薪酬水平

与高管显性薪酬相比，隐性薪酬由于具有隐蔽性和不易追踪等特点而越来越多地成为高管凭借职位特权而获取私人收益的重要手段，因此，发生股权质押行为的控股股东在增加高管显性薪酬水平的同时也可能会选择增加高管隐性薪酬水平作为高管参与合谋的补偿。

（3）股权制衡度在控股股东股权质押与高管显性薪酬水平和隐性薪酬水平中起负向调节作用

随着股权制衡度的提高，控股股东股权质押对高管显性薪酬水平和隐性薪酬水平的正向影响就越弱。当股权制衡度较高时，多个大股东之间处于相互制衡的状态，而且其他大股东为了维护自身利益，他们有能力也有动机对控股股东的行为进行监督。此时，为了降低控股股东与高管合谋暴露引发监管机构关注的风险，控股股东在选择增加高管显性薪酬水平和隐

性薪酬水平时会有所顾忌。

（4）内部控制质量在控股股东股权质押与高管显性薪酬水平和隐性薪酬水平中起负向调节作用

随着内部控制质量的提高，控股股东股权质押对高管显性薪酬水平和隐性薪酬水平的正向影响就越弱。当内部控制质量较高时，上市公司的制度体系较为健全，此时，控股股东为了降低与高管合谋暴露引发监管机构关注的风险，控股股东不会选择增加高管显性薪酬水平和隐性薪酬水平。

（5）与未发生控股股东股权质押行为的上市公司相比，控股股东股权质押后提高了高管显性薪酬对隐性薪酬的替代程度

控股股东股权质押后可能会选择增加高管显性薪酬水平和隐性薪酬（在职消费）水平的方式对高管给予一定的补偿，但高管隐性薪酬水平的大幅度增加降低了股票信息含量，进而提高了股价崩盘风险，因此高管显性薪酬水平增加幅度大于隐性薪酬水平的增加幅度，隐性薪酬更多地被显性薪酬所替代。

5.5.2　启示

（1）加强对存在控股股东股权质押行为的上市公司的监管

控股股东的股权质押行为加大了两权分离度，弱化了激励效应，强化了侵占效应，使其更容易与高管合谋来干预上市公司财务与经营决策，以达到掏空上市公司或者规避控制权转移风险的目的，而作为高管参与合谋承担风险的补偿，控股股东可能会选择增加高管显性薪酬和隐性薪酬（在职消费）的方式作为高管参与合谋的收益，这一行为严重损害了中小股东的利益。因此，监管机构作为重要的外部治理主体，应该加强对存在控股股东股权质押行为的上市公司的监管。首先，监管机构应当要求上市公司真实、准确、完整地披露股权质押资金流向和资金用途，防止控股股东与高管合谋掏空上市公司的行为；其次，对控股股东个人财务状况建立备查簿，并对其行为进行持续监督，防止控股股东与高管合谋进行"隧道挖掘"行为；最后，对股价跌至警戒线、质押平仓线的上市公司重点关注，防止控股股东为了规避控制权转移风险而与高管合谋进行一系列的财务干预行为。

（2）进一步增加高管薪酬披露的透明度

我国上市公司高管薪酬披露的不透明与其受到控股股东的调控有关。目前，在我国上市公司年度报告中，对高管薪酬的披露只要求对薪酬总额进行披露，而并没有对高管薪酬的披露格式和具体构成进行统一规定，公司内外部利益相关者对高管薪酬的具体组成部分并不清楚。因此，相关监管部门应该制定与高管薪酬相关的政策，格式上，要求在现有规定的基础上使披露格式更加标准规范；内容上，要求上市公司报告该公司高管薪酬的具体组成部分，将公司建立的薪酬体制以公告形式公布，让所有利益相关者均知晓，以此推动高管薪酬制度向透明化方向发展。这样公司内外部利益相关者就可以对高管薪酬进行有效监督，对高管薪酬的非正常增加进行重点监控，防止股权质押后，控股股东通过增加高管显隐性薪酬水平的方式作为高管参与合谋所承担风险的补偿，从而使上市公司高管薪酬体制能够真正发挥正向作用。

（3）建立健全高管声誉机制

一般来说，高管声誉是市场对高管执业水平和能力的综合评价，高管声誉作为一项重要的无形资产，同时具备激励性与约束性特点，对高管自身而言，较高的知名度和市场认可度是对其工作能力的肯定。控股股东股权质押后出于合谋动机，可能会与高管合谋来干预上市公司财务或经营决策，以达到掏空或者规避控制权转移风险的目的，作为回报，控股股东可能会选择增加高管显隐性薪酬水平的方式而作为高管参与合谋的补偿。但控股股东与高管合谋对上市公司进行的一些财务干预行为容易引发监管机构和机构投资者的警觉，这些行为一旦被发现，则会对高管多年来积累的良好声誉造成损害，甚至对其整个职业生涯造成不利影响，因此，高管出于对其良好声誉进行维护的动机，可能不会选择与控股股东合谋来侵占中小股东利益。基于此，上市公司应该建立健全高管声誉机制，增加控股股东与高管的合谋成本，降低合谋收益，这样一来，基于理性经济人假设，高管会对其参与合谋取得的收益与承担声誉受损的风险进行比较，权衡利弊。

第6章 控股股东股权质押与
企业财务风险：理论分析与实证检验

6.1 引言

股权质押作为一种新兴的融资方式在我国发展迅速。股权质押已成为上市公司股东进行融资的重要方式，并备受控股股东追捧。然而，频繁交易的背后也隐藏着巨大的风险，股权质押后，当股价出现大幅下跌，会使控股股东面临追加保证金风险、平仓风险甚至控制权转移风险。此时，控股股东为了规避股价下跌带来的相关风险，有动机且有能力通过管理层对上市公司的财务行为产生影响，现有研究中已有大多数学者关注了股权质押对上市公司财务行为（投资行为、盈余管理行为、关联交易等）的影响，财务行为的发生在一定程度上会影响上市公司的财务状况，进而可能会引发企业的财务风险。那么，控股股东股权质押后为规避股价下跌所采取的相关财务行为是否会对上市公司的财务风险产生影响？这种影响又是通过何种途径实现？基于对上述问题的思考，研究股权质押对企业财务风险的影响具有以下三个方面的意义。

①丰富股权质押的经济后果研究。目前有关股权质押经济后果的研究中，探讨更多的是股权质押对企业价值的影响、股权质押对企业创新投入的影响及股权质押后的市值管理行为等。鲜有研究关注控股股东股权质押对上市公司财务风险的影响效应及影响机理。

②在研究方法上，与以往仅关注股权质押的直接影响效应的研究不同，本章通过结构方程模型进行中介路径分析，从直接路径和间接路径两个层面考察控股股东股权质押影响企业财务风险的机理。

③在变量度量上，本章对股权质押做了进一步分解，基于质押程度和质押规模两个角度，检验股权质押影响公司财务风险的作用路径。

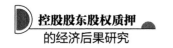

6.2 文献综述

股权质押已成为上市公司股东进行融资的重要方式，目前，已有很多学者对股权质押的经济后果进行了考察。关于股权质押对公司业绩的影响，大多数文献基于两权分离和控制权转移风险视角展开研究，得出两种相反的观点：一种是股权质押后两权分离促使控股股东对中小股东的利益侵占而损害公司价值（La Porta et al.，1999；郝项超和梁琪，2009；郑国坚等，2014）；另一种是股权质押后控股股东在控制权转移风险约束下，努力经营，对公司绩效产生正向影响（王斌等，2013）。也有部分学者基于规避风险的角度，关注了股权质押与市值管理的研究，认为股权质押后控股股东会通过投资行为、盈余管理、股利政策、信息披露等财务措施来稳定乃至提升股价（柯艳蓉和李玉敏，2019；谢德仁和廖珂，2018；廖珂等，2018；张晨宇和武剑锋，2019）。企业的财务风险与财务行为相伴而生，目前的研究中，也有众多学者研究了财务风险的影响因素，曹德芳和曾慕李（2005）从影响企业财务风险的内部财务因素出发，认为企业财务风险与企业负债规模正相关，与企业盈利能力和营运能力负相关。在后续的研究中，学者们逐渐增加了一些非财务方面的影响因素，从公司治理（于富生等，2008；苏坤等，2010）、对外担保（王克敏和罗艳梅，2006）、管理层过度自信（姜付秀等，2009）、多元化经营（吴国鼎和张会丽，2015）、内部控制（袁晓波，2010；徐炜和肖智，2019）等方面分别研究它们对财务风险的影响。

综上所述，可以看出现有研究中探讨更多的是股权质押对企业价值的影响、股权质押后的市值管理行为等。有关控股股东股权质押对企业财务风险影响机理的研究相对较少。股权质押后控股股东基于各种动机采取的相关财务行为是否会影响上市公司的财务风险？有待进一步验证。

6.3 理论分析

财务风险有狭义与广义之分。狭义的财务风险是指由于企业负债经营所引起的到期不能偿还债务的可能性（汪国义，2011）。广义的财务风险是指企业在进行财务活动中实际收益与预期收益发生偏离的不确定性，这种不确定性包括由企业内外部经营环境变化引起的不确定性和企业财务行为引起的不确定性（黄锦亮和白帆，2004）。本章运用广义财务风险概念分析财务风险相关问题。

控股股东股权质押是股东个人的行为表现，股权质押后，控股股东基于规避股价下跌带来相关风险，或基于利益驱动原因，有能力通过管理层，对上市公司的财务决策产生影响，财务决策会导致上市公司的财务行为发生相应变化，而财务行为的变化必然会影响上市公司的财务状况。因此，由这些财务行为产生的经营结果的不确定性会增强实际收益与预期收益发生偏离的不确定性，进而可能会导致企业财务风险的增加。那么，股权质押后，控股股东基于规避风险或基于利益驱动的原因，所采取的相关财务行为或财务活动是否会引发上市公司的财务风险？影响路径如图6－1所示。以下从三个方面理论阐述控股股东股权质押影响企业财务风险的作用机理。

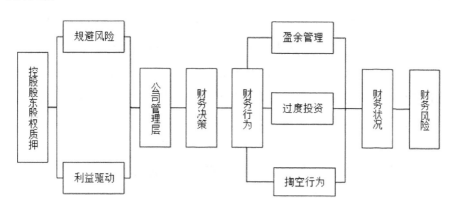

图6－1　股权质押影响企业财务风险的路径

6.3.1　控股股东股权质押后的盈余管理行为可能会增大上市公司的财务风险

股权质押后，控股股东为避免控制权转移风险，对股价格外关注，为了稳住或提升股价，进行股权质押的控股股东自然会关注公司盈余，在必

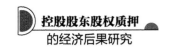

要时候可能会利用自身的控制权通过盈余管理的手段操纵盈余。盈余管理方式主要有应计盈余管理和真实盈余管理，其中应计盈余管理是指利用会计政策或会计估计等方式对公司实际发生的交易或业务进行盈余调整。真实盈余管理是指管理层通过构造真实交易活动来调节盈余，这种调整会消耗公司资源，不仅影响当期现金流还会影响到以后期间的现金流。陈共荣等（2016）研究发现企业在股权质押前后都存在盈余管理行为，并且从应计盈余管理转向真实盈余管理。股权质押前，出质方监管环境相对宽松，公司更可能使用应计盈余管理去修饰报表。股权质押后，引入了质权方这一外部治理角色，此时出质方面临较为严峻的监管环境，公司会使用更为隐秘的真实盈余管理来粉饰财务报表。

当控股股东股权质押后采用盈余管理方式操纵企业盈余，其对企业的财务状况将产生直接影响。考虑到控股股东股权质押资金投向的不同，其实施盈余管理对企业财务状况的影响也会有所不同，当控股股东股权质押资金投向上市公司时，是以上市公司的发展作为出发点，其实施盈余管理可能会发挥积极作用。当控股股东股权质押资金投向自身或第三方时，其实施盈余管理可能会对上市公司产生不利影响。因此，对2015—2019年股权质押样本的质押资金投向进行统计，其中投向控股股东自身或第三方的占比86.50%，投向被质押上市公司的占比13.50%。这说明控股股东股权质押资金的去向普遍更倾向于自身或第三方。此时，股权质押联合盈余管理发挥的消极作用可能大于积极作用，在此种情况下，企业经营成果面临的不确定性会更大，进而可能会增大企业的财务风险。因此，本章将通过实证检验控股股东股权质押后的盈余管理行为是否会增大上市公司的财务风险。

6.3.2 控股股东股权质押后的过度投资行为可能会增大上市公司的财务风险

我国上市公司控股股东的控制权会为其带来"控制权收益"，控制性资源越集中，控股股东控制资源分配的动机就越大，并会制定有利于增进其私有收益的投资决策，驱动控股股东的过度投资行为（Dyck & Zingales，

2004）。谢露和王超恩（2017）研究发现，控股股东会通过影响上市公司的投资决策来应对股价下跌的压力，从而助长了控股股东的机会主义行为，导致过度投资现象的发生。投资决策是企业重要财务决策之一，是企业成长和扩大再生产的主要动因。企业的投资风险与企业的投资决策密切相关，由于投资需要大量的资金支持，有效的投资有助于企业未来现金流量的稳定增长，决定了企业的经营业绩、盈利水平及可持续发展状况。而过度投资行为可能会增大企业经营成果的不确定性，一旦投资成功，股东可以获得超额收益，一旦投资失败，就会将风险转嫁给上市公司，增加上市公司的偿债风险及流动性风险，导致企业营运资金紧张，造成财务资源的耗竭，进而导致上市公司财务风险的增加。因此，本章将通过实证检验控股股东股权质押后的过度投资行为是否会增大上市公司的财务风险。

6.3.3　控股股东股权质押后的掏空行为可能会增大上市公司的财务风险

控股股东对企业的重大经营决策拥有控制权，显然也能够影响或决定企业大规模的关联交易。控股股东的股权质押行为增大了两权分离度，当两权分离度加大时，控股股东就可以通过较低的成本控制较多的资源，降低了两权分离下的掏空成本，助长了控股股东攫取控制权私利的动机。因此，股权质押后控股股东很可能通过资金占用、关联交易等方式掏空上市公司。当控股股东利用关联交易，将上市公司资金转移至个人或关联方，频繁发生的关联交易会导致企业应收账款增加，增大企业的坏账风险，导致企业经营现金流的减少，使企业面临资金收回时间和收回金额的不确定性，进而会放大上市公司的财务风险。基于此，本章将通过实证检验控股股东股权质押后的关联交易行为、资金占用行为是否会影响公司财务风险。

综上，股权质押表面上看只是控股股东自身行为，但却是一项综合了影响投融资决策、传递公司治理信号的多维度行为，其对公司财务风险的影响是复杂的。因此，本章将采用结构方程模型将盈余管理、过度投资、关联交易、资金占用和财务风险纳入同一分析框架，选用我国 A 股上市公

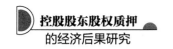

司 2015—2019 年的股权质押样本，以检验股权质押影响公司财务风险的作用路径。

6.4 研究设计

6.4.1 样本选取与数据来源

以 2015—2019 年沪深两市 A 股控股股东发生股权质押的上市公司作为初始样本，并对样本进行了如下筛选：①删除金融行业公司；②剔除 ST 公司、＊ST 公司；③删除研究变量缺失的样本。最终得到 5241 组观测值。控股股东股权质押数据来源于 Wind 数据库所统计的股权质押信息，其他相关数据来源于 CSMAR 数据库。为避免极端值的影响，对所有连续变量进行上下 1% 的 Winsorize 处理。最后运用 Stata 15.0 以及 Amos 21 进行实证分析。

6.4.2 变量选取与定义

6.4.2.1 被解释变量

参考相关文献，采用 MacKie–Mason 提出的 Altman Z 值测度企业财务风险，主要是通过建立多元线性模型，运用多种财务指标加权以预测财务风险，该指标越小，企业财务风险越大，反之亦然。公式为：

$$Z = 1.2 \times \frac{营运资金}{总资产} + 1.4 \times \frac{留存收益}{总资产} + 3.3 \times \frac{息税前利润}{总资产} + 0.6 \times$$

$$\frac{股票总市值}{负债账面价值} + 0.999 \times \frac{销售收入}{总资产}$$

6.4.2.2 解释变量

参考国内外文献的做法，用质押程度和质押规模度量股权质押。质押程度用控股股东质押股份占其持有上市公司股份的比例衡量，质押程度数值越大说明控股股东质押出的股份比例越高。质押规模用控股股东质押股份占上市公司总股份的比例衡量。质押规模值越大说明公司总股本中被用于质押的股份就越多。

6.4.2.3　中介变量

（1）应计盈余管理的度量

参考国内外文献做法，用截面修正 Jones 模型对应计盈余管理进行度量。根据所估计的参数估算上市公司每年的非操控性应计利润（NDA）和操控性应计利润（DA），并以操控性应计利润（DA）作为应计盈余管理的度量变量。

$$\frac{TA_t}{A_{t-1}} = \beta_0 + \beta_1 \frac{1}{A_{t-1}} + \beta_2 \frac{\Delta S_t}{A_{t-1}} + \beta_3 \frac{PPE_t}{A_{t-1}} + \varepsilon_t \quad \text{模型（6-1a）}$$

$$NDA_t = \beta_0 + \beta_1 \frac{1}{A_{t-1}} + \beta_2 \frac{\Delta S_t - \Delta R_t}{A_{t-1}} + \beta_3 \frac{PPE_t}{A_{t-1}} + \varepsilon_t$$

$$\text{模型（6-1b）}$$

$$DA_t = \frac{TA_t}{A_{t-1}} - NDA_t \quad \text{模型（6-1c）}$$

首先，运用**模型（6-1a）**计算总应计利润（TA）。其中，TA_t 表示第 t 年总应计利润，用净利润与经营活动现金净流量之差表示。A_{t-1} 表示第 t 年年初总资产，ΔS_t 表示第 t 年销售收入的增量，PPE_t 表示第 t 年固定资产原值；其次，运用**模型（6-1b）**计算非操控性应计利润（NDA）。将**模型（6-1a）**计算出来的 β_0、β_1、β_2、β_3 回归系数代入**模型（6-1b）**，计算出非操纵性应计利润。其中，NDA 表示非操纵性应计利润，ΔR 表示应收账款的增量，其他指标含义与**模型（6-1a）**相同；最后，运用**模型（6-1c）**计算操控性应计利润（DA），即为应计盈余管理。公司的应计盈余管理会朝正负两个方向变动，无论朝哪个方向变动，都属于应计盈余管理操控，当 DA 为 0 时，即认为不存在应计盈余管理。

（2）真实盈余管理的度量

本章参考 Roychowdhury（2006）的做法，以异常经营现金流（Ab_CFO）、异常生产成本（Ab_PROD）和异常可操控费用（Ab_DISX）作为衡量真实盈余管理程度的三个指标，并构建综合衡量指标 REM（$REM = Ab\_PROD - Ab\_CFO - Ab\_DISX$）来度量综合真实盈余管理水平。该值为正且越大，向上操控利润就越大，该值为负且绝对值越大，向下操控利润就越大，当 *REM* 为零时，即认为不存在真实盈余管理。

销售操控的异常经营现金流。销售操控是指企业通过加大价格折扣或放宽信用条件以扩大销售，提高利润，但同时导致了当期现金流的下降，从而出现异常经营活动现金流。在**模型（6-2a）**中，*CFO* 表示经营活动现金流量，*S* 表示营业收入，ΔS 表示营业收入变动额，*A* 表示公司总资产。ε_t 为残差项，即为销售操控的异常经营活动现金流（*Ab_CFO*）。

$$\frac{CFO_t}{A_{t-1}} = \beta_0 + \beta_1 \frac{1}{A_{t-1}} + \beta_2 \frac{S_t}{A_{t-1}} + \beta_3 \frac{\Delta S_t}{A_{t-1}} + \varepsilon_t \quad \text{模型（6-2a）}$$

生产操控的异常生产成本。生产操控是指企业通过扩大当期的产品产量，降低单位产品的固定成本，提高企业利润。在**模型（6-3a）**中，*COGS* 表示销售成本，*S* 表示当期营业收入。在**模型（6-3b）**中，ΔINV 表示当期存货增量，ΔS_{t-1} 为滞后一期的营业收入变化额。在**模型（6-3c）**中，*PROD* 为企业生产成本，ε_t 为残差项，即生产操控的异常生产成本（*Ab_PROD*）。

$$\frac{COGS_t}{A_t} = \gamma_0 + \gamma_1 \frac{1}{A_{t-1}} + \gamma_2 \frac{S_t}{A_{t-1}} + \theta_t \quad \text{模型（6-3a）}$$

$$\frac{\Delta INV_t}{A_t} = k_0 + k_1 \frac{1}{A_{t-1}} + k_2 \frac{\Delta S_{t-1}}{A_{t-1}} + \sigma_t \quad \text{模型（6-3b）}$$

$$\frac{PROD_t}{A_{t-1}} = h_0 + h_1 \frac{1}{A_{t-1}} + h_2 \frac{S_t}{A_{t-1}} + h_3 \frac{\Delta S_t}{A_{t-1}} + h_4 \frac{\Delta S_{t-1}}{A_{t-1}} + \varepsilon_t$$

$$\text{模型（6-3c）}$$

费用操控的异常可操控费用。费用操控是指企业通过调整研发支出、广告费用等方式来调整利润。在**模型（6-4a）**中，*DISX* 用当期销售费用与管理费用之和表示。ε_t 为残差项，即为费用操控的异常可操控费用（*Ab_DISK*）。

$$\frac{DISX_t}{A_{t-1}} = \beta_0 + \beta_1 \frac{1}{A_{t-1}} + \beta_2 \frac{\Delta S_t}{A_{t-1}} + \varepsilon_t \quad \text{模型（6-4a）}$$

（3）过度投资的度量

本章参考 Richardson（2006）的投资预期模型度量过度投资，该模型首先用公司的实际投资水平与影响企业投资水平的变量进行回归，以回归拟合值度量公司的正常投资水平，以回归残差度量该公司的非正常投资水平。参考辛清泉等（2007）的做法，按照残差正负号分组，选择残差项大于 0 的样本组来衡量过度投资。

$$Inv_t = \alpha_0 + \alpha_1 Size_{t-1} + \alpha_2 Lev_{t-1} + \alpha_3 Growth_{t-1} + \alpha_4 Ret_{t-1} + \alpha_5 Age_{t-1} +$$
$$\alpha_6 Cash_{t-1} + \alpha_7 Inv_{t-1} + \sum Industry + \sum Year + \varepsilon_t \qquad 模型（6-5a）$$

在**模型（6-5a）**中，Inv_t 是指公司当年的实际新增投资支出，用（当年购建固定资产、无形资产和其他长期资产所支付现金 - 处置固定资产、无形资产和其他长期资产收回的现金净额）/总资产表示；$Size$ 为公司规模，用期末总资产的自然对数表示；Lev 为公司的资产负债率，用总资产/总负债表示；$Growth$ 为公司的成长性，用销售收入增长率表示；Age 为公司的年龄，用公司测量年份与成立年份之间差额加 1 的自然对数表示；$Cash$ 为现金持有比率，用现金及现金等价物占总资产比例表示；Inv_{t-1} 为滞后一期的实际新增投资支出；$Year$ 为年度虚拟变量；$Industry$ 为行业虚拟变量；ε_t 为残差项，选择残差项大于 0 的样本组衡量过度投资程度，定义为 $Overinv$。

（4）关联交易的度量

参考郑国坚（2009）的做法，采用关联产品和劳务的购销 RPT 作为关联交易的衡量指标，即 RPT 等于上市公司与控股股东购买商品（劳务）和销售商品（劳务）的年度发生金额之和除以年末总资产。

（5）资金占用的度量

参考姜国华和岳衡（2005）的做法，用其他应收款年末余额占上市公司年末总资产比重衡量控股股东的资金占用程度。

6.4.3　模型构建

简单的线性回归方法多用于分析直接效应，相比于一般的直接分析，中介效应分析更加侧重探究自变量影响因变量的作用机制和路径。建立结构方程模型（SEM）进行多重中介分析，不仅可以同时处理显变量和潜变量，还可以同时分析多个自变量、多个因变量和多个中介变量的关系（温忠麟和叶宝娟，2014）。本章根据控股股东股权质押影响企业财务风险的方式，建立的路径分析**模型（6-6a）**为：

$$Z = \alpha_1 pledge + \varepsilon_1$$

$$DA = \alpha_2 pledge + \varepsilon_2$$

$$REM = \alpha_3 pledge + \varepsilon_3$$

$$Overinv = \alpha_4 pledge + \varepsilon_4$$

$$RPT = \alpha_5 pledge + \varepsilon_5$$

$$Tun = \alpha_6 pledge + \varepsilon_6$$

$$Z = \beta_0 + \beta_1 DA + \beta_2 REM + \beta_3 Overinv + \beta_4 RPT + \beta_5 Tun + \varepsilon_5$$

模型（6-6a）

其中，*Pledge* 代表股权质押，用质押程度（*Pratio*）和质押规模（*Prate*）来度量。α 表示股权质押变量对其他变量的作用系数，β 表示中介变量（应计盈余管理、真实盈余管理、过度投资、关联交易、资金占用）对财务风险的作用系数；ε 为随机误差项；变量定义见表6-1。

表6-1 变量定义

变量类型	变量名称		变量符号	变量度量
解释变量	股权质押	质押程度	*Pratio*	控股股东质押股数/自身持股总数
		质押规模	*Prate*	控股股东质押数/上市公司总股份
被解释变量	财务风险		*Z*	Z指数（*Z-Score*）
中介变量	盈余管理	应计盈余管理	*DA*	用截面修正 *Jones* 模型度量应计盈余管理
		真实盈余管理	*REM*	$Ab\_PROD - Ab\_CFO - Ab\_DISX$
	过度投资		*Overinv*	选择残差项大于0的样本组衡量过度投资
	掏空行为	关联交易	*RPT*	购买及销售商品的年度发生额/年末总资产
		资金占用	*Tun*	其他应收款/总资产

6.5　实证结果及分析

6.5.1　描述性分析

主要变量的描述性统计结果如表 6 - 2 所示。股权质押数据显示，质押程度的平均值为 57.6%，说明上市公司控股股东将其持有股份的一半以上进行了质押，其中部分上市公司控股股东股权质押率达到 100%，需重点关注。质押规模的平均值为 17.1%，最大值为 49.1%，表明部分企业控股股东将股份总数的一半都进行了质押，进一步说明控股股东股权质押在我国资本市场上具有普遍性。真实盈余管理数据显示，真实盈余管理的最大值为 0.514，最小值为 - 0.673，标准差为 0.189，表明上市公司的真实盈余管理程度存在较大差异。异常经营现金流、异常生产成本、异常可操控费用的最大值、最小值及均值指标表明，样本企业可能采取了多种盈余管理方式。应计盈余管理的平均值为 - 0.002，说明上市公司向下操纵盈余管理的方式比较普遍。过度投资的平均值为 0.025，说明股权质押样本企业存在过度投资行为。关联交易数据显示，上市公司与控股股东的关联产品采购和销售总额占总资产的平均值为 1.1%，最大值为 23.2%，最小值为 0，说明我国上市公司与控股股东的关联交易程度差别很大，少数企业的关联交易程度较高。资金占用的平均值说明控股股东相对资产的掏空程度为 11.8%。财务风险（Z）平均值为 7.922，高于所提出的判定范围（$Z > 3$ 为较安全企业，$Z < 3$ 为存在财务危机或破产风险的企业），表明所研究的股权质押样本大部分处于安全范围，这可能由于本章剔除了 ST 公司以及 * ST 的公司，而这类上市公司陷入财务困境的可能性较大。

表 6 - 2　变量的描述性统计

变量	样本数	均值	最小值	最大值	标准差
Pratio	5241	0.576	0.034	1	0.286
Prate	5241	0.171	0.007	0.491	0.109

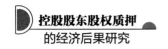
续表

变量	样本数	均值	最小值	最大值	标准差
REM	5241	0.004	− 0.673	0.514	0.189
Ab_CFO	5241	− 0.002	− 0.247	0.220	0.074
Ab_PROD	5241	− 0.001	− 0.341	0.296	0.099
Ab_DISX	5241	− 0.004	− 0.154	0.263	0.066
DA	5241	− 0.002	− 0.425	0.277	0.105
Overinv	5241	0.025	0	0.399	0.059
RPT	5241	0.011	0	0.232	0.033
Tun	5241	0.118	0	0.946	0.147
Z	5241	7.922	− 0.205	66.710	9.712

6.5.2　相关性分析

表6-3列出了主要变量的相关关系。质押程度、质押规模与财务风险的相关系数显著为负。质押程度、质押规模与真实盈余管理的相关系数显著为正，真实盈余管理与财务风险的相关系数显著为负。质押程度与应计盈余管理的相关系数显著为负，应计盈余管理与财务风险的相关系数显著为正。质押程度、质押规模与过度投资并不相关，但过度投资与财务风险的相关系数显著为负。质押程度与关联交易的相关系数显著为正，关联交易与财务风险在5%的水平上负相关。质押程度、质押规模与资金占用的相关系数显著为正，资金占用与财务风险的相关系数显著为负。

以上的相关性分析能够在一定程度上揭示变量之间的相关关系，但无法得出控股股东股权质押影响企业财务风险的具体路径。以下将对股权质押影响企业财务风险的具体路径进行分析。

表6-3 变量的相关性检验

变量	*Pratio*	*Prate*	*REM*	*DA*	*Overinv*	*RPT*	*Tun*	*Z*
Pratio	1	0.682***	0.161***	-0.079***	0.005	0.061***	0.137***	-0.107***
Prate	0.682***	1	0.097***	-0.021	0.009	0.012	0.151***	-0.074***
REM	0.161***	0.097***	1	0.204***	-0.041**	0.019	0.155***	-0.126***
DA	-0.079***	-0.021	0.204***	1	0.053**	-0.045***	0.022	0.035**
Overinv	0.005	0.009	-0.041***	0.053***	1	0.013	-0.030**	-0.055***
RPT	0.061***	0.012	0.019	-0.045***	0.013	1	-0.018	-0.020**
Tun	0.137***	0.151***	0.155***	0.022	-0.030**	-0.018	1	-0.148***
Z	-0.107***	-0.074***	-0.126***	0.035**	-0.055***	-0.020**	-0.148***	1

注：*、**、***分别表示在10%、5%和1%的水平上显著。表6-5、表6-7的注与本注同。

6.5.3 中介效应分析

6.5.3.1 估计结果

为保证修正后的模型与数据的适配性，中介效应估计之前有必要对模型的拟合情况进行检验，表6-4为模型的拟合指数，其中模型整体适配度的卡方值 P 值为0.513，大于0.05，不拒绝原假设，说明模型协方差矩阵和样本协方差矩阵可以契合，即股权质押与财务风险的结构方程模型与实际的样本数据可以适配。*RMSEA* 值为0.000，小于0.08，表明适配合理。*GFI* 大于0.90，AGFI 大于0.90，说明所设定的模型可接受，其余相关指标都在合理的可接受范围内，见表6-4，意味着数据与模型整体拟合情况较好，可以使用该模型进行路径估计。

表6-4 模型拟合指数

评价指标	模型值	评价标准
整体适配度卡方值	1.334	—
卡方值的概率 p 值	0.513	>0.05
卡方值/自由度	0.667	<3.00
RMSEA	0.000	<0.08
GFI	1	>0.90

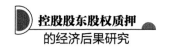

续表

评价指标	模型值	评价标准
AGFI	0.999	> 0.90
CFI	1	> 0.90
NFI	0.996	> 0.90

注：RMSEA 表示近似误差均方根，GFI 表示拟合优度指数，AGFI 表示调整拟合优度指数，CFI 表示比较拟合优度指数，NFI 表示规范拟合指数。

6.5.3.2 路径分析

控股股东股权质押对企业财务风险影响路径如表 6 - 5 所示。标准回归系数是判断路径估计值的主要指标，非标准化回归系数作为辅助参考，但在 AMOS 21 中不汇报标准化结果的显著性水平，故用非标准化结果的显著性水平表示总体的显著性。控股股东股权质押对企业财务风险影响路径可分为直接影响路径和间接影响路径。图 6 - 2 直观展示了控股股东股权质押影响企业财务风险的作用路径。直接作用路径中，$Prate \rightarrow Z$ 和 $Pratio \rightarrow Z$ 的直接影响路径显著为负，表明控股股东股权质押程度和质押规模比例越大，衡量企业财务风险的 Z 值会越小，企业的财务风险会越大。间接作用路径中，有五条具体路径，但只有盈余管理路径和掏空路径具有显著影响效应。以下将具体分析股权质押对企业财务风险的间接影响路径。

表 6 - 5　模型估计结果

路径		标准化系数	路径系数	标准误	临界值	P 值
直接路径	Z←Pratio	- 0.071	- 2.394	0.472	- 5.075	***
	Z←Prate	- 0.043	- 3.839	1.226	- 3.131	***
间接路径 ①	DA←Prate	- 0.021	- 0.020	0.013	- 1.522	0.128
	DA←Pratio	- 0.079	- 0.029	0.005	- 5.721	***
	Z←DA	0.053	4.933	1.297	3.804	***
间接路径 ②	REM←Prate	0.097	0.168	0.024	7.039	***
	REM←Pratio	0.160	0.106	0.009	11.742	***
	Z←REM	- 0.105	- 5.417	0.729	- 7.435	***

续表

路径			标准化系数	路径系数	标准误	临界值	P 值
间接路径	③	*Overinv←Prate*	0.010	0.005	0.008	0.709	0.478
		Overinv←Pratio	0.006	0.001	0.003	0.405	0.686
		Z←Overinv	−0.045	−7.376	2.226	−3.313	***
	④	*RPT←Prate*	0.011	0.003	0.004	0.799	0.424
		RPT←Pratio	0.060	0.007	0.002	4.376	***
		Z←RPT	−0.037	−0.399	0.114	−3.497	***
	⑤	*Tun←Prate*	0.151	0.204	0.018	11.074	***
		Tun←Pratio	0.137	0.070	0.007	9.985	***
		Z←Tun	−0.122	−8.050	0.915	−8.801	***

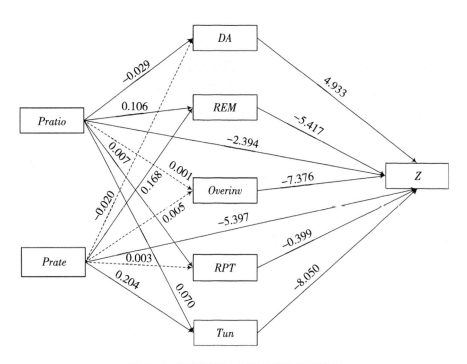

图6-2 股权质押企业财务风险作用路径

注：实线箭头表示作用路径显著，虚线箭头表示作用路径不显著；直线上面、下面的数值为路径系数。

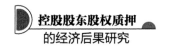

（1）盈余管理路径

其一，股权质押通过应计盈余管理增大企业的财务风险。用质押规模度量股权质押时，$Prate \rightarrow DA \rightarrow Z$ 路径不显著，用质押程度度量股权质押时，$Pratio \rightarrow DA \rightarrow Z$ 的间接影响路径显著为负，即说明控股股东股权质押程度越高，企业进行应计盈余管理的程度越低，衡量企业财务风险的 Z 值会越小，此时企业面临的财务风险会更高。对此可能的解释是，企业股权质押后普遍存在盈余管理行为，且从应计盈余转向真实盈余管理（陈共荣等，2016），进而增大了企业的财务风险；其二，股权质押通过真实盈余管理增大企业的财务风险。用质押程度度量股权质押，$Pratio \rightarrow REM \rightarrow Z$ 的间接影响路径系数在 1% 的水平上显著为负，即说明控股股东质押程度越高，公司进行真实盈余管理的程度就越高，衡量企业财务风险的 Z 值会越小，进而增大了企业的财务风险。质押规模度量股权质押时，$Prate \rightarrow REM \rightarrow Z$ 的间接影响路径也显著为负，即说明公司整体质押规模越高，公司进行真实盈余管理的程度就越高，进而会放大企业的财务风险。该结果表明，质押规模体现公司整体的质押状况，质押规模及质押程度越大，控股股东越有可能对公司管理层产生影响，管理层为了稳住或提升股价，通过真实盈余管理对企业盈余进行操控的动机就越强烈，当企业运用真实盈余管理来调整公司盈余时，这种调整会消耗公司资源，影响企业当期及后期的现金流，从而增大了企业的经营风险，导致企业财务风险的加大。因此，当发生股权质押的上市公司联合真实盈余管理对企业的盈余进行操控时，会放大企业的财务风险。综上，控股股东股权质押程度越高，企业进行应计盈余管理程度越低，真实盈余管理程度越高，进而增大了企业的财务风险。

（2）过度投资路径

股权质押通过过度投资影响企业财务风险的路径并不显著。无论用质押程度或质押规模度量股权质押，$Pratio \rightarrow Overinv \rightarrow Z$，$Prate \rightarrow Overinv \rightarrow Z$ 的路径结果均不显著。股权质押与过度投资并不显著，但过度投资越高，企业财务风险越大。谢露、王超恩（2018）研究发现控股股东股权质押与上市公司过度投资之间显著正相关，本次研究结果与学者的研究出现偏差，可能是由于研究视角及研究方法不同，导致研究结果出现偏差。

（3）掏空路径

其一，股权质押通过关联交易增大了企业的财务风险。用质押规模度量股权质押时，$Prate \rightarrow RPT \rightarrow Z$ 路径不显著。用质押程度度量股权质押时，$Pratio \rightarrow RPT \rightarrow Z$ 的路径结果显著为负，即说明控股股东股权质押程度越高，其关联交易程度越大，进而会增大企业的财务风险。出现该结果的原因可能是，质押程度体现的是控股股东个人的质押状况，其股权质押行为会增大两权分离度，进而会助长控股股东通过关联交易攫取控制权私利的动机，而频繁发生的关联交易会导致企业应收账款增加，增大企业的坏账风险及经营风险，进而提高了企业的财务风险；其二，股权质押通过资金占用增大了企业的财务风险，无论是用质押程度或是质押规模度量股权质押，路径系数均在 1% 的水平上显著为负，说明质押程度或质押规模比例越高，控股股东相对资产的掏空程度越高，企业面临的财务风险就越大。

为进一步分析控股股东股权质押影响企业财务风险的作用机理，对其具体路径进行分解，如表 6 - 6 所示。直接路径在总效应中的贡献度为 61.89% 。间接作用路径在总效应中的贡献度为 38.11% ，其中盈余管理路径中，应计盈余管理路径贡献度为 1.42% ，真实盈余管理路径贡献度为 14.75% 。掏空路径中，关联交易路径贡献度为 0.03% ，资金占用路径贡献度为 21.91% 。以上结果说明，在间接作用路径中，控股股东股权质押后的资金占用行为和真实盈余管理行为对企业财务风险的影响会更大。

表 6 - 6　股权质押对企业财务风险影响的路径分解

路径			影响路径	影响效应	贡献度	贡献度占比
直接路径			$Pratio \rightarrow Z$	- 2.394	2.394	23.77%
			$Prate \rightarrow Z$	- 3.839	3.839	38.12%
			小计	- 6.233	6.233	61.89%
间接路径	盈余管理路径	应计盈余管理	$Pratio \rightarrow DA \rightarrow Z$	- 0.143	0.143	1.42%
		真实盈余管理	$Prate \rightarrow REM \rightarrow Z$	- 0.911	0.911	9.05%
			$Pratio \rightarrow REM \rightarrow Z$	- 0.574	0.574	5.70%

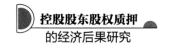

路径			影响路径	影响效应	贡献度	贡献度占比
间接路径	掏空路径	关联交易	$Pratio \rightarrow RPT \rightarrow Z$	−0.003	0.003	0.03%
		资金占用	$Prate \rightarrow Tun \rightarrow Z$	−1.642	1.642	16.31%
			$Pratio \rightarrow Tun \rightarrow Z$	−0.564	0.564	5.60%
	小计			−3.837	3.837	38.11%
总效应					10.07	100%

6.5.4 稳健性检验

本章主要研究控股股东股权质押影响企业财务风险的作用路径。质押程度及质押规模已能较为全面地刻画控股股东股权质押行为。因此，主要针对财务风险变量进行稳健性检验。财务风险的度量，主要包括单变量模型判定法、多元线性判别法以及多元非线性判别法。Z 指数即为多元线性判别法之一，多元非线性判别法主要用于财务风险预警模型的建立，因此，本次稳健性检验，主要用单变量模型判别法，即用"资产负债率 (LEV)"度量财务风险。用资产负债率度量财务风险时，其检验结果见表 6 - 7。直接路径中，质押程度以及质押规模都与财务风险在 1% 的水平上显著正相关，即表明企业的财务风险随着控股股东股权质押规模和质押程度的增大而增大。间接作用路径中，盈余管理路径和掏空路径均在 1% 的水平上显著为正，过度投资路径仍然不显著，与前文检验结果一致。

具体的影响效应路径分解如表 6 - 8 所示，结果表明，直接路径在总效应中的贡献度为 61.63%。间接路径在总效应中的贡献度为 38.37%，其中，掏空路径贡献度占比 29.25%，起主要作用的路径为资金占用路径。盈余管理路径贡献度占比 9.12%，起主要作用的路径为真实盈余管理路径。以上结果说明，在间接作用路径中，控股股东股权质押后的资金占用行为和真实盈余管理行为对企业财务风险的影响会更大。与前文研究结论一致。

表6-7　模型估计结果（替换财务风险变量）

路径		标准化系数	路径系数	标准误	临界值	P 值
直接路径	LEV←Pratio	0.089	0.059	0.009	60.872	***
	LEV←Prate	0.113	0.198	0.022	80.848	***
间接路径	① DA←Prate	-0.021	-0.020	0.013	-1.522	0.128
	① DA←Pratio	-0.079	-0.029	0.005	-5.721	***
	① LEV←DA	-0.080	-0.146	0.024	-6.160	***
	② REM←Prate	0.097	0.168	0.024	7.039	***
	② REM←Pratio	0.160	0.106	0.009	11.742	***
	② LEV←REM	0.126	0.127	0.013	9.565	***
	③ Overinv←Prate	0.010	0.005	0.008	0.709	0.478
	③ Overinv←Pratio	0.006	0.001	0.003	0.405	0.686
	③ LEV←Overinv	0.030	0.097	0.041	2.391	0.017
	④ RPT←Prate	0.011	0.003	0.004	0.799	0.424
	④ RPT←Pratio	0.060	0.007	0.002	4.376	***
	④ LEV←RPT	0.022	0.127	0.078	1.626	***
	⑤ Tun←Prate	0.151	0.204	0.018	11.074	***
	⑤ Tun←Pratio	0.137	0.070	0.007	9.985	***
	⑤ LEV←Tun	0.339	0.440	0.017	26.406	***

表6-8　股权质押对企业财务风险影响的路径分解（替换财务风险变量）

路径			影响路径	影响效应	贡献度	贡献度占比
直接路径			Pratio→LEV	0.198	0.198	47.48%
			Pratio→LEV	0.059	0.059	14.15%
			小计	0.257	0.257	61.63%
间接路径	盈余管理路径	应计盈余管理	Pratio→DA→LEV	0.004	0.004	0.96%
		真实盈余管理	Prate→REM→LEV	0.021	0.021	5.04%
			Pratio→REM→LEV	0.013	0.013	3.12%
	掏空路径	关联交易	Pratio→RPT→LEV	0.001	0.001	0.24%
		资金占用	Prate→Tun→LEV	0.090	0.090	21.58%
			Pratio→Tun→LEV	0.031	0.031	7.43%
	小计			0.160	0.160	38.37%
总效应					0.417	100%

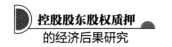

6.6　研究结论与启示

以 2015—2019 我国沪深两市 A 股上市公司中发生控股股东股权质押的 5241 个公司作为研究样本，采用结构方程模型检验控股股东股权质押影响企业财务风险的直接作用路径、间接作用路径以及路径的分解效应，通过理论和实证分析，得到以下结论：第一，控股股东股权质押行为会增大企业的财务风险。研究结果显示，直接路径中，企业的财务风险随着控股股东股权质押规模和质押程度的增大而增大。第二，控股股东股权质押后的盈余管理行为会增大上市公司的财务风险。控股股东股权质押程度越高，企业进行应计盈余管理程度越低，真实盈余管理程度越高，进而增大了企业的财务风险。第三，控股股东股权质押后的关联交易行为会增大上市公司的财务风险。结果显示，控股股东股权质押程度越高，其关联交易程度越大，企业的财务风险相应提高。第四，控股股东股权质押后的资金占用行为会增大上市公司的财务风险。结果显示，控股股东股权质押程度越高，其相对资产的掏空程度越高，企业的财务风险相应提高。第五，控股股东影响企业财务风险的路径中，直接路径是影响企业财务风险的主要路径。间接路径中，盈余管理路径和掏空路径具有显著的影响效应，其中真实盈余管理路径和资金占用路径起主要作用。

本章的研究结果对资本市场普遍存在的股权质押具有一定的指导意义。第一，监管部门应对控股股东高质押比例的上市公司加强关注与监督，尤其应重点关注控股股东股权质押后的真实盈余管理行为、资金占用行为，谨防其为规避股价下跌，与管理层合谋，通过相关财务行为影响公司的经营成果，增加企业的财务风险，损害中小股东的利益。此外，其他应收款是反映大股东资金占用的重要指标，在对上市公司经营能力分析时，应重点关注其他应收账款账户的余额及其变化。第二，上市公司应健全自身的治理结构，加强对控股股东行为的监督和规范，谨防其为规避股权质押后的相关风险，利用自身控制权与管理层合谋，对上市公司的盈余进行操控。因此，可考虑利用大股东之间的相互制衡来改善公司治理结构，继而约束控股股东的利己行为，激励控股股东通过切实行动提高公司的经营业绩。

第 7 章　控股股东股权质押与公司绩效：
　　　 理论分析与实证检验

7.1　引言

近年来，随着我国经济的高速发展和企业融资需求的不断增加，我国上市公司的股权质押规模在不断上升。从股权质押的上市公司比例来看，有将近一半上市公司的控股股东进行了股权质押，且质押比例高，有的甚至将其持有股份全部质押，质押比例高达 100%，质押总股票市值巨大，那么，控股股东如此频繁且大规模的股权质押会产生什么经济后果，会不会影响上市公司的绩效水平？

随着我国《企业内部控制基本规范》和《企业内部控制配套指引》等内部控制框架体系的颁布与实施，掀起了学术界关于内部控制研究的热潮。已有的研究表明，内部控制质量的提高会降低控股股东与中小股东间的代理成本，也降低经理层与股东间的代理成本，从而提高企业的绩效水平。同时，企业高质量的内部控制能够有效地遏制控股股东资金转移、关联交易等方式获取控制权私利的利益侵占行为。那么，在拥有高质量内部控制体系的企业中，控股股东股权质押对企业经营绩效的影响是否会有所不同？

基于对上述问题的思考，本章分别研究股权质押和内部控制对公司绩效的影响，然后将企业内部控制作为调节变量引入，实证研究其对控股股东股权质押与公司绩效关系的调节作用，对进一步规范控股股东股权质押行为和完善企业内部控制制度具有重要的指导作用。

7.2　文献综述

（1）股权质押对公司绩效（价值）影响的相关研究

Chen 和 Hu（2001）通过研究投资机会较多的公司，发现股权质押行为导致了公司风险的提高,当经济上行时,董监事股权质押与公司绩效显著正相关;而在经济下行时,股权质押则与公司绩效呈显著负相关关系。Yeh(2003)等研究发现,股权质押行为会加深代理问题,股权累计质押的比例越高,代理问题将变得更为严重,进而影响公司价值。高兰芬(2002)实证研究发现股权质押与公司绩效显著负相关,且这种负面作用在集团公司样本中显著,而在非集团公司样本中则不显著。李永伟和李若山(2007)则通过对"明星电力"的案例剖析,发现控股股东利用股权质押的"隧道效应"侵占小股东利益。郝项超和梁琪(2009)从最终控制人角度出发,实证研究发现,股权质押弱化了激励效应,强化了侵占效应,降低了公司价值。郑国坚(2014)等通过实证研究发现,控股股东股权质押行为会导致控股股东更容易对上市公司实施占款行为,从而对上市公司的业绩产生负面影响。张陶勇和陈焰华(2014)从股权质押资金投向角度出发,实证分析发现:当控股股东股权质押资金投向自身或第三方时,相比于投向股权被质押上市公司,其公司绩效显著偏低。

王斌(2013)等从控制权转移风险角度出发,结合控股股东股权性质、中国制度背景等因素分析,指出民营控股股东担心股权质押可能导致控制权转移,从而有强烈动机改善上市公司业绩;而国有控股股东凭借其政治资本化解控制权转移风险的能力较强,致使其对公司业绩的影响不显著。谭燕和吴静(2013)基于实证分析认为,股权质押具有外部治理效用,降低了上市公司盈余管理水平和掏空程度,但国有质押样本公司的治理效用要显著低于民营质押样本公司。

(2)内部控制对公司绩效(价值)影响的相关研究

Ge和McVay(2005)从企业的会计资源缺乏的角度出发,研究发现内部控制缺陷与企业盈利能力负相关。Altamuro(2006)和Ashbaugh(2008)等分别从内部控制的质量评价和有效性的角度入手,实证研究发现高质量的内部控制能够降低公司的投资风险,提高企业对外披露信息的质量,促进公司的经营业绩提高。

我国学者罗雪琴等(2009)、方红星(2009)、黄新建等(2010)、盛常艳(2011)和张晓岚等(2012)以不同行业的样本,从内部控制信息披露的角度入手,研究得出内部控制信息披露质量越高的公司,其经营业绩越优。林钟高（2007）、肖华等（2013）和张正勇等（2016）用不同的样本，从内部控制的有效性和质量评价的角度入手，发现内部控制质量与公司绩效存在显著的正相关关系。刘焱（2014）从企业生命周期角度出发，实证研究发现：处于成熟期和衰退期的企业，其内部控制质量与公司绩效表现出显著正相关；而处于成长期企业的内部控制质量对公司绩效影响不显著。

综合上述文献可以看出，研究控股股东股权质押对公司绩效（价值）影响的相关文献较少且结论不一；虽然内部控制与公司绩效的研究较为成熟且结论一致，但目前文献鲜见研究内部控制质量在控股股东股权质押对公司绩效的影响中的调节作用。

7.3　研究假设

（1）控股股东股权质押与公司绩效

在我国"一股独大"和"一言堂"现象突出，控股股东是公司重大投资、财务决策的参与者，是决定董事会构成的重要力量，同时作为企业内部人的控股股东，相比于中小股东，对公司经营状况具有明显的信息优势，其行为对公司的治理作用尤为明显。因此，本章认为控股股东的股权质押行为会对公司绩效产生重要影响。

一方面，控股股东股权质押行为加大了两权分离度。根据《中华人民共和国担保法》《中华人民共和国物权法》等相关法律法规，质权人拥有依附于质押股权的投资受益权（股息、红利等）、股份转让权等财产性权利，致使出质股东丧失了这部分股份的现金流权，但并不会影响其相关的控制权和表决权，从而导致两权分离度的加大。现有学者的研究表明，现金流权和控制权的分离会在一定程度上降低控股股东掏空上市公司的成本，进而增强控股股东掏空上市公司的动机，导致更严重的"隧道挖掘"行为，从而更大程度地侵占中小股东的利益。控股股东股权质押行为是产生两权分离、引起严重的代理问题的重要原因之一，控股股东股权质押比例越高，两权分离引起的代理问题就越严重，这样就严重损害了上市公司的利益，使中小股东的利益更难以得到保障。

另一方面，控股股东财务约束影响公司绩效。控股股东股权质押行为可以较准确地反映控股股东自身的财务约束状况，Cronqvist 等（2012）实证研究得出上市公司高管、股东的个人财务杠杆与公司的财务杠杆之间显著正相关，说明控股股东自身的财务状况对公司价值有直接影响。Chan 等（2013）分析指出，控股股东股权质押后，对公司股价的敏感性增强，这会直接影响公司的支出政策、股利分配政策、分红方式等，最终会对公司股价乃至企业价值产生重大影响。在法制监管体系相对薄弱、金融体系尚待完善的市场环境作用下，面临财务约束的控股股东侵占中小股东利益的动机就会变得强烈，降低公司价值的可能性也就更高。

基于以上分析，本章提出研究**假设（7-1）**。

假设（7-1）：控股股东股权质押与公司绩效显著负相关。

（2）内部控制与公司绩效

内部控制是解决公司内部不同层级之间委托代理问题的制度安排，其作用在于控制公司经营过程中的各种风险，降低代理成本和经营成本，提高公司的经营效率，改善公司的会计信息质量和经营业绩等。

基于已有文献和以上分析，本章提出研究**假设（7-2）**。

假设（7-2）：企业内部控制质量与公司绩效显著正相关。

（3）控股股东股权质押、内部控制与公司绩效

控股股东股权质押行为会导致控股股东更容易对上市公司进行占款、不正当的资金转移、非公允的关联交易等"隧道挖掘"行为，从而降低公司绩效水平。而已有的研究表明，企业高质量的内部控制能够有效地遏制控股股东资金转移、关联交易等方式获取控制权私利的利益侵占行为。高质量的内部控制体系一方面要求企业设置合理的股权结构，以达到股权制衡作用，从而有效地抑制控股股东的私利行为；另一方面为了实现高效的外部及内部监管，应做到不相容的职务相互分离，当涉及重大事项和决策时，都需要进行群体决策、层层审批，同时还应设置监事会、审计委员会等具有内部监督职能的机构。这些有效的措施在一定限度上能够抑制控股股东采取"消极策略"。再者，企业对外披露信息的质量有赖于内部控制质量的提高，有效的内部控制体系可以提高信息透明度，有利于提高中小股东掌握信息的真实性和可靠性，减少"隧道效应"的发生，缓解由于控

股股东股权质押产生的代理冲突。

基于以上分析，本章提出研究**假设（7 - 3）**。

假设（7 - 3）：高质量的内部控制能够削弱控股股东股权质押行为对公司绩效的负面作用。

7.4　研究设计

7.4.1　样本选取与数据来源

本章以 2014—2019 年沪深两市 A 股上市公司为研究对象，并按照一定的标准对相关数据进行了筛选和剔除：①剔除了 ST 公司、* ST 公司；②剔除了金融、保险类上市公司；③剔除了数据缺失的样本公司。经筛选，最终共得到 15850 个样本观察值，其中 2014 年 2134 个，2015 年 2256 个，2016 年 2473 个，2017 年 2684 个，2018 年 3120 个，2019 年 3183 个。股权质押的基础数据来自 Wind 数据库，然后通过手工整理得到控股股东股权质押数据，其余数据均来自 CSMAR 数据库和 Wind 数据库。同时，本章对所有连续变量在 1% 水平上进行了 Winsorize 处理。

7.4.2　变量选取与定义

（1）被解释变量

CP 代表公司绩效。本章选取了每股收益（*Eps*）和主营业务资产收益率（*Croa*）来衡量公司绩效水平。每股收益是上市公司股东十分看重的关键性指标，能较好地反映企业的盈利能力。同时，为了避免盈余操控对企业绩效水平的影响，选取主营业务资产收益率作为衡量业绩的指标。

（2）解释变量

解释变量为股权质押和内部控制质量（*IC*）。本章选取控股股东股权质押比例（*Pratio*）衡量股权质押，即期末控股股东股权质押股份占自身所持有的上市公司总股份的比例；本章选取迪博企业风险管理技术有限公司发布的上市公司内部控制指数来衡量样本公司的内部控制质量。该指数将内部控制目标、内部控制要素及财务数据有机结合，定量化地反映了我国上市公司的内部控制质量和风险管控能力。该指数体系满分为1000，为了缩小变量之间的数量级，本章将原始数据加1取对数。

（3）控制变量

综合现有关于公司绩效的文献，控制如下影响因素：公司规模（$Size$）、资产负债率（Lev）、营业收入增长率（$Growth$）、股权集中度（H5）、股权制衡度（S_Index）、每股现金净流量（$Ocfps$）、产权性质（SOE）以及年度和行业虚拟变量。

表7-1 变量定义

变量名称	变量符号	变量定义
每股收益	Eps	净利润/发行在外的普通股股数
主营业务资产收益率	$Croa$	主营业务利润/平均总资产
内部控制质量	IC	ln（迪博内部控制指数 +1）
控股股东股权 质押比例 （股权质押程度）	$Pratio$	期末控股股东股权质押股份占 自身所持上市公司股份的比例
资产负债率	Lev	负债总额/资产总额
营业收入增长率	$Growth$	（本年营业收入 - 上年营业收入）/上年营业收入
每股现金净流量	$Ocfps$	本期现金及现金等价物 净增加额/总股本
股权集中度	H5	公司前五控股股东持股比例之和
股权制衡度	S_Index	公司第二至第十控股股东持股比例之和
公司规模	$Size$	期末总资产的自然对数
产权性质	SOE	最终控制人是否为国有，如果是国有， 则为1，否则为0
年度	$Year$	为了控制不同年份宏观因素的影响， 以2014年为基准，设置5个年度虚拟变量
行业	$Industry$	设置17个行业虚拟变量

7.4.3　模型建立

为了检验本章提出的研究**假设（7 -1）**，建立回归**模型（7 -1）**：

$$CP = \beta_0 + \beta_1 Pratio + \beta_2 Size + \beta_3 Lev + \beta_4 Growth + \beta_5 Ocfps + \beta_6 H5 +$$

$$\beta_7 S\_ Index + \beta_8 SOE + \sum Year + \sum Industry + \varepsilon \qquad \textbf{模型（7 -1）}$$

为了检验本章提出的研究**假设（7 -2）**，建立回归**模型（7 -2）**：

$$CP = \beta_0 + \beta_1 IC + \beta_2 Size + \beta_3 Lev + \beta_4 Growth + \beta_5 Ocfps + \beta_6 H5 +$$

$$\beta_7 S\_ Index + \beta_8 SOE + \sum Year + \sum Industry + \varepsilon \qquad \textbf{模型（7 -2）}$$

为了检验本章提出的研究**假设（7 -3）**，根据温忠麟等提出的调节变量模型，建立回归**模型（7 -3）**和回归**模型（7 -4）**：

$$CP = \beta_0 + \beta_1 Pratio + \beta_2 IC + \beta_3 Size + \beta_4 Lev + \beta_5 Growth + \beta_6 Ocfps +$$

$$\beta_7 H5 + \beta_8 S\_ Index + \beta_9 SOE + \sum Year + \sum Industry + \varepsilon \qquad \textbf{模型（7 -3）}$$

$$CP = \beta_0 + \beta_1 Pratio + \beta_2 IC + \beta_3 Pratio \times IC + \beta_4 Size + \beta_5 Lev + \beta_6 Growth +$$

$$\beta_7 Ocfps + \beta_8 H5 + \beta_9 S\_ Index + \beta_{10} SOE + \sum Year + \sum Industry + \varepsilon$$

$$\textbf{模型（7 -4）}$$

其中，β_0 为截距，$\beta_1 \sim \beta_{10}$ 为系数，ε 为随机扰动项。模型中其他各变量含义见表 7 -1。**模型（7 -1）～模型（7 -4）**组成了层次回归分析模型，由于控股股东质押比例和内部控制质量都是连续型变量，为避免与二者的交乘项产生多重共线性，故将其中心化处理。

7.5　实证结果及分析

7.5.1　描述性统计

模型中各变量的描述性统计结果见表 7 -2。从表 7 -2 可以看出：①样本公司的每股收益和主营业务资产收益率的平均值分别为 0.377 和 0.150，说明绩效水平偏低；②内部控制指数最小值为 0，最大值为 6.691，均值为 6.257，说明样本公司内部控制质量存在很大的差异，整体内部控制质量有待提高；③资产负债率的均值为 42.3%，较为合理；股权较集中，前五控股股东持股比例之和的均值达到 53.2%；产权性质的均值为 36.2%，说明样本中大部分为非国有上市公司，也进一步说明非国有上市公司控股股东更愿意通过质押股权来获得贷款资金。

表 7-2 研究变量的描述性统计分析

变量	样本数	平均值	标准差	中位数	最小值	最大值
Eps	15850	0.377	0.575	0.271	-1.385	2.894
Croa	15850	0.150	0.104	0.127	-0.000741	0.542
Pratio	15850	0.237	0.337	0	0	1
IC	15850	6.257	1.170	6.495	0	6.691
Lev	15850	0.423	0.201	0.413	0.0595	0.887
Growth	15850	0.185	0.448	0.105	-0.542	2.923
Ocfps	15805	0.0899	0.737	0.0265	-2.192	3.179
H5	15850	0.532	0.148	0.533	0.207	0.877
S_Index	15850	0.244	0.127	0.235	0.0268	0.556
Size	15850	22.28	1.275	22.12	19.97	26.19
SOE	15850	0.362	0.480	0	0	1

7.5.2 回归分析

本章模型（7-1）~模型（7-4）的回归结果见表 7-3。模型中自变量的方差膨胀因子 VIF 的值域为 [1.04，1.66]，都远小于 10，说明不存在严重的多重共线性问题，调整 R^2 分别为：0.227、0.226、0.241、0.241、0.218、0.218、0.225 和 0.225，说明模型拟合优度较好。从模型（7-1）的多元回归结果可以看出，控股股东累计质押率与两个不同的绩效指标均在 1% 的显著水平下呈负相关关系，说明控股股东累计质押率越高，公司绩效水平越低，从而证实了本章的假设（7-1）；从模型（7-2）的回归结果可知，企业内部控制指数与公司绩效在 1% 的显著水平下呈正相关关系，说明企业高质量的内部控制体系能够对其经营绩效产生积极正面的影响，从而证实了本章的**假设（7－2）**；从**模型（7－3）**和**模型（7－4）**的回归结果可知，股权质押与内部控制（$Patio \times IC$）的交乘项系数分别为 －0.0157 和 －0.00265，并且都通过了显著性检验，这意味着企业高质量的内部控制体系能够有效地遏制控股股东的"消极策略"，从而削弱其股权质押行为对公司绩效的负面作用，**假设（7－3）**得到了有力支持。通过分析控制变量，可以发现：资产负债率与公司绩效负相关；营业收入增长率与绩效正相关，说明企业的成长能力越强，公司绩效越好；企业的现金流量能力、股权集中度、股权制衡度和企业规模都与公司绩效显著正相关。

7.5.3 稳健性检验

为了保证回归结果的真实可靠，本节从被解释变量入手，根据王斌等、张国清等的研究，本节选取总资产周转率（At）替换原有衡量公司绩效的指标（每股收益和主营业务资产收益率）进行了稳健性检验。稳健性检验结果见表 7－4。我们不难看出，控股股东累计质押率、内部控制指数以及二者的交乘项等主要变量都通过了显著性检验，系数的符号没有发生改变，模型的拟合度也较好，与前面结论一致，说明本节的研究结论具有可靠性。

7.6 研究结论与启示

本章以 2014—2019 年沪深两市 A 股上市公司为样本，探讨了控股股东股权质押、内部控制与公司绩效三者之间的关系，实证研究发现：第一，控股股东股权累计质押比率越高，对公司绩效的负面作用越大，即控股股东股权质押与公司绩效呈显著负相关关系；第二，内部控制质量越高的企业，其绩效水平越高，即内部控制与公司绩效呈显著正相关关系；第三，在控股股东股权质押与公司绩效关系的影响中，内部控制质量起着显著的负向调节作用，说明企业高质量的内部控制体系能够削弱控股股东股权质押对公司绩效的负面作用。

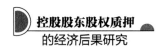
表 7 - 3 多元回归分析结果

被解释变量：公司绩效

变量	每股收益（Eps）				主营业务资产收益率（Croa）			
	模型 (7-1)	模型 (7-2)	模型 (7-3)	模型 (7-4)	模型 (7-1)	模型 (7-2)	模型 (7-3)	模型 (7-4)
Constant	-3.359*** (-37.63)	-3.642*** (-40.46)	-3.567*** (-39.96)	-3.572*** (-40.00)	0.0761*** (4.67)	0.0395** (2.41)	0.0489*** (2.99)	0.0481*** (2.94)
Pratio	-0.241*** (-18.05)	—	-0.231*** (-17.44)	-0.233*** (-17.54)	-0.0303*** (-12.43)	—	-0.0290*** (-11.93)	-0.0293*** (-12.04)
IC	—	0.0627*** (17.81)	0.0600*** (17.19)	0.0613*** (17.24)	—	0.00819*** (12.75)	0.00785*** (12.26)	0.00806*** (12.37)
Pratio × IC	—	—	—	-0.0157* (-1.89)	—	—	—	-0.00265* (-1.74)
Lev	-0.769*** (-30.53)	-0.756*** (-29.91)	-0.701*** (-27.78)	-0.700*** (-27.70)	-0.103*** (-22.32)	-0.101*** (-21.82)	-0.0938*** (-20.25)	-0.0935*** (-20.18)
Growth	0.184*** (19.83)	0.180*** (19.42)	0.183*** (19.96)	0.184*** (20.03)	0.0297*** (17.58)	0.0293*** (17.30)	0.0297*** (17.63)	0.0298*** (17.69)
Ocfps	0.106*** (19.09)	0.106*** (18.98)	0.105*** (18.99)	0.105*** (18.99)	0.00972*** (9.58)	0.00964*** (9.50)	0.00952*** (9.43)	0.00952*** (9.42)

续表

变量	被解释变量：公司绩效							
	每股收益（Eps）				主营业务资产收益率（Croa）			
	模型（7-1）	模型（7-2）	模型（7-3）	模型（7-4）	模型（7-1）	模型（7-2）	模型（7-3）	模型（7-4）
$H5$	0.463***	0.502***	0.440***	0.439***	0.0830***	0.0878***	0.0800***	0.0798***
	(15.47)	(16.89)	(14.82)	(14.79)	(15.21)	(16.19)	(14.71)	(14.68)
S_Index	0.0353	0.0321	0.0422	0.0426	0.0206***	0.0202***	0.0215***	0.0215***
	(1.00)	(0.91)	(1.21)	(1.22)	(3.19)	(3.14)	(3.35)	(3.36)
$Size$	0.171***	0.162***	0.163***	0.163***	0.00217***	0.000998	0.00110	0.00107
	(42.33)	(39.82)	(40.39)	(40.35)	(2.94)	(1.34)	(1.48)	(1.44)
SOE	-0.121***	-0.0542***	-0.114***	-0.114***	-0.0314***	-0.0229***	-0.0304***	-0.0304***
	(-11.81)	(-5.62)	(-11.22)	(-11.21)	(-16.78)	(-13.03)	(-16.35)	(-16.34)
$Year$	控制	控制	控制	控制	控制	控制	控制	控制
$Industry$	控制	控制	控制	控制	控制	控制	控制	控制
R^2	0.228	0.228	0.242	0.243	0.219	0.219	0.226	0.227
$adj-R^2$	0.227	0.226	0.241	0.241	0.218	0.218	0.225	0.225
F	155.5	155.1	162.8	157.9	147.5	147.8	148.9	144.4
N	15850	15850	15850	15850	15850	15850	15850	15850

注：***、**、* 分别表示 1%、5%、10% 统计水平显著，括号中的数字为双尾检验的 t 值，模型中自变量的方差膨胀因子 VIF 的值域为 [1.04, 1.66]。

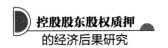
表7-4 稳健性检验结果

变量	被解释变量：公司绩效			
	总资产周转率（At）			
	模型（7-1）	模型（7-2）	模型（7-3）	模型（7-4）
Constant	0.281*** (4.33)	0.166** (2.54)	0.193*** (2.96)	0.189*** (2.90)
Pratio	-0.0893*** (-9.20)	—	-0.0850*** (-8.78)	-0.0868*** (-8.94)
IC	—	0.0263*** (10.30)	0.0253*** (9.93)	0.0264*** (10.17)
Pratio×IC	—	—	—	-0.0133** (-2.20)
Lev	0.321*** (17.57)	0.330*** (17.95)	0.350*** (18.95)	0.351*** (19.02)
Growth	0.106*** (15.71)	0.104*** (15.51)	0.106*** (15.73)	0.106*** (15.81)
Ocfps	0.0247*** (6.11)	0.0244*** (6.04)	0.0240*** (5.96)	0.0240*** (5.96)
H5	0.230*** (10.59)	0.243*** (11.28)	0.220*** (10.16)	0.220*** (10.13)
S_Index	-0.144*** (-5.62)	-0.145*** (-5.65)	-0.141*** (-5.52)	-0.141*** (-5.51)
Size	0.00394 (1.34)	0.000185 (0.06)	0.000480 (0.16)	0.000337 (0.11)
SOE	-0.0137* (-1.84)	0.0112 (1.61)	-0.0108 (-1.45)	-0.0106 (-1.43)
Year	控制	控制	控制	控制
Industry	控制	控制	控制	控制
R^2	0.235	0.236	0.239	0.240

续表

变量	被解释变量：公司绩效			
	总资产周转率（At）			
	模型（7-1）	模型（7-2）	模型（7-3）	模型（7-4）
$adj-R^2$	0.233	0.234	0.238	0.238
F	161.3	162.2	160.2	155.4
N	15850	15850	15850	15850

注：＊＊＊、＊＊、＊分别表示1%、5%、10%统计水平显著，括号中的数字为双尾检验的 t 值。模型中自变量的方差膨胀因子 VIF 的值域为 $[1.04，1.66]$。

本章的研究结论为监管部门规范控股股东股权质押行为提供了一定的经验证据。为了更有效地对控股股东的私利行为进行监管，应该从以下两个方面着手：首先，应形成一套完善的股权质押行为信息披露规则。我国监管部门虽然严格要求上市公司披露其股权质押行为，但是规定披露的内容还不够全面，对于投资者能用于评估投资风险并做出正确决策的至关重要的信息没有被要求披露，如质押贷款的数额、具体的用途等信息。其次，应加强监督、管理，加大违规成本。控股股东通过股权质押来进行资金转移和"利益掏空"的行为，严重损害了中小股东的利益，究其原因主要在于较高的违规收益和相对偏低的违规成本加大了控股股东的违规倾向。因此，监管部门应对控股股东可能获得的违规收益进行评估，根据评估数额按一定比例对控股股东进行罚款，惩罚金额必须高于其潜在的收益，以此来刺激控股股东规范自身行为，减少控股股东股权质押对企业经营业绩的影响。

对上市公司自身来说，本章的研究也有一定的参考价值。研究发现高质量的内部控制体系不仅能够提高公司绩效水平，而且能够削弱控股股东股权质押行为对公司绩效的负面作用。因此，一方面企业要不断地完善内部控制的机构设置，制定合理有效的审批流程和权限，做到不相容的职位相互分离；另一方面企业要实施全面风险管理，要以预防风险为主，通过完善公司内部控制环节来降低面临的风险，定期对存在高风险的环节进行风险评估并制定相应的政策。比如，针对股权累计质押比例较高的股东，对其财务状况进行定期评估。从而有效地遏制控股股东的掏空行为以及股权质押后采取的"消极策略"，改善第一类代理问题和第二类代理问题，进而提高公司绩效，达到企业价值最大化。

参考文献

［1］阎天怀．论股权质押［J］．中国法学，1999（1）：66－75.

［2］李永伟，李若山．上市公司股权质押下的"隧道挖掘"——明星电力资金黑洞案例分析［J］．财务与会计，2007（2）：39－42.

［3］艾大力，王斌．论大股东股权质押与上市公司财务：影响机理与市场反应［J］．北京工商大学学报（社会科学版），2012，27（4）：72－76.

［4］SHLEIFER A，VISHNY R W. A survey of corporate governance［J］. Journal of Finance，1997，52（2）：737－783.

［5］LA PORTA，LOPEZ-DE-SILANES F，SHLEIFER A. Corporate owner-ship around the world［J］. Journal of Finance，1999，54（2）：471－517.

［6］高兰芬．董监事股权质押之代理问题对公司会计资讯与公司绩效之影响［D］．台南：台湾成功大学，2002.

［7］YEH Y H，KO C E，SU Y H. Ultimate control and expropriation of minority shareholders：new evidence from Taiwan［J］. Academic Economic Papers，2003，31（3）：263－299

［8］罗琦，贺娟．股票市场错误定价与控股股东投融资决策［J］．经济管理，2015，37（1）：109－118.

［9］徐寿福，贺学会，陈晶萍．股权质押与大股东双重择时动机［J］．财经研究，2016，42（6）：74－86.

［10］张陶勇，陈焰华．股权质押、资金投向与公司绩效——基于我国上市公司控股股东股权质押的经验数据［J］．南京审计学院学报，2014，11（6）：63－70.

［11］黎来芳，陈占燎．控股股东股权质押降低信息披露质量吗？［J］．科学决策，2018（8）：1－20.

［12］郝项超，梁琪．最终控制人股权质押损害公司价值吗？［J］．会计研究，2009（7）：57－63，96.

［13］郑国坚，林东杰，林斌．大股东股权质押、占款与企业价值［J］．管理科学报，2014，17（9）：72－87.

［14］姜国华，岳衡．大股东占用上市公司资金与上市公司股票回报率关系的研究［J］．管理世界，2005（9）：119－126，157，171－172.

［15］CLAESSENS S，DJANKOV S，LANG L H P. The separation of ownership and control in east asian corporations［J］. Journal of Financial Economics，2000，58（1/2）：81－112.

［16］谢露，王超恩．控股股东股权质押与上市公司过度投资［J］．上海金融，2017（7）：43－49.

［17］张晨宇，武剑锋．大股东股权质押加剧了公司信息披露违规吗？［J］．外国经济与管理，2020，42（5）：29－41.

［18］王斌，蔡安辉，冯洋．大股东股权质押、控制权转移风险与公司业绩［J］．系统工程理论与实践，2013，33（7）：1762－1773.

［19］谢德仁，廖珂．控股股东股权质押与上市公司真实盈余管理［J］．会计研究，2018（8）：21－27.

［20］李秉祥，简冠群．控股股东股权质押、投资者情绪与定向增发股价长期表现［J］．中央财经大学学报，2017（11）：75－84.

［21］马磊，徐向艺．中国上市公司控制权私有收益实证研究［J］．中国工业经济，2007（5）：56－63.

［22］谢德仁，郑登津，崔宸瑜．控股股东股权质押是潜在的"地雷"吗？——基于股价崩盘风险视角的研究［J］．管理世界，2016（5）：128－140，188.

［23］宋岩，宋爽．股权质押与市值管理：基于中国沪深股市 A 股上市公司的实证检验［J］．中国管理科学，2019，27（6）：10－20.

［24］廖珂，崔宸瑜，谢德仁．控股股东股权质押与上市公司股利政策选择［J］．金融研究，2018（4）：172－189.

［25］王斌，宋春霞．大股东股权质押、股权性质与盈余管理方式［J］．华东经济管理，2015，29（8）：118－128.

[26] 曹志鹏,朱敏迪.控股股东股权质押、股权结构与真实盈余管理 [J].南方金融,2018 (10):49-58.

[27] 李旎,郑国坚.市值管理动机下的控股股东股权质押融资与利益侵占 [J].会计研究,2015 (5):42-49,94.

[28] 黄登仕,黄禹舜,周嘉南.控股股东股权质押影响上市公司"高送转"吗? [J].管理科学学报,2018,21 (12):18-36,94.

[29] 徐寿福,徐龙炳.现金股利政策、代理成本与公司绩效 [J].管理科学,2015,28 (1):96-110.

[30] 郑军.上市公司价值信息披露的经济后果研究 [J].中国软科学,2012 (11):100-110.

[31] 李常青,幸伟,李茂良.控股股东股权质押与现金持有水平:"掏空"还是"规避控制权转移风险" [J].财贸经济,2018,39 (4):82-98.

[32] 李常青,李宇坤,李茂良.控股股东股权质押与企业创新投入 [J].金融研究,2018 (7):143-157.

[33] 欧阳才越,谢妍,熊家财.控股股东股权质押与新发行公司债券定价 [J].山西财经大学学报,2018,40 (1):26-38.

[34] 王新红,曹帆.股权质押问题研究综述及展望 [J].财会通讯,2021 (10):20-24.

[35] 张龙平,潘临,欧阳才越,等.控股股东股权质押是否影响审计师定价策略?——来自中国上市公司的经验证据 [J].审计与经济研究,2016,31 (6):35-45.

[36] 翟胜宝,许浩然,刘耀淞,等.控股股东股权质押与审计师风险应对 [J].管理世界,2017 (10):51-65.

[37] 王靖懿,夏常源,傅代国.放松卖空管制、控股股东股权质押与审计费用 [J].审计研究,2019 (3):84-92.

[38] 王新红,李妍艳.大股东股权特征与股权质押:基于中小板上市公司的分析 [J].商业研究,2016 (6):116-121.

[39] RICHARDSON S. Over-investment of free cash flow [J]. Review of Accounting Studies, 2006, 11 (2/3):159-189.

［40］严杰. 证券辞典［M］. 上海：复旦大学出版社，1993：200 - 232.

［41］杜丽贞，马越，陆通. 中国民营上市公司股权质押动因及纾解策略研究［J］. 宏观经济研究，2019（7）：148 - 160.

［42］YEH Y H, LEE T S. Corporate governance and financial distress：evidence from Taiwan［J］. Corporate Governance-An International Review, 2004, 12（3）：378 - 388.

［43］黎来芳. 商业伦理、诚信义务与不道德控制——鸿仪系"掏空"上市公司的案例研究［J］. 会计研究，2005（11）：8 - 14.

［44］华鸣，孙谦. 大股东股权质押与券商分析师——监督动力还是利益冲突？［J］. 投资研究，2017, 36（11）：94 - 115.

［45］陈泽艺，李常青，黄忠煌. 股权质押、股权激励与大股东资金占用［J］. 南方金融，2018（3）：23 - 32.

［46］王雄元，欧阳才越，史震阳. 股权质押、控制权转移风险与税收规避［J］. 经济研究，2018, 53（1）：138 - 152.

［47］张瑞君，徐鑫，王超恩. 大股东股权质押与企业创新［J］. 审计与经济研究，2017, 32（4）：63 - 73.

［48］柯艳蓉，李玉敏. 控股股东股权质押、投资效率与公司期权价值［J］. 经济管理，2019, 41（12）：123 - 139.

［49］王新红，李拴拴. 控股股东股权质押对企业投资水平的影响——基于股权结构的调节效应分析［J］. 投资研究，2020, 39（1）：4 - 18.

［50］HOECHLE D, SCHMID M, WALTER I, et al.. How much of the diversification discount can be explained by poor corporate governance?［J］. Journal of Financial Economics, 2012, 103（1）：41 - 60.

［51］MIZUNO, MITSURU. Institutional investors, corporate governance and firm performance in Japan［J］. Pacific Economic Review, 2010, （15）5：653 - 665.

［52］NJAH M, JARBOUI A. Institutional investors, corporate governance and earnings management around merger：evidence from french absorbing firms［J］. Journal of Economics, Finance and AdministrativeScience, 2013, 18（35）：89 - 96.

［53］伊志宏，李艳丽．机构投资者的公司治理角色：一个文献综述
［J］．管理评论，2013，25（5）：60－71.

［54］刘卿龙，张兆慧．机构投资者异质性与上市企业投资效率［J］．
南方金融．2017（9）：38－48.

［55］叶建芳，赵胜男，李丹蒙．机构投资者的治理角色——过度投
资视角［J］．证券市场导报，2012（5）：27－35.

［56］CHAN K，H K CHEN，Y J LIU，et al.．Share pledges and margin
call pressure［J］．Journal of Corporate Finance，2018，52（10）：96－117.

［57］花贵如，刘志远，许骞．投资者情绪、企业投资行为与资源配
置效率［J］．会计研究，2010（11）：49－55，97.

［58］黄志忠，韩湘云．大股东股权质押、资金侵占与盈余管理［J］.
当代会计评论，2014，7（2）：19－34.

［59］温忠麟，叶宝娟．中介效应分析：方法和模型发展［J］．心理
科学进展，2014，22（5）：731－745.

［60］温忠麟，侯杰泰，张雷．调节效应与中介效应的比较和应用
［J］．心理学报，2005（2）：268－274.

［61］YEH，C KO，Y SU. Ultimate control and expropriation of minority
shareholders：new evidence from taiwan［J］．Academia Economic Papers，
2003，31（3）：263－299.

［62］WANG Y，CHOU R K. The impact of share pledging regulations on
stock trading and firm valuation［J］．Journal of Banking and Finance，2018，
89（4）：1－13.

［63］LIU J，STAMBAUGH R F，Yuan Y. Size and value in China［J］.
Journal of Financial Economics，2019，134（1）：48－69.

［64］张俊瑞，余思佳，程子健．大股东股权质押会影响审计师决策
吗？——基于审计费用与审计意见的证据［J］．审计研究，2017（3）：
65－73.

［65］唐玮，夏晓雪，姜付秀．控股股东股权质押与公司融资约束
［J］．会计研究，2019（6）：51－57.

［66］蔡卫星，高明华．终极股东的所有权、控制权与利益侵占：来

自关联交易的证据 [J]. 南方经济, 2010 (2): 28 – 41.

[67] 王新红, 杨锦. 控股股东股权质押与再融资决策——基于股权融资规模视角 [J]. 会计之友, 2021 (6): 95 – 101.

[68] 辛宇, 徐莉萍. 公司治理机制与超额现金持有水平 [J]. 管理世界, 2006 (5): 136 – 141.

[69] 张亮亮, 黄国良. 高管政府背景与公司超额现金持有 [J]. 财贸研究, 2014, 25 (5): 120 – 129.

[70] 夏常源, 贾凡胜. 控股股东股权质押与股价崩盘: "实际伤害" 还是 "情绪宣泄" [J]. 南开管理评论, 2019, 22 (5): 165 – 177.

[71] Pang C, Wang Y. Stock pledge, risk of losing control and corporate innovation [J]. Journal of Corporate Finance, 2020, 60: 10 – 15, 34.

[72] 黄登仕, 黄禹舜, 周嘉南. 控股股东股权质押影响上市公司 "高送转" 吗? [J]. 管理科学学报, 2018, 21 (12): 18 – 36, 94.

[73] LINS K V, SERVAES H, TUFANO P. What drives corporate liquidity? An international survey of cash holdings and lines of credit [J]. Journal of Financial Economics, 2010, 98 (1): 160 – 176.

[74] MART NEZ-SOLA C, GARC A-TERUEL P J, MART NEZ-SOLANO P. Cash holdings in SMEs: speed of adjustment, growth and financing [J]. Small Business Economics, 2018, 51 (4): 823 – 842.

[75] LA ROCCA M, STAGLIAN R, LA ROCCA T, et al.. Cash holdings and SME performance in Europe: The role of firm-specific and macroeconomic moderators [J]. Small Business Economics, 2019, 53 (4): 1051 – 1078.

[76] 彭桃英, 周伟. 中国上市公司高额现金持有动因研究——代理理论抑或权衡理论 [J]. 会计研究, 2006 (5): 42 – 49, 95.

[77] HILL M D, KATHLEEN P FULLER. Corporate cash holdings and political connections [J]. Review of Quantitative Finance and Accounting, 2014, 42 (1): 123 – 142.

[78] 白旻, 王仁祥, 李雯婧. 异质性风险与企业现金持有——基于股价崩盘风险视角的检验 [J]. 金融论坛, 2018, 23 (7): 64 – 80.

[79] 汪琼, 李栋栋, 王克敏. 营商 "硬环境" 与公司现金持有: 基

于市场竞争和投资机会的研究 ［J］. 会计研究，2020（4）：88－99.

［80］GLEASON K C, GREINER A J, KANNAN Y H. Auditor pricing of excess cashholdings ［J］. Journal of Account, Auditing and Finance, 2017, 32（3）：423－443.

［81］FRÉSARD L, SALVA C. The value of excess cash and corporate governance: evidence from US cross-listings ［J］. Journal of Financial Economics, 2010, 98（2）：359－384.

［82］MAMA H B, BASSEN A. Neglected disciplinary effects of investor relations: evidence from corporate cash holdings ［J］. Journal of Business Economics, 2017, 87（2）：221－261.

［83］马金城，张力丹，罗巧艳. 管理层权力、自由现金流量与过度并购——基于沪深上市公司并购数据的实证研究 ［J］. 宏观经济研究，2017（9）：31－40.

［84］唐婧清，刘树海，张俊民. 大股东治理体制对现金持有价值的影响——基于"掏空"与"支持"双重动机视角 ［J］. 管理评论，2016（7）：53－65.

［85］黄冰冰，马元驹. 股权集中度对现金持有的影响路径——基于大股东占款的中介效应 ［J］. 经济与管理研究，2018，39（11）：131－144.

［86］VAZQUEZ P. Family business ethics: at the crossroads of business ethics and family business ［J］. Journal of Business Ethics, 2018, 150（3）：671－709.

［87］李维安，戴文涛. 中国上市公司高额现金持有动机、后果及成因 ［J］. 山西财经大学学报，2013，35（8）：96－104.

［88］DOAN, TRANG, MAI ISKANDAR－DATTA. Are female top executives more risk-averse or more ethical? Evidence from corporate cash holdings policy ［J］. Journal of Empirical Finance, 2020（55）：161－176.

［89］张会丽，吴有红. 内部控制、现金持有及经济后果 ［J］. 会计研究，2014（3）：71－78，96.

［90］杨兴全，陈飞，杨征. CEO 变更如何影响企业现金持有？ ［J］. 会计与经济研究，2020，34（2）：3－21.

［91］吉瑞，陈震．产品市场竞争与企业现金持有水平［J］．财经问题研究，2020（9）：122－129．

［92］王化成，王欣，高升好．控股股东股权质押会增加企业权益资本成本吗？——基于中国上市公司的经验证据［J］．经济理论与经济管理，2019（11）：14－31．

［93］焦健，刘银国，刘想．股权制衡、董事会异质性与大股东掏空［J］．经济学动态，2017（8）：62－73．

［94］连玉君，苏治．上市公司现金持有：静态权衡还是动态权衡［J］．世界经济，2008（10）：84－96．

［95］柯艳蓉，吴晓晖，李玉敏．控股股东股权质押、股权结构与股票流动性［J］．国际金融研究，2020（7）：87－96．

［96］陈震，丁忠明．基于管理层权力理论的垄断企业高管薪酬研究［J］．中国工业经济，2011（9）：119－129．

［97］陈冬华，陈信元，万华林．国有企业中的薪酬管制与在职消费［J］．经济研究，2005（2）：92－101．

［98］权小锋，吴世农，文芳．管理层权力、私有收益与薪酬操纵［J］．经济研究，2010，45（11）：73－87．

［99］刘星，代彬，郝颖．高管权力与公司治理效率——基于国有上市公司高管变更的视角［J］．管理工程学报，2012，26（1）：1－12．

［100］肖星，陈婵．激励水平、约束机制与上市公司股权激励计划［J］．南开管理评论，2013，16（1）：24－32．

［101］YEH Y H，C E KO，Y H SU. Ultimate control and expropriation of minority shareholders：new evidence from Taiwan［J］. Academic Economic Papers，2003（31）：263－299．

［102］FABISIK K. Why do U. S. CEOs pledge their own company's stock？［R］. Swiss Finance Institute Research Paper，2019：19－60．

［103］PULEO M，MCDONALD M，KOZLOWSKI S. Share-pledging and the cost of debt［J］. Accounting & Finance，2021，61（1）：1047－1079．

［104］夏婷，闻岳春，袁鹏．大股东股权质押影响公司价值的路径分析［J］．山西财经大学学报，2018，40（8）：93－108．

［105］FALATO A，LI D，MILBOURN T. Which skills matter in the market for CEOs? Evidence from pay for CEO credentials［J］. Management Science，2015，61（12）：2845 – 2869.

［106］李增泉. 激励机制与企业绩效———一项基于上市公司的实证研究［J］. 会计研究，2000（1）：24 – 30.

［107］刘红霞，孙雅男. 企业历史亏损会影响高管薪酬水平吗？［J］.经济管理，2019，41（12）：105 – 122.

［108］伊志宏，李艳丽，高伟. 市场化进程、机构投资者与薪酬激励［J］. 经济理论与经济管理，2011（10）：75 – 84.

［109］杨德明，赵璨. 媒体监督、媒体治理与高管薪酬［J］. 经济研究，2012，47（6）：116 – 126.

［110］褚剑，方军雄. 政府审计能够抑制国有企业高管超额在职消费吗？［J］. 会计研究，2016（9）：82 – 89.

［111］郝颖，谢光华，石锐. 外部监管、在职消费与企业绩效［J］.会计研究，2018（8）：42 – 48.

［112］陈冬华，梁上坤，蒋德权. 不同市场化进程下高管激励契约的成本与选择：货币薪酬与在职消费［J］. 会计研究，2010（11）：56 – 64，97.

［113］树友林. 高管权力、货币报酬与在职消费关系实证研究［J］.经济学动态，2011（5）：86 – 89.

［114］傅颀，汪祥耀. 所有权性质、高管货币薪酬与在职消费———基于管理层权力的视角［J］. 中国工业经济，2013（12）：104 – 116.

［115］王新红，白倩. 控股股东股权质押对民营企业高管薪酬的影响检验［J］. 财会月刊，2020（20）：139 – 145.

［116］曹廷求，王倩，钱先航. 完善公司治理确实能抑制大股东的控制私利吗？［J］. 南开管理评论，2009（12）：18 – 26.

［117］文雯，陈胤默，黄雨婷. 控股股东股权质押对企业创新的影响研究［J］. 管理学报，2018，15（7）：998 – 1008.

［118］曹德芳，曾慕李. 我国上市公司财务风险影响因素的实证分析［J］. 技术经济与管理研究，2005（6）：38 – 39.

［119］于富生，张敏，姜付秀，等．公司治理影响公司财务风险吗？［J］．会计研究，2008（10）：52－59，97．

［120］姜付秀，张敏，陆正飞，等．管理者过度自信、企业扩张与财务困境［J］．经济研究，2009，44（1）：131－143．

［121］ROYCHOWDHURY S. Earnings management through real activities manipulation［J］. Journal of Accounting and Economics，2006，42（3）：335－370.

［122］RICHARDSON S. Over-investment of free cash flow［J］. Review of Accounting Studies，2006，11（2/3）：159－189.

［123］辛清泉，林斌，王彦超．政府控制、经理薪酬与资本投资［J］．经济研究，2007（8）：110－122．